本书由国家社会科学基金项目（13CRK024）、广西财经学院2016年科研课题（人口年龄结构变动对居民消费的影响研究）、广西经济预测与决策研究中心、广西数量经济学重点实验室联合资助

人口年龄结构变动对居民消费的影响研究

陈晓毅　著

中国社会科学出版社

图书在版编目（CIP）数据

人口年龄结构变动对居民消费的影响研究／陈晓毅著 . —北京：中国社会科学出版社，2017.4

ISBN 978 - 7 - 5161 - 9905 - 3

Ⅰ.①人⋯　Ⅱ.①陈⋯　Ⅲ.①人口年龄构成—影响—居民消费—研究—中国　Ⅳ.①C924.24②F126.1

中国版本图书馆 CIP 数据核字（2017）第 038062 号

出　版　人	赵剑英
责任编辑	刘晓红
责任校对	周晓东
责任印制	戴　宽

出　　　版	中国社会科学出版社
社　　　址	北京鼓楼西大街甲 158 号
邮　　　编	100720
网　　　址	http：//www.csspw.cn
发 行 部	010 - 84083685
门 市 部	010 - 84029450
经　　　销	新华书店及其他书店

印刷装订	北京君升印刷有限公司
版　　　次	2017 年 4 月第 1 版
印　　　次	2017 年 4 月第 1 次印刷

开　　　本	710×1000　1/16
印　　　张	17.75
插　　　页	2
字　　　数	263 千字
定　　　价	86.00 元

凡购买中国社会科学出版社图书，如有质量问题请与本社营销中心联系调换
电话：010 - 84083683

前　言

改革开放以来，中国经济取得了世界瞩目的高增长，2010 年，中国的 GDP 赶超日本，成为世界第二大经济体，但是在经济发展质量和人民生活水平方面，中国与发达国家还有较大的差距。中国正面临经济转型的关键时期，经济增长存在明显的结构性矛盾，其中的突出问题就是经济增长主要依靠投资和出口来拉动，居民消费需求持续低迷，这已经成为困扰中国经济可持续发展的难题之一。随着 2008 年全球金融危机的爆发，中国经济发展承受着巨大的外部压力，这迫使中国必须改变过度依赖投资和出口的经济增长模式，充分发挥内需对经济增长的拉动作用。为此，党的十八大进一步明确提出："加快形成新的经济发展方式，把推动发展的立足点转到提高质量和效益上来，其中一个重要的发展方式就是使经济发展更多地依靠内需特别是消费需求来拉动。"

中国实现了 30 多年的高速经济增长，其人口结构也迅速发生转变，表现为生育率持续下降，劳动年龄人口增长停滞并转向负增长，人口老龄化发展迅速。2013 年我国 15—59 岁劳动年龄人口为 91954 万人，比上年减少 1773 万人，15—59 岁劳动年龄人口的绝对数量已经连续两年出现下降，从 2011 年起，我国 15—64 岁劳动年龄人口比重则开始下降，2013 年我国 15—64 岁劳动年龄人口比重下降为 72.8%，而 65 岁及以上人口比重则上升到 9.7%。由于原始的人口基数庞大、人口转变在短时间内完成，因此我国不仅是世界上人口最多的国家，并且将加入老龄人口最多、人口老龄化速度最快的国家行列，这种人口状况将持续很长的一段时间。中国人口数量和人口结构的演变是否是影响居民消费的重要因素？如何在确保不牺牲经济增长的同时，实现经济主要由出口和投资拉动向更多地依靠国内需求拉动转变？如何结合显著的人口结构变化来扩大内需，刺激居民消费？中国未来所要面临的这些挑战，对于改善居民福利和实施政府宏观调控都具有重要的影响。中国特殊的人口年龄结构和消费现状凸显人口年龄结构对居民消费的影响研究更加具有必要性。

事实上，不同年龄阶段的人口，其经济行为具有异质性。少儿人口、劳动年龄人口和老年人口的消费能力、消费倾向、消费心理、消费习惯等存在显著差异，人口年龄结构变量的变动经过各种途径，最终将传导到消费需求上来。人口年龄结构变动带来的影响是错综复杂的，既作用于经济领域，也影响到社会领域；人口年龄结构变动不但会对宏观层面的消费、储蓄、经济增长等产生影响，也会对微观层面的家庭结构改变、养育子女、赡养老人等产生影响。遗憾的是，关于人口年龄结构变动与居民消费关系的全面系统研究，在国内仍比较缺乏和薄弱。深入探讨人口年龄结构变动影响消费的作用机制以及系统研究由此造成的多种消费效应，对于顺利实现经济增长方式从投资驱动型和出口驱动型向消费驱动型转变，对于保持我国经济持续健康稳定发展、改善民生福祉具有重要政策含义。

本书着力探讨人口年龄结构变动以及因之带来的对居民消费的影响。内容主要围绕以下几个方面展开：第一，构建人口年龄结构变动对居民消费的作用机制，研究生育率变动的影响、劳动年龄人口变动的影响以及老龄化的影响。第二，建立人口年龄结构与居民消费的宏观、中观与微观分析框架，利用国家公布的统计数据和中国社会状况综合调查（CSS）搜集的微观调查数据进行研究：一方面从宏观和中观视角构建省际面板数据，利用面板向量自回归模型、动态面板数据模型考察人口年龄结构变动对居民消费率、消费倾向、消费结构的影响；另一方面从微观视角构建微观调查的伪面板数据，分析人口年龄结构对居民消费水平、消费结构、消费不平等的影响。第三，提出人口年龄结构变动背景下促进居民消费的对策建议，主要围绕优化消费主体结构、提高消费能力、稳定消费信心、增强消费意愿四个部分展开。

　　本书的主要结论有：

　　（1）我国的人口转型在计划生育政策的影响下在非常短的时间内迅速完成，人口发展已经进入到低出生率、低死亡率、低自然增长率的平稳低增长阶段；我国的生育率逐年稳步降低，并于 2000 年进入了老龄化社会；我国的老龄化具有规模大、发展迅速，地区差异明显和未富先老等特点。我国居民消费水平不高，居民消费增速慢于经济增长速度，消费倾向有下降趋势，消费需求乏力；城镇居民内部、农村居民内部以及城乡居民之间存在较大的消费不平等。

　　（2）少儿抚养比的下降促使了我国居民消费率的下降，原因主要表现在：家庭"内部投资"的减少、家庭"扶养机会成本"的降低、"子女养老动机"向"储蓄养老动机"的转变、家庭资源配置的"倾斜配置"特征四个方面。老年扶养比的上升促使了我国居民消费率的下降，原因主要表现在：老年人口的社会生产能力低、养老保障对养老储蓄的替代效应、老年人的馈赠性动机等方面。

　　（3）人口年龄结构变动对城乡居民消费倾向产生了截然相反的影响，少儿抚养比的下降导致了城镇居民平均消费倾向的下降，但却导致了农村居民平均消费倾向的上升；老年扶养比上升会造成城镇居民平均消费倾向下降，但会造成农村居民平均消费倾向提高。原因在于抚养子女成本的城乡差异，以及"消费效应"与"储蓄效应"博弈结果的城乡差异。

　　（4）居民消费支出的年龄效应呈现出明显的"驼峰特征"，并且驼峰出现于 45—50 岁，由于传统文化及现实国情的影响，中国居民在其生命的不同年龄阶段有特定的刚需，因此难以在生命周期中平滑其一生的消费。养老保险因素对年龄效应的影响在城乡之间有显著差异，养老保障对城镇居民主要产生的是"资产替代效应"，而对农村居民还产生了"引致退休效应"。

　　（5）在城镇样本中，少儿抚养比的上升提高了生存型消费支出的比重，老年扶养比上升仅对收入水平较高家庭的生存型消费比重产生正影响，越富裕的家庭，子女数量变动对发展型消费比重的影响越小，养老负担的加重使得较贫穷的家庭降低了发展型消费的比重；在农村样本中，家庭收入水平越低，老年扶养比对生存型消费的负影响越显著；老年扶养比上升通过作用于医疗保健支出而对享受型消费产生正影响，对于越富裕的家庭，老年扶养比对享受型消费的影响越弱。

（6）同一时期出生的城镇居民，随着年龄的增长，消费不平等有扩大的趋势，出生年代越晚的群体，其消费不平等越大。老龄化是东部城镇居民消费不平等变动的一个主要影响因素。但在我国的中部和西部地区，老龄化对城镇居民消费不平等变动的影响比较微弱，对消费不平等变动起主导作用的为出生组效应。总体而言，老龄化对消费不平等的扩大作用在增强。

本书获得了国家社会科学基金青年项目的资助。本书由陈晓毅执笔，在课题组其他成员舒银燕、扈剑晖、孙静、曾艳芳等的协助下完成。在此，对参与课题研究工作的各位同人的辛苦付出表示由衷的感谢。本书的所有不足和缺点都应归咎于笔者。

陈晓毅

2016 年 9 月

目　录

第一章　导论

第一节　选题的背景和意义

一　选题背景

消费是影响国民经济持续增长的重要因素，自 20 世纪 90 年代以来，我国 GDP 一直保持了较快的增长速度，2010 年，中国的 GDP 超过日本，成为世界第二大经济体。虽然 2008 年爆发了世界经济危机，中国经济增长得以放缓，但也依然维持着较高的增长速度。然而，国内外学者对中国经济发展的可持续性提出了质疑，各种质疑最重要的依据就是中国的经济增长模式是由出口和投资驱动而不是由消费驱动，中国的消费不足已经受到各界广泛重视。即使国家采取了一系列刺激消费的措施，比如施行利息税、下调利率和鼓励个人信贷消费等，居民消费疲软的趋势仍然没有得到缓解。导致居民消费不足的原因可能有很多，对中国居民消费不足的研究中大多数强调的是收入因素，但根据我国资金流量表（2000—2013 年）计算，我国居民收入比重从 2000 年的 67.54% 降低到 2013 年的 61.65%，下降了 5.89 个百分点，居民消费率则从 2000 年的 46.22% 持续下降到 2009 年的 36.16%，下降了 10.06 个百分点①，其下降幅度远超过了居民收入占

① 居民收入占比用住户部门可支配总收入比重计算，居民消费率用住户部门最终消费/GDP 计算，数据来源于《中国统计年鉴》（2012、2014）；中国资金流量表（2000 年和 2013 年）实物交易部分。

比，很显然，导致居民消费下降的还有其他因素。

众所周知，社会中的个人充当着生产者和消费者的多重角色。一个人从出生开始就是消费者，在经过必需的成长阶段后，才能够转变为一名劳动者。一个国家或地区的总人口由少儿人口、劳动年龄人口和老年人口共同组成，经过较粗略的划分，可以把0—14岁人口看作消费者和潜在的生产者，15—64岁人口是最主要的劳动者和生产者，65岁及以上人口可以看作是退休者，即退出了生产活动后，又回归纯消费者。不同年龄阶段的人口在社会经济生活中扮演的角色也不同，在上述三组人口中，只有劳动年龄人口同时扮演着生产者和消费者的角色，他们不但生产财富以供自身消费，还通过"家庭转移支付"和"社会转移支付"为少儿人口和老年人口提供财富以进行消费。不同年龄阶段的人具有不同的经济行为，如表1-1所示。少儿人口无劳动能力，需要劳动年龄人口在教育和健康等方面给予依靠；劳动年龄人口为劳动力市场提供人力资源，参与社会生产活动，并且为金融市场提供储蓄；老年人口丧失劳动能力，需要劳动年龄人口提供照料和供养。从生产角度而言，劳动年龄人口在总人口中处于支配地位，他们的比例高低直接影响社会的生产力和整个国民经济的发展，少儿人口和老年人口需要消耗财富，同属于社会人口，但两者的重要区别在于少儿人口还属于潜在生产性人口，而老年人是纯消费人口，并且两者的消费强度也是有差异的。因此，人口年龄结构的差异及变动与社会生产和消费的关系密切。

表1-1　　　　　　　　不同年龄阶段的基本经济行为

行为特征	少儿人口	劳动年龄人口	老年人口
年龄特征	0—14岁	15—64岁	65岁及以上
经济角色	被抚养者	抚养者 + 赡养者	被赡养者
生产行为	潜在生产者	生产者	无
消费行为	纯消费者	生产者 + 消费者	纯消费者
公共需求	教育需求、健康需求	税收供给	养老保障、医疗保健等需求

续表

行为特征	少儿人口	劳动年龄人口	老年人口
家庭支持	物质需求＋照料需求＋情感需求	经济支持＋生活照料＋情感支持	物质需求＋照料需求＋情感需求
代际行为	代际需求	代际支持	代际供给＋代内自给

　　资料来源：转引自李魁《人口年龄结构变动与经济增长》，博士学位论文，武汉大学，2010 年。

　　在中国社会经济的发展中，一个重要的特征是其迅速的人口转变。中国 20 世纪 70 年代推行的以"控制人口总量，提高人口素质"为目标的计划生育政策，使中国人口结构发生了快速的变化。中国 65 岁及以上老龄人口占总人口的比重在 2000 年达到 7%，标志着我国人口年龄结构进入老龄化。从 20 世纪 80 年代实行计划生育政策开始，我国仅用不到 30 年的时间，就实现了向现代人口增长模式的转变，而发达国家完成这个人口转变要经过上百年。国家统计局发布的数据显示，2013 年我国 15—59 岁劳动年龄人口为 91954 万人，比上年减少 1773 万人，15—59 岁劳动年龄人口的绝对数量已经连续两年出现下降，从 2011 年起，我国 15—64 岁劳动年龄人口比重则开始下降，2013 年我国 15—64 岁劳动年龄人口比重下降为 72.8%，而 65 岁及以上人口比重则上升到 9.7%。[①] 由于原始的人口基数庞大、人口转变在短时间内完成，因此我国不仅是世界上人口最多的国家并且将加入老龄人口最多、人口老龄化速度最快的国家行列，这种人口状况将持续很长的一段时间。中国人口数量和人口结构的演变是否是影响居民消费的重要因素？如何在确保不牺牲经济增长的同时，实现经济主要由出口和投资拉动向更多地依靠国内需求拉动的成功转型？如何结合人口结构变化显著的现实背景来扩大内需，刺激居民消费？中国未来所要面临的这些挑战，对于改善居民福利和实施政府宏观调控都具有重要的影响。中国的特殊人口年龄结构和消费现状都使人口年龄结

---

　　① 资料来源于 http：//www. stats. gov. cn/tjgb/ndtjgb/qgndtjgb/t2013 0221_ 402874525. htm。

构对居民消费的影响研究更加具有必要性。

二 研究意义

（一）理论意义

第一，探讨人口年龄结构作用于居民消费的着力点，尤其是对国内研究缺乏的领域进行拓展，如对人口年龄结构与消费需求的关系、人口年龄结构与消费不平等的关系等领域进行深入探讨，并建立有机联系，进而就人口年龄结构变动对居民消费各个方面的影响进行全面考察，为进一步的理论研究提供参考。

第二，研究人口年龄变动对中国居民消费的影响，不仅为评估中国过去的经济和人口政策提供参考，而且为制定今后经济和人口政策提供理论支撑；根据中国人口年龄结构转变和居民消费的实际情况，检验西方消费理论在中国的适用性，有助于结合现有理论模型发展适合中国特点的消费理论模型，有助于对人口经济学和消费经济学进行有益的丰富和补充。

第三，研究中国居民消费问题，可以为理论检验提供独特的样本。与其他国家和地区不同，中国是一个人口大国，其实行的特殊人口政策加速了人口的转型。同时，作为一个人口最多的发展中大国，中国已经超过日本成为世界第二大经济体，在世界经济中处于举足轻重的地位，中国经历了与成熟发达国家迥异的发展历程，因此中国的社会经济发展类似于一个"自然实验"（natural experiment），中国的人口结构特征与居民消费作为一个天然样本可供理论验证，针对我国人口结构与居民消费的实际情况进行研究，是对理论的补充验证和重要发展。

（二）现实意义

本书的现实意义主要体现在三个方面：

第一，研究居民消费的变化特征及规律，对于如何有效扩大消费需求、实现国民经济的良性循环具有极为重要的意义。消费是 GDP 中最重要的一部分，既是生产的起点又是生产的终点，是实现国民经济良性循环的关键性因素。居民消费水平的提高、消费结构的优化升级、适度合理地拉开消费差距，有利于形成良好的消费环境，从而有助于国民经济这个复杂系统的健康运行、有助于社会文明的全面进步。通过对城乡进行比较，对三大区域（东、中、西）进行比较，对中国与其他国家进行比较，较完整地刻画出中国人口年龄结构与居民消费的变动特点和现实情况，有利于做出正确的宏观政策安排。

第二，研究人口年龄变动对中国居民消费的影响，有助于揭示人口年龄变动对居民消费的作用机制和作用途径，为制定扩大内需的政策提供借鉴。研究人口年龄结构与居民消费率、消费倾向、消费支出以及消费不平等之间的关系，把握它们的内在发展规律，这对于解决我国经济增长中的结构性矛盾，实现经济增长方式向消费驱动型转变，有效实施产业结构调整，保持我国经济持续健康稳定发展具有积极的现实意义。

第三，根据人口年龄结构变动影响居民消费的分析结果，提出人口年龄结构变动背景下促进居民消费的对策建议，以力求充分利用原先人口红利积累的成果，避免未来人口负债的出现和加重而拖累经济增长从而不利于居民消费。这对党在十八大强调的"着力扩大国内需求"与"人民生活水平全面提高"目标的实现具有重要的实际意义。

第二节　研究思路与内容

一　研究思路

在研究思路上，本书遵循"研究基础（实证研究）结论与对策"的行文逻辑。全书主要可以划分为三个部分。

第一部分，介绍本书选题的背景和意义，提出本书的理论基础：人口转变理论、生命周期理论以及其他相关理论，接着阐述人口年龄结构影响居民消费的作用机制，最后详细地综述和评价国内外的相关文献，提出现有研究的不足和本书试图努力的方向。

第二部分，主要是实证分析，在第一部分的理论基础上，采用多种计量方法就人口年龄结构变动对居民消费的影响进行实证分析，包括人口年龄结构与居民消费的现状分析、人口年龄结构与居民消费率、人口年龄结构与居民消费倾向、人口年龄结构与居民消费水平、人口年龄结构与居民消费不平等的实证分析。

第三部分，在前文分析的基础上，提出人口年龄结构变动背景下促进居民消费、扩大内需的对策建议，主要从优化消费主体结构、提高消费能力、稳定消费预期、增强消费意愿四个方面展开。

上述三个部分相互联系、层层递进，具有较强的逻辑关系。第一部分主要提出"为什么要研究人口年龄结构变动对居民消费的影响?"第二部分回答了"人口年龄结构变动如何影响了居民消费?"第三部分是落脚点，基于全书分析提出对策和建议。图 1 - 1 给出了研究的技术路线。

二 研究内容与框架

本书分为九章，各章的主要研究内容如下:

第一章，导论。首先指出本书的选题背景，并分析了本书选题的理论和现实意义。接着介绍了全书的研究思路、主要研究内容和研究框架，最后提出本书可能的创新之处和不足，并指出进一步研究的方向。

第二章，人口年龄结构与居民消费:理论基础与文献综述。本章包括三个方面的内容:一是人口转变和消费理论的回顾，主要对人口转变理论、生命周期理论、家庭储蓄需求模型、世代交迭模型等经典理论进行了系统回顾;二是阐述了人口年龄结构影响居民消费的作用机制，主要包括三个方面:生育率变动的影响、劳动年龄人口变动的影响和人口老龄化的影响;三是对人口年龄结构变动与消费的国内外相关研究进行了综述，分别从宏观视角与微观视角、年龄结构与消费需求、消费结构、消费不平等等方面展开，并对国内外研究现状进行了评介。本章为后继研究提供了坚实的理论基础。

第三章，我国人口年龄结构与居民消费的变动历程与现状分析。本章为全书提供背景材料，主要从我国人口发展历程、人口转型特征等方面对我国人口年龄结构的总体现状和发展趋势进行详细分析和介绍;并围绕着居民的消费需求、消费结构和消费不平等等几个主题对我国城乡居民的消费现状进行描述。通过翔实的描述与分析，达到对

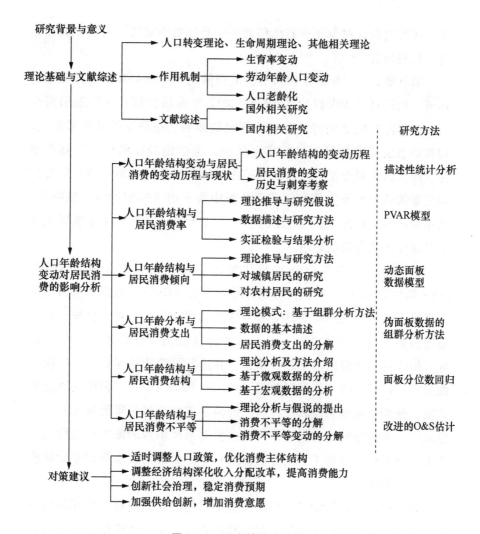

图 1 - 1 研究的技术路线

我国人口年龄结构与居民消费基本情况的把握。

第四章，人口年龄结构与居民消费率。本章搜集我国 1989—2012 年省际面板数据，从宏观层面实证研究了人口年龄结构、居民消费率和经济增长三者之间的关系。在对人口年龄结构变量如何影响居民消费进行理论推导的基础上，引入面板向量自回归模型（PVAR 模型），把所有变量纳入一个内生性的框架内，以全国、东部、中部和西部地区为研究对象，对少儿抚养比和老年扶养比变动对居民消费率的冲击进行比较研究。

第五章，人口年龄结构与居民消费倾向。本章是对第四章研究的拓展，利用城镇和农村地区 1995—2012 年面板数据，从中观层面探讨人口年龄结构变动对居民消费倾向的影响。在理论推导的基础上，构建动态面板数据模型进行实证研究，考虑到居民消费行为具有惯性，加入被解释变量的一阶滞后项作为解释变量，并加入多个重要控制变量构建经验研究模型，实证分析中为了解决模型的内生性问题，选用系统 GMM 估计方法，分别考察人口年龄结构变动对城镇居民和农村居民消费倾向的影响。

第六章，人口年龄分布与居民消费支出。本章采用 2006 年、2008 年和 2011 年"中国社会状况综合调查（CSS）"数据，从微观层面考察了人口年龄结构变动对城乡居民消费支出的影响。首先，对本章所需要使用到的方法——组群分析方法做出介绍并进行了理论推导，接着对样本做出基本统计描述，并进行了消费随年龄变动的横截面分析；然后构造出伪面板数据（Pseudo Panel Data），利用组群分析方法，分别将城镇居民和农村居民的消费支出分解为年龄效应和出生组效应，考察年龄变动和出生年代差异对居民消费的影响；最后引入养老保障因素，讨论了不同养老保障水平下居民消费水平的年龄效应是否存在差异。

第七章，人口年龄结构与居民消费结构。本章包括三个部分的内容，第一部分构建一个关于消费结构的理论框架，从理论上探寻人口年龄结构对消费结构的影响作用，并对所需要使用到的实证分析方法进行介绍；第二部分使用 2011 年 CSS 调查数据，从微观层面估计居民消费结构的年龄效应并考察家庭内部人口结构对消费结构的影响；第三部分是基于宏观视角，用少儿抚养比和老年扶养比两个变量来表征人口年龄结构，收集并整理国家统计局公布的 1995—2012 年反映我国居民消费情况的相关数据，分城乡两个层面，利用面板分位数回归方法，具体和量化地研究年龄结构的变化对居民家庭消费结构的影响。

第八章，人口年龄结构与居民消费不平等。本章的结构如下：第一节构建了一个统计性的框架，对人口年龄结构变动如何影响居民消费不平等进行理论分析，并提出研究假说；第二节继续使用2006年、2008年和2011年"中国社会状况综合调查（CSS）"数据，对城镇样本和农村样本分别分解出消费不平等的年龄效应和出生组效应；第三节是在改进现有分解方法的基础上，融入因素分析法的思想，把消费不平等的变动分解为老龄化效应、出生组效应和年龄组间效应，并进一步比较了教育、养老保障等因素对消费不平等分解结果的影响，还分东、中、西部地区进行了对比分析。

第九章，人口年龄结构变动下扩大居民消费的对策建议。本章归纳和总结本书研究的主要结论，并结合实证研究结论，就人口年龄结构变动背景下如何促进居民消费、扩大内需提出对策建议。

第三节　本书的创新点及未来研究展望

一　本书的主要创新点

本书的创新主要体现在三个方面：

（1）本书以人口年龄结构为研究切入点，基于消费理论，以我国老龄化和消费乏力为现实背景，从消费率、消费倾向、消费水平以及消费不平等方面较为全面、系统地考察了人口年龄结构对居民消费的影响，构造了较为完整的人口年龄结构对居民消费影响的分析框架，将统计学、人口社会学与消费经济学相关学科知识结合，对跨学科的交叉研究进行了有益的尝试。

（2）使用宏观面板数据与微观调查数据相结合的手段，宏观数据分析结果与微观数据分析互相补充、相互验证，力求更加深入、全面和正确地考察人口年龄结构对中国居民消费的影响，避免了集中于对宏观数据进行分析，而缺乏微观数据分析的缺陷。

（3）构造出适用于微观调查的伪面板数据，并对使用到的组群分析方法进行了理论推导，结合面板分位数回归模型、空间面板数据模型等进行实证分析，以提高估计结果的准确性，并丰富了人口年龄结构对居民消费影响的研究工具。

二 本书的不足及进一步研究方向

（一）社会经济发展和文化变迁对本书的研究提出了新的要求

家庭结构改变、人口流动性增强、养老文化变迁以及社会保障体系不断完善等因素对人口年龄结构变动作用于居民消费的机制产生了日益重要的影响。以养老负担为例，目前，家庭养老是我国解决养老问题的主要途径，但随着家庭规模的缩小（即"4-2-1家庭"规模的扩大）、养老文化的变迁以及社会保障制度的不断完善，社会养老将逐步占据越来越重要的地位。这一转变带来的影响是：老年扶养比的作用渠道发生了根本改变，它不再是仅仅通过增加家庭负担而影响家庭消费，更可能的是通过增加社会扶养负担如增大财政开支等公共行为影响经济增长从而作用于居民消费。简言之，养老问题将逐渐从微观家庭层面上升为宏观社会问题。这使我们未来的研究不仅要继续关注微观层面的分析，还要把视角转向公共经济、社会保障等，对这一问题展开持续研究。

（二）未来关于人口年龄结构变动与消费变动的关系更为复杂

中国的人口年龄结构变化已经到达转折点（2012年我国首次出现15—59岁劳动年龄人口绝对数量的下降），老年扶养负担加重带来的人口老龄化将是人口年龄结构变化的主要特点，本书发现，少儿抚养比和老年扶养比对居民的消费都有显著影响，然而中国的少儿抚养比将趋于稳定，老年扶养比上升将一改之前稳定上升势态，上升的速度趋于加快。这种情况下，中国未来的居民消费将如何变化？这对于中国经济的长远可持续发展以及居民福祉的不断提高至关重要。需要不断深入研究的是，未来养老负担加重对居民消费带来哪些负面影响，具体的作用机制何在？养老负担加重对劳动力市场影响如何？应通过"基金积累"制度实现代内自我供养还是继续延续"现收现付"依靠代际供养，或者是其他更为合适的供养方式？不同的养老模式会对消费行为和资本积累产生什么影响？养老负担加重与延长退休年龄如何实现最优匹配而避免冲击就业市场？

此外，本书使用的微观调查数据仅有三年的数据，通常而言，宏观经济的波动性和微观层面非观测因素的干扰，都会影响到面板数据的估计效果，因此最好使用较长年限的微观面板数据对居民消费进行研究，但目前国内相关微观数据库的建设较为落后，这使本书的研究受到一定程度的局限，未来微观数据丰富后，再进行进一步的研究是十分必要的。

第二章　人口年龄结构与居民消费：理论基础与文献综述

本章首先对人口转变理论、人口年龄结构影响消费的相关理论进行简单的回顾，然后阐述人口年龄结构影响居民消费的作用机制，从而为接下来的理论和实证研究提供理论基础和研究起点，最后对国内外的相关研究进行一个较为系统的梳理，并进行评述，为本书的研究提供进一步的研究基点和研究思路。

第一节　相关概念界定

一　人口年龄结构概念

人口年龄结构是指在一定的时间和空间内，不同年龄组的分布情况，即各种年龄段人口占总人口的比重，它反映了人口的年龄分布特点。年龄组的划分，与人口素质、预期寿命、社会经济因素等密切相关。日本著名人口学家黑田俊夫（1993）以 65 岁为老年人的划分标准，目前大部分人口学家和联合国都认同黑田俊夫的划分标准。联合国分别根据 65 岁和 60 岁的老年人口起点把人口年龄结构划分为"年轻型"、"成年型"和"老年型"三种类型，如表 2 - 1 所示。

表 2 - 1　　　　　　联合国对人口年龄结构类型的划分

	类型	年轻型	成年型	老年型
少儿比重		40% 以上	30%—40%	30% 以下
老年比重	65 岁标准	4% 以下	4%—7%	7% 以上
	60 岁标准	7% 以下	7%—10%	10% 以上

续表

类型	年轻型	成年型	老年型
老少比	15% 以下	15%—30%	30% 以上
年龄中位数	20 岁以下	20—30 岁	30 岁以上

二　人口年龄结构的相关变量

寻找一组合适的变量来衡量人口年龄结构的变动并在此基础上揭示其对居民消费的影响是一项十分重要的工作，现有研究中，常见的人口年龄结构的代理变量有生育率、死亡率、年龄中位数以及预期寿命等，实际上这些变量并不完全合适，因为其中任何一个变量只是刻画了人口年龄结构的某一方面，并不全面（Chong – Bum & Seung – Hoon，2006）。Bloom 和 Canning（2004）认为，各年龄段人口占总人口比重以及扶养负担提供了生育率、死亡率、年龄中位数以及预期寿命等变量所未能提供的更为丰富的人口年龄结构信息。他们的观点也得到了广泛认可，因此，在探讨生育率、死亡率以及预期寿命等变化所造成的人口年龄结构变动对居民消费的影响时，老年人口比重、扶养比（Dependency Ratio）或扶养负担（Dependency Burden）是衡量人口年龄结构变动的一组合适变量。国外在对人口年龄结构变动的社会经济影响进行研究时，广泛采用这组变量，如 Leff（1969）、Horioka（1997）、Golley 和 Tyers（2006）、Li 等（2007）、Canning（2007）等。这组变量具体而言包括以下指标：

老年人口比重，也称为老年系数，是 65 岁及以上人口占总人口的比重，计算公式为：

$$老年人口比重 = \frac{65\ 岁及以上老年人口}{总人口数} \times 100\%$$

老年人口比重是衡量人口老龄化最直观、最常用的指标之一，它可以直接反映出老龄化进程的速度。

老年扶养比，也称老年扶养负担，是 65 岁及以上人口与劳动年龄人口之比，计算公式为：

$$老年扶养比 = \frac{65\ 岁及以上老年人口数}{15—64\ 岁劳动年龄人口数} \times 100\%$$

少儿抚养比，又叫少儿抚养负担，是 14 岁及以下人口与劳动年龄人口之比，计算公式为：

$$少儿抚养比 = \frac{0—14\ 岁少儿人口数}{15—64\ 岁劳动年龄人口数} \times 100\%$$

总抚养比，也称为总抚养负担，是非劳动年龄人口与劳动年龄人口之比，计算公式为：

$$总抚养比 = \frac{0—14\ 岁少儿人口数 + 65\ 岁及以上老年人口数}{15—64\ 岁劳动年龄人口数} \times 100\%$$

把总抚养负担分解为少儿抚养负担和老年扶养负担是十分必要的，因为只有通过分解，才能知道究竟是高少儿抚养负担还是高老年扶养负担造成了高扶养负担，况且前两者蕴藏的人口转变的内涵也不同，少儿抚养负担的减轻主要刻画人口转变前期生育率快速下降的过程，而老年扶养负担加重则刻画人口转变后期老龄化程度日益加深的过程，它们造成的影响也必定存在差异。此外，社会和家庭对少儿抚养负担和老年扶养负担也持有不同的态度，少儿负担更多地反映出一种投资，这种投资有预期的收益，具有"强激励"的效果，因此家庭非常乐意对少儿的抚养进行投资；但家庭对老年人的赡养仅存在道德上的"软约束"，缺乏动力。因此在具体分析时，在必要的时候将两者分解，分别进行研究，才能全面刻画人口年龄结构变动的影响。

人口年龄结构的一系列变量之间存在密切的关系，我们可以将其划分为"基础变量"、"中间变量"和"经济变量"三类（如图2－1所示）。"基础变量"是可以直接观测到的变量，也是研究人口转变时的常用变量，包括出生率、死亡率等；"中间变量"根据"基础变量"计算而得，包括老年比重、劳动力比重等；"经济变量"则在"中间变量"的基础上进一步计算得出，包括少儿抚养负担、老年扶养负担等。

那么，出生率和死亡率是如何影响抚养负担呢？首先，出生率和死亡率的降低对总抚养负担的意义是不同的，出生率降低对少儿抚养负担的减轻和老年扶养负担的加重都产生十分重要的影响，但对少儿抚养负担的影响更为显著，对老年扶养负担的影响是一个长期缓慢的

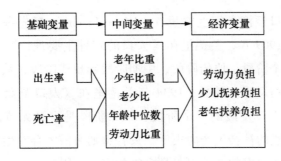

图 2 - 1 人口年龄结构变量之间的关系

过程；死亡率的降低和人均预期寿命的延长则主要影响老年扶养负担，对少儿抚养负担的影响很小。其次，出生率和死亡率的降低虽然造成老年扶养负担的加重，但对总抚养负担的影响是不确定的，因为出生率和死亡率的降低同时也引起了少儿抚养负担的减轻，具体的影响要视初始的人口结构状态以及出生率和死亡率的相对水平而定。具体到中国，在人口转变前期，由于死亡率快速下降而出生率相对稳定，因此造成了较高的总抚养负担，随着出生率的快速降低，高劳动年龄人口逐渐取代高少儿人口，总抚养负担减轻，到人口转变后期，出生率和死亡率都处于较低水平，老年人口的大规模增加又促使总抚养负担加重。

第二节 人口年龄结构影响居民消费的理论基础

一 人口转变理论

人口转变（demographic transition）理论是西方人口学的一个主要理论，它产生于 20 世纪 30 年代，20 世纪 70 年代后，这一理论被广泛应用于研究发展中国家的人口转变中。人口转变理论是从对西欧国家的人口统计资料的分析开始的，以人口发展所经历的不同阶段为研究对象，通过描述和概括来总结人口发展的规律和预测人口未来发展的趋势。

法国人口经济学家兰德里（Adolphe Landry）最先提出了人口转变的思想。1909 年，兰德里在《人口的三种主要理论》中将人口发展划分为三个阶段：原始阶段、中期阶段和现代阶段，从而首次提出了人口转变的思想。随后，1934 年兰德里在《人口革命》一书中进一步描述了人口发展的三个阶段：第一阶段是生育无节制的原始阶段，这一阶段的社会生产力很低，只有婚姻习俗才会对生育率产生影响，而决定死亡率的关键因素是食物的多少，因此，人口再生产出现"两高"：即高出生率和高死亡率的特点；第二阶段是生育率降低的中期阶段，这一阶段社会生产力明显提高，生活水平上升，为了使生活质量不下降，个体会选择晚婚晚育甚至不婚不育，从而显著降低生育率，放缓了人口增长；第三阶段是低出生率、低死亡率的"两低"现代阶段，这一阶段经济体的经济实力达到很高水平，经济因素对生育行为的影响有限，人们的生育观念发生根本改变，会自觉理性地控制家庭人口的再生产。兰德里的人口转变思想主要是来源于对法国人口统计资料的经验分析，尚未形成成熟的理论体系，但已经为人口转变理论的提出奠定了基础。

美国人口学家汤普森（Warren Thompson）对兰德里的人口转变思想进行了扩展，他在 1929 年发表的《人口》中，把人口转变思想应用到欧洲以外的其他地区进行人口发展的分析，汤普森按照出生率和死亡率把世界各国分为三类地区以对应兰德里的三阶段学说：第一类是出生率和死亡率都处于较高水平的亚洲和非洲等欠发达国家，这些国家的死亡率出现下降趋势，但出生率仍然很高，人口增长潜力大；第二类是出生率和死亡率都在下降但死亡率下降更快的意大利和西班牙等国家；第三类是出生率和死亡率都快速下降但出生率下降更快的西欧国家。汤普森的三阶段论是兰德里人口转变思想的拓展，但在分析中，并没有考虑到人口变动的社会经济因素。

美国人口学家诺特斯坦（Frank Wallace Notestein）首次明确提出了"人口转变理论"。他在 1945 年发表的《人口——长远观点》中把人口的发展划分为人口高增长阶段、过渡阶段和人口增长趋缓阶段，并首次提出了"人口转变"（demographic transition）的术语。在诺特斯坦的理论中，空间上人口发展的三个阶段在时间上依次发生，使人口发展由高出生率、高死亡率向低出生率、低死亡率转变的思路更为清晰，诺特斯坦认为人口转变的根本动因源自于社会经济的发展，出生率和死亡率下降都是一系列经济因素作用的结果，由此便解释了人口再生产类型的演变动因在于生产力的发展。诺特斯坦（1953）进一步提出了人口转变"四阶段说"：第一阶段是高出生率高死亡率阶段；第二阶段是高出生率而死亡率开始下降阶段；第三阶段是死亡率继续下降，但减缓了下降的速度，而出生率则开始下降；第四阶段是出生率和死亡率都降到低水平的均衡状态，人口增长率接近于零。

英国人口经济学家 Blacker（1947）提出了人口转变的"五阶段论"，将人口发展划分为五个阶段：高位静止阶段（出生率和死亡率在高水平上达到均衡）、初期扩张阶段（出生率维持高水平，死亡率开始下降）、后期扩张阶段（出生率和死亡率同时下降）、低位静止阶段（出生率和死亡率在低水平上达到均衡）和减退阶段（出生率低于死亡率，人口开始减少）。

此后，许多学者继续对人口转变理论进行补充完善（Leibenstein，1974；Coale，1984；Davis，1963），但基本观点都类似，即都认为人口转变与经济发展进程密不可分，人口转变是人口再生产类型由传统向现代转变的重要过渡阶段，人口转变要经历高位均衡到非均衡再到低位均衡的长期转变过程。

二　人口年龄结构影响居民消费的相关理论

莫迪利安尼和布伦伯格的生命周期假说较早地对人口年龄结构与居民消费的关系进行了研究。生命周期假说假定消费者的财产不会发生代际间的转移，消费者在其生命周期中消耗完他所有的财产，年轻和年老时多消费而中壮年的时候多储蓄，于是，社会中儿童与老年人等比重越大，则消费率越高。除了生命周期假说，其他对人口年龄结构与居民消费关系的理论研究也发展起来。

（一）生命周期理论

生命周期假说（Life – cycle Hypothesis）是由莫迪利安尼（Modigliani）和布伦伯格（Brumberg）1954 年在《效用分析与消费函数：

对横截面资料的一个解释》一书中提出的，该假说刻画出理性经济人收入与消费的生命周期特征，它假定消费者的目标是实现终生效用最大化，在效用最大化的指导下来合理安排储蓄与消费在总收入中的份额。消费并不是取决于即期收入，而主要是由消费者一生的收入所决定，因此，消费者必须依靠储蓄才能实现一生中的均匀消费。消费者将一生的预期总收入在生命的不同阶段进行分配，人的一生可以划分为三个阶段：年轻阶段、中壮年阶段和老年阶段。年轻的时候，收入低，但预期未来会有增加的收入，于是消费可能大于收入；中壮年的时候，收入增加，收入大于消费，这一阶段除了有能力偿还年轻时的债务外，还可以进行大量储蓄；老年阶段退出劳动市场后，收入下降甚至没有收入，必须依靠中壮年时的储蓄生活，消费又会大于收入。

生命周期假说包含几个基本假定：消费者一生的收入约束为他（她）的财富或者一生的劳动收入；消费者是理性的行为主体，对于消费路径有着明确的选择；为了追求消费的最优化，消费者将一生总消费均匀分配于生命周期的各个阶段，储蓄对于消费者没有直接的效用，只是消费者在一生中平滑其消费的一个手段。

在生命周期假说下，影响个人消费行为的因素包括 3 个方面：（1）收入的生命周期特征，典型的收入—年龄曲线是"驼峰"型的，一般在退休年龄（60 岁左右）达到峰值；（2）工作时间和退休时间的长短，在给定的寿命下，工作时间越短意味着退休时间越长，消费者必须在收入较高的工作期间内多储蓄少消费，以维持退休后的生活；（3）流动性约束，消费者会因为信贷市场的不成熟和对未来收入预期的不确定性而多储蓄，推迟消费计划。

消费者一生总收入的现值可表示为：

$$V_t = A_t + Y_t + \sum_{\tau=t+1}^{N} \frac{Y_t}{(1+r)^{\tau-1}} \tag{2.1}$$

其中，A_t 为当前（t 时刻）拥有的财富，Y_t 为当期收入，Y_τ 为 τ 期的预期收入，N 为从 t 期开始还能获得收入的年数，可以看作是距离退休的年数，r 是折现率，$\sum_{\tau=t+1}^{N} \frac{Y_t}{(1+r)^{\tau-1}}$ 为将来预期收入的现值。

假设消费者的效用函数是齐次函数：

$$U = U(C_t, C_{t+1}, \cdots, C_L) \tag{2.2}$$

其中 L 为预期寿命，那么消费者的消费行为可由一个最优化方程来表现：

$$\max U(C_t, C_{t+1}, \cdots, C_L)$$

$$s.t. \sum_{\tau=t+1}^{L} \frac{C_\tau}{(1+r)^{\tau-t}} = A_t + Y_t + \sum_{\tau=t+1}^{N} \frac{Y_\tau}{(1+r)^{\tau-1}} \tag{2.3}$$

式（2.3）即为消费者一生的预算约束。

此最优化方程的一阶条件为：

$$\frac{\partial U}{\partial C_\tau} = \frac{\lambda}{(1+r)^{\tau-1}} \qquad \tau = (t+1), (t+2), \cdots, L \tag{2.4}$$

λ 为拉格朗日乘数，当期的最优消费为：

$$C_t = \Omega_t(A_t + Y_t + \sum_{\tau=t+1}^{N} \frac{Y_\tau}{(1+r)^{\tau-1}}) \tag{2.5}$$

其中，Ω_t 为当期消费占终生收入的份额，由效用函数的具体形式所决定。

式（2.5）表明，消费者在最大化其效用的目标下，按照某一种偏好顺序将一生的总收入均匀地分配于生命周期的各个阶段，消费者行为和不同生命周期阶段收入变化模式有直接关系，而和其一生总收入的绝对数值没有关系，在相对低收入的时期，消费者会少储蓄而多消费，在收入较高的时期，消费者则选择多储蓄少消费，直到生命的终结时，消耗完所有的储蓄。

在消费函数的基础上，Modigliani 预测了储蓄在消费者一生中的变动。如果一个消费者在成年时没有财富，他将在工作期间积累财富，从退休一直到死亡期间消耗财富。图 2-2 显示了消费者在成年后一生的收入、消费和储蓄。

因此，对于消费者个体而言，其有关消费的选择在不同的生命周期阶段是不同的，但把单个消费者的行为加总，从宏观的全社会角度来考察时，在总人口年龄构成稳定不变的条件下，长期中边际消费倾向是稳定的，平均消费率不会出现明显的波动，生命周期假说从消费

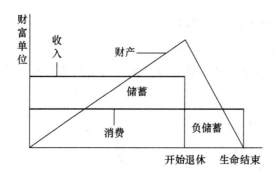

图 2 - 2　生命周期中的收入、消费和储蓄

者跨期选择的角度阐明了边际消费倾向不随收入变动而变动的原因。然而，当一个社会的人口年龄结构变化时，那么边际消费倾向不再是稳定的：当经济中少儿和老年人（纯消费人口）的比重上升，则全社会的边际消费倾向会随之升高；当中壮年人群（生产者和消费者的统一）的比重增高，则全社会的边际消费倾向会随之降低。

生命周期假说暗含着消费的决策取决于未来收入的现值与年龄结构，该假说从消费者的目标在于最大化其总效用这一微观基础出发，提出了消费者的消费不是由当期收入所决定，而是取决于其整个生命周期预期收入的观点。按照生命周期假说的观点，抚养比（包括少儿抚养比和老年扶养比）的提高会使居民消费率上升，抚养比的下降会带来居民消费率的下降。

（二）家庭储蓄需求模型

家庭储蓄需求模型（HD 模型）由萨缪尔森（Samuelson，1958）提出，其中蕴含着家庭中孩子数量与家庭消费的关系。该理论考虑到了财产在父母与子女之间的传递，未成年子女的财富主要源自家庭内部父母的转移，子女成年后又将财富传递给下一代。孩子可以看作是家庭的一种跨期投资，或者是父母从生命周期中有收入的成人阶段到无收入的老年阶段的资源转移机制，在某种程度上，孩子可以充当储蓄的替代品。如果父母决定减少生育，那么假定其他条件不变，其他形式的资产和财富的效用或者边际价值将会上升，换言之，在整个生命周期内，子女以及其他消费品都是家庭的需求品，夫妻双方将根据收入、价格、收益率等的变化而做出生育决策。作为养老的两个工具，孩子和储蓄可以互为替代品，因此当父母决定生育较多的孩子时，则家庭倾向于主要依靠子女来养老，为养老进行的储蓄就越少，于是家庭消费就越大，相反，如果父母选择生育很少数量的孩子甚至不生育孩子，则日后家庭主要是依靠储蓄来养老，相应的消费就减少。与生命周期假说的推论一致，家庭储蓄需求模型也认为少儿抚养比的上升会提高家庭消费率。

（三）世代交迭模型

世代交迭模型由萨缪尔森（Samuelson，1958）提出，并得到了戴蒙德（Diamond，1965）的扩展。模型假定经济中个体是有限期界的，即人们在固定数目的离散时期中存活，比如存活在青年时期或老年时期，在同一个时点，一个时代的年轻人和上一个时代的老年人相互交迭同时存在，年老一代逝去的同时会有新的年轻一代进入经济体。模型中消费者被设定为处在几个不同的代际，不同代际的消费者行为存在差异，强调了年龄的差别导致的收入和消费的差异是非常大的，不同代际的人具有不同的消费倾向和财富水平。相同代际之间、不同代际之间的个体存在广泛的经济交往，构成了一个复杂的经济体，这更接近现实，便于解释和研究不同年龄段人群的经济行为差异。

（四）家庭生育决策理论

家庭生育决策理论由加里·贝克尔（Becker，1960）提出，是与家庭储蓄需求模型相似的理论。加里·贝克尔发现，从 19 世纪起，家庭规模决策的范围因避孕知识的发展和传播得到了极大的扩展，生育力已经不再仅仅由马尔萨斯假定下的结婚年龄和同房次数两个因素决定，每个家庭拥有了生育自主权，能够对生育的数量和生育间隔进行控制。家庭对孩子的需求不仅仅包括数量需求，还包括质量需求，子女质量和子女数量之间存在替代的关系，在收入和偏好相同的条件下，家庭的子女数量越多，越不利于家庭对孩子质量方面的投资，而家庭子女数量较少时，家庭越容易以孩子质量替代孩子数量。家庭对孩子的需求通过质量需求和数量需求的相互转换而影响家庭的消费行为。

三　人口年龄结构影响居民消费的作用机制

人口年龄结构的演变过程一般可以分为三个阶段："高少儿人口抚养比阶段、高劳动年龄人口比阶段和老龄化阶段"。[①] 与此相对应，人口年龄结构通过以下三个方面产生作用：生育率变动、劳动年龄人口比重变动和人口老龄化，从而影响人口抚养比，最终影响到居民消费。如图2－3所示。

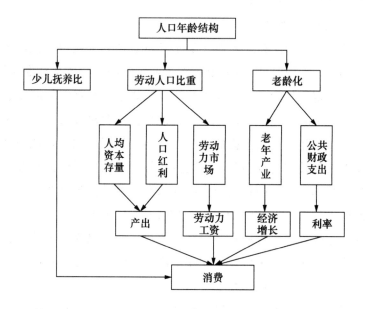

图2－3　人口年龄结构影响居民消费的作用机制

（一）生育率变动带来的影响

生育率变动从人口规模变动和改变人口年龄结构两个方面影响居民消费。当生育率上升时，人口规模会扩大，通常而言，人口规模越大，居民消费也会越多，如果一国经济水平尚处于维持基本温饱的阶段，人口规模越大，居民消费的产出越大。在大多数贫穷或者不发达

[①]　转引自王霞《人口年龄结构变动与中国居民消费：理论与实证》，博士学位论文，浙江大学，2012年。

国家中，消费的上升具有刚性，消费的增加挤占了储蓄（投资），这将导致人均资本存量减少进而对将来的产出产生不利影响，长期而言则会抑制居民的消费。这在发展中国家的实践中已经得到证明：随着人口的扩张，居民刚性消费支出增加，导致居民储蓄率下降以及用于社会再生产的投资减少，国家经济发展缺乏活力，外部资本撤离，恶性循环的结果就是国家经济停滞甚至倒退，居民生活水平急剧下降，消费能力也随之下降甚至倒退。生育率变动对人口增长率的影响是短期的，生育率的上升会提高当期的人口规模，但如果生育率不再有新的变化，则人口增长率会保持稳定。生育率变动除了在短期内会改变人口规模，还会改变人口年龄结构，生育率的上升，会使少儿人口比重增加，或少儿抚养比上升，从而增加或者减少居民消费；从长期来看，少儿人口会成长为成年人口，而当期的成年人口则会变为未来的老年人口。生育率变动会依次通过改变少儿抚养比、成年人口比重和老年扶养比，进而把影响传导到居民消费。

因此，当一国生育率上升时，总人口规模会扩张，也会带来人口年龄结构的变动，即该国少儿人口相对于劳动年龄人口和老年人口的规模会增加，那么短期内，少儿抚养比上升，家庭少儿抚养负担增加，家庭抚养性消费支出增加，居民消费率应该是上升的。

（二）劳动年龄人口比重变动的影响

生育率上升后的下一阶段就会形成劳动年龄人口的增加。劳动年龄人口比重的上升为经济发展创造了有利的人口红利条件，劳动年龄人口的增加，改变了劳动力市场的供求关系，间接影响到居民消费。可以从三个方面来分析劳动年龄人口比重变动对居民消费的影响。

第一，劳动年龄人口比重变动会对人均资本存量产生影响。在一定水平的全社会资本存量下，从事社会生产的劳动年龄人口增多，那么平均每个劳动力所配备的资本就会减少，产生人均资本存量的稀释效应，如果人均资本存量被稀释到最优社会水平以下，则人均资本存量的下降就会造成总产出减少，从而影响未来的消费，但如果由于原先的劳动年龄过少导致了人均资本存量过高，这种稀释作用反而会提高人力资本的边际产出，带来总产出的增加，进而有利于居民消费。

劳动年龄人口比重上升时，还存在抵消人均资本存量稀释作用的因素——总抚养负担的减轻，总抚养负担的减轻会节约一部分产出，如果这部分节余的产出不是用于即期消费而是用于弥补资本存量的不足，那么人均资本存量就不一定会产生稀释效应；因此虽然劳动年龄人口比重上升会带来人均资本存量的稀释效应，但也存在两种相反的力量来抵消这种稀释效应，最终劳动年龄人口比重上升对居民消费的影响方向是不确定的，这要取决于人均资本存量稀释效应及其相反效应的博弈结果。

第二，劳动年龄人口比重上升通过影响劳动力工资而影响居民消费。劳动年龄人口的增加意味着劳动力市场供给增加，如果劳动力市场出现供过于求，则劳动力工资会下降，在社会保障不健全或者缺乏工会组织保护的情况下，劳动力工资还可能下降到更低水平。在以工资为主要收入来源的家庭中，工资水平的下降带来的最直接的影响就是消费水平的下降。

第三，劳动年龄人口比重上升会提高全社会的总产出，从而有利于居民消费增长。劳动年龄人口增加，会提供大量廉价劳动力，这提升了人力资本的数量；劳动年龄人口相比少儿和老年人口，更具生产力，这提升了人力资本的质量。这两个因素都是经济增长和人均产出上升的强大推动力，经济增长和人均产出的上升会相应地推动居民消费的提升。东亚各国从 20 世纪 70 年代开始出现了劳动年龄人口的快速增长，这被认为是贡献东亚经济腾飞奇迹的一个重要因素，亚洲"四小龙"的发展历程也证明了劳动年龄人口增加与经济增长之间的高度关联性，这被许多学者定义为"人口红利"（demographic gift）。东亚和亚洲"四小龙"的经济增长推动了其居民消费的快速提升。

劳动年龄人口比重上升对居民消费的影响，除了上述三个方面外，还应结合具体国情进行分析。就中国而言，由于人口规模庞大，为了维持社会正常运转、保持稳定，政府只能保持一定的经济增长以吸纳尽可能多的就业人口，为了促进经济增长，不断加大投资，以投资扩大就业是一个必要的手段，投资扩张的结果就是挤占了居民消费的增长，这使中国人口规模过大对居民消费产生的影响具有独特性。

（三）人口老龄化对居民消费的作用机制

1. 人口老龄化对居民消费的直接影响

老年人的消费能力和消费习惯有着其独特性，老龄化程度的加深，会使老年群体对整体消费行为的影响力增强，老龄化会从几个方面直接对居民消费产生影响：

第一，年老群体的消费能力有限。进入退休阶段的老年人，其消费支出的主要来源是养老金、子女的扶养或者前期的储蓄。在城镇地区，由于退休"双轨制"的存在，许多非行政事业单位的退休职工只能领取微薄的退休金，甚至有的老人没有养老、医疗等社会保障，整体上城镇地区老年人的收入水平是下降的，这直接导致了购买力的下降。而在农村地区，老龄化的冲击更为显著，因为农村老年人没有退休工资，完全靠家庭养老或者以前的储蓄，会千方百计地压缩消费，同时，由于还可以自给自足地进行耕种，农村老年人的市场消费行为更为减少。

第二，老龄化导致居民消费结构发生改变。老年群体的增长，他们的需求无疑会影响整体居民的消费结构。老年人由于生理变化会导致在饮食方面的需求有少而精的特点，进而影响到食品方面的支出；老年人由于退休后角色的转化，会相应地减少工作期间对衣着、交通通信等方面的支出，以及职场竞争上所需的人力资本投资；而在医疗保健、家政与护理、旅游与休闲方面则会增加需求。因此，老龄化不仅能够影响整体的消费能力，还会通过老年人的消费选择来影响消费结构。

第三，老年人的消费具有惯性和利他性。老年人在进行消费时，主要是基于实用性进行购买，老年人有足够的时间和耐心对商品进行货比三家。精挑细选，消费行为理智，较少出现冲动性购买；此外，老年人的消费还有利他性，老年人在发生购买行为前会考虑到他们的消费选择是否对其他家庭成员带来了影响，老年人通常不吝于在子女和孙辈身上花钱，而自身的消费则比较节俭。老年人的这些消费特征会对居民消费带来较复杂的影响。

第四，人口预期寿命延长的影响。由于老年人的寿命普遍延长，这会对劳动年龄人口的寿命预期产生影响，使他们更倾向于在年轻时多储蓄少消费；对于老年人而言，预期寿命延长，为了给未来高龄化阶段提供生活保障，他们的消费行为会更加谨慎。

2. 人口老龄化对居民消费的间接影响

人口老龄化通过影响劳动力供给、劳动生产率、居民储蓄率对居民消费产生间接的影响。

第一，人口老龄化对劳动供给和生产效率的影响。老龄化会通过对劳动力作用改变总产出的长期变动趋势从而再将影响传导到长期消费上。老龄化会影响到劳动力市场的供求平衡以及劳动参与率，当老年人增多，劳动年龄人口不足时，一方面从事社会再生产的主体规模减少，另一方面生产者承担的扶养负担加重，人口红利消失，进一步会演变为"人口缺口"，劳动力和人力资本等要素成为总产出增长的"瓶颈"。在劳动生产率方面，经济理论认为技术进步是经济增长的源泉，年轻人接受新事物的能力和学习能力要优于老年人，因此，老龄化通过影响技术进步的速度而影响经济增长，进而在长期中对居民消费产生影响。

第二，人口老龄化对居民储蓄率的影响。老龄化的加深，使家庭所赡养的老人增多，年轻子女的扶养负担加重，年轻人预期到未来的扶养负担加重，就会减少消费、增加储蓄，造成储蓄率的上升，此外，老年人由于有节俭的消费习惯，并且社会存在遗赠动机的消费配置影响，老年人更倾向于多储蓄少消费，老年人的增多也会影响到居民储蓄率。

第三节　文献综述

一　国外研究综述

（一）从宏观视角出发的研究

大多数从宏观视角出发的国外研究并没有直接研究人口年龄结构和消费之间的关系，更多的是直接研究人口年龄结构与经济增长、人口年龄结构与储蓄之间的关系，而且研究的结论并不一致，但这些研究也内含着人口年龄结构和消费的关系。莫迪利安尼（Modigliani）和布伦伯格（Brumberg）1954年提出生命周期理论以后，许多学者基于该理论对人口年龄结构与储蓄（消费）的关系进行了经验研究，但由于数据和方法的差异，得出的结论不完全一致，有的研究支持人口年龄结构与消费的关系，有的研究并不支持人口年龄结构与消费的关系。

1. 基于横截面数据的研究

最早利用实证方法明确人口年龄结构（抚养系数）与储蓄（消费）之间关系的是 Modigliani（1966），他在利用跨国截面数据进行的实证研究发现，少儿人口和老年人口均与储蓄率存在显著的负相关性，验证了生命周期理论的适用性。Modigliani 用抚养系数来研究人口年龄与社会总储蓄率的方法开创了人们对人口年龄与消费问题进行经验研究的先河。对应于以微观行为经济学为基础生命周期理论，从宏观角度提出"扶养负担假说"（Dependency Hypothesis，DH）的 Coale 和 Hoover（1958）认为：婴儿死亡率的降低和生育率的上升会导致人口数量的膨胀，加重劳动力背负的少儿抚养负担，这种人口结构变化会使消费需求增加并削减了储蓄。Leff（1969）采用更大的74个国家的横截面数据，把样本国分为发达国家组和不发达国家组，无论是全样本还是分组进行的回归分析得出的结论都支持生命周期假说和抚养负担假说。然而，Leff（1969）的结论遭到了众多学者的质疑（Adams，1971；Gupta，1971；Goldberger，1973；Bilsborrow，1979，1980；Ram，1982，1984）。Adams（1971）指出 Leff 的研究假设并不一定能成立：生育率上升虽然加重了劳动力的少儿抚养负担，但也会刺激劳动年龄人口更加勤奋工作或者提高生产效率来提升生产力使经济增长，从而增加储蓄，因此抚养负担加重并不必然导致总储蓄率的下降；另外，在计量方法和变量选取方面，Leff 选择的抚养系数变量的样本离差过小，当样本过于相似，缺乏必要的差异性时，估计结果的可靠性令人怀疑。因此，Adam 认为抚养系数在40%和46%之间的差异并不能决定总储蓄率的差异。Gupta（1971）也对 Leff 的结论提出了质疑，Gupta 按照年人均收入把发展中国家分为三组，他发现在只有收入水平较高的那一组中，少儿抚养系数和老年扶养系数才对储蓄率产生负向影响，因此 Leff 笼统地把发达国家归为一组和把发展中国家归为一组的做法是不可靠的。

由于 Leff 的结论遭受了大量质疑，一些学者对 Leff（1969）的研究进行了进一步的改进。Fry 和 Mason（1982）在生命周期理论和抚养负担假说的基础上，提出了抚养负担与国民储蓄率的"可变增长效率"模型（Variable Rate‐of‐growth‐effect model）。该模型假设少儿抚养负担的减轻可以改变消费在生命周期中的配置，在抚养子女的阶段，家庭的消费会增加，在不需要抚养子女的阶段，储蓄是收入的增函数，储蓄率由少儿抚养负担变化的"增长倾斜效应"（growth‐tilt effect）和收入增长变化的水平效应（level‐effect）两者共同决定，这可以在模型中添加抚养系数和收入增长率的交叉项来反映。此后，"可变增长效率"模型被应用到检验"储蓄率是抚养负担减函数"的结论以及生命周期理论适用性中。Mason（1988）利用 50 个国家的横截面数据，通过控制抚养负担与收入增长的交互项，得出的结论验证了储蓄率是抚养负担减函数。Collins（1991）以"可变增长效率"模型为基础，利用 9 个亚洲发展中国家以及土耳其共 10 个国家的截面数据，同样得出了与 Mason（1988）一致的结论。Ram（1982）的研究并不完全支持 Mason（1988）的结论，他对 121 个国家按收入水平分组后的估计结果显示，只有在经济发达国家中，"储蓄率是抚养负担减函数"的结论才成立，在不发达国家，抚养负担对储蓄率并没有显著的负效应。

较早时期的研究主要是针对总抚养负担的影响进行分析，忽略了少儿人口和老年人口在行为特征和消费需求上的差异可能会对分析产生影响。当经济中少儿人口和老年人口的比重发生变化时，即使总抚养负担不变，对消费带来的影响也会有差异。Kelley 和 Schmidt（1996）较早地注意到这个问题，将少儿人口与老年人口分开进行讨论，他们利用 89 个国家 3 个年代的资料构成了三组横截面数据，分析发现，在 20 世纪 60 年代和 70 年代，储蓄率与少儿人口比重以及老年人口比重没有显著关系，只有在 80 年代，储蓄率与少儿人口比重和老年人口比重才出现了显著负相关关系。Birdsall 等（2001）使用和 Kelley 和 Schmidt（1996）一样的数据，不同之处在于他们通过假定残差与上期储蓄率不相关，把上期储蓄率作为外生变量加入模型，并且还增加了"投资品的相对价格"作为自变量，得出的结论与 Kelley 和 Schmidt（1996）相同。

2. 基于时间序列数据的研究

由于横截面数据无法控制不同国家的异质性问题，因此经验研究转向了总量时间序列数据。Gallman（1972）注意到美国在 1830—1900 年储蓄率的显著上升，他们的研究肯定了美国人口年龄结构的变动（特别是 45 岁以上人口比重的增加）对储蓄率的重要作用。Mclean（1994）以 45—64 岁人口的比重作为人口年龄结构的代理变量，研究其对储蓄率的影响，基于澳大利亚和加拿大 19 世纪末到 20 世纪初的分析发现，收入增长和人口年龄结构变量均对澳大利亚的储蓄率产生显著影响，而对于加拿大，只有人口年龄结构变量对储蓄率产生影响。Taylor 和 Williamson（1994）在 Mclean（1994）的基础上对人口年龄结构与储蓄率的关系进行了再检验，不同之处是 Taylor 和 Williamson（1994）使用 0—14 岁人口比重作为人口年龄结构代理变量，但得出的结论与 Mclean 相一致。美国学者 Lewis（1983）、英国学者 Williamson（1990）等利用本国的时间序列数据，也得出了符合生命周期理论的结论。Thornton（2001）较早地把协整技术使用到人口年龄结构与储蓄率的关系研究中，他首先构建了少儿抚养负担和老年扶养负担指标以反映人口年龄结构的变动，利用 1956—1995 年的美国数据，实证研究发现，少儿抚养负担和老年扶养负担均不利于储蓄率的提高，因此，劳动年龄人口的抚养负担如果过重，将导致储蓄率的下降。Erlandsen 和 Nynoen（2008）从消费效应的视角出发，利用挪威 1968—2004 年的季度数据，反向验证了人口年龄结构变化对消费具有显著的生命周期效应，Erlandsen 和 Nynoen 的观点是，50—66 岁的劳动年龄人口是净储蓄型人口，因为该年龄段的人口有持续的收入，他们的平均消费倾向也低于少儿人口，为了保证退休后的生活，他们会进行大量储蓄，因此，社会的消费会随着年龄结构中储蓄人口（prime - savers）的增加而减少，另外，Erlandsen 和 Nynoen（2008）还指出，基于消费函数的研究若能考虑到人口年龄结构变量，则消费函数中的其他参数的估计则更为稳健，并更能反映真实利率的影响作用。Park 和 Shin（2010）利用美国 1959 年第一季度至 2002 年第三季度的数据，基于半参数协整回归方法，验证了生命周期的适用性。除此之外，类似的研究还包括 Masson 等（1998）、Horioka（1997）、Higgins（1998）、Attfield 等（2003）、Bloom（2003）等。

除了通过经验研究对生命周期理论进行验证外，大量的研究在补充和扩展生命周期理论的基础上考察人口年龄结构与消费的关系。Higgins 和 Williamson（1996）在生命周期理论和"可变增长效率"模型基础上，提出了"变量与增长率效应模型"，他们认为投资需求通过劳动力供给与年轻人口紧密相关、储蓄供给通过退休需求与成年人口紧密关联，在金融开放的国家，人口向着低龄结构的偏移会加重劳动力的抚养负担，造成储蓄下降，当人口分布向劳动年龄偏移时，储蓄会增加，但对于封闭经济的国家，由于投资需求只能借助于大量的储蓄来解决，低龄的人口分布"引力重心"与储蓄率则呈现正相关。进一步地，Bloom 和 Williamson（1998）、Mason（2002）、Birdsall 等（2001）将生育率纳入模型，认为生育率的快速下降将导致储蓄率的大幅上升。Cutler（1990）则在新古典拉姆齐模型中引入老龄化对实际消费人口支持率的影响，研究老龄化对消费的影响，在他的研究中，封闭经济中老龄化对稳态水平的消费影响具有不确定性，这要取决于劳动增长率和实际消费人口支持率（有效劳动力/当量消费人口）的比较，当老龄化导致的劳动增长率下降效应大于实际消费人口支持率下降效应时，会带来稳态消费的上升，反之则下降，Cutler（1990）对美国 1990—2060 年的消费与储蓄进行动态路径模拟，结果发现，在抚养负担增加的初期，消费增加，之后由于老龄化的抚养负担效应超过劳动增长率减缓效应，消费减小，最终稳态的消费要低于初始水平。Cutler 进一步把研究拓展到两国开放模型中，模拟了 1990—2050 年美国消费和其他 OECD 国家资产产权的变化率，发现模拟出来的美国消费的动态均衡路径和稳态结果与封闭经济相一致，只是在消费的变动幅度上有所差异。Elmendorf 和 Sheiner（2000）借鉴 Cutler 的研究，模拟了小型开放经济的情况，以 2000—2060 年的美国为例，他们发现消费动态均衡路径表现为：在最开始的调整冲击下，消费立刻发生下降，并一直下降到新的稳态水平时为止。但他们认为在封闭经济中，老龄化对最优消费率的影响要由消费的代际间替代弹性所决定。Senesi（2003）则将消费的时间偏好率内生化，假设任意时点间的消费时间偏好率取决于后任一时点的消费，得出的结论是总消费由人口年龄结构和财富水平两个因素所决定，在老龄化社会中，储蓄倾向下降。在前述研究的基础上，Guest（2006）把研究拓展到资本非完全开放的经济中，他认为只需要在十分微小的资本非完全流动经济中，稳态消费及其动态调整路径便得到了跟封闭经济极为相似的结果，在对澳大利亚进行的模拟研究中，Guest 通过把老龄化的影响分解为抚养负担效应、索洛效应和资本深化效应，发现老龄化对消费的负向影响主要是由抚养负担效应导致，其他两个效应虽然对消费产生正效应，但作用被更强的抚养负担效应所抵消。Guest（2007）进一步把研究视角转向消费结构，他认为老龄化会引起需求在各生产部门间发生转移，改变经济的资本集约度，进而影响劳动生产率，他将年龄变量对消费结构的影响引入消费函数，建立了一个包含人口年龄结构变量的消费函数，Guest 假设贸易部门的资本集约度高于非贸易品部门，老龄化使需求从贸易品流向非贸易品，在资本非完全流动的参数设置下，模拟了澳大利亚 2002—2100 年的情景，结果发现，老龄化在任何假定条件下都造成生活水平的下降。Creedy 和 Guest（2008）分别在个人作为权重和当量个人作为权重两种情况下讨论了老龄化对最优消费路径、最优储蓄率的影响，他们对澳大利亚 2004—2050 年的模拟结果显示，在对社会福利函数选取不同的权重时，由于同一时期人口增长率与当量消费人口增长率是不同的，老龄化对社会福利最大化的最优消费路径的影响将产生差异。

在近期的研究中，许多学者把视线转向了中国。Kraay（2000）使用两阶段最小二乘法（2SLS）对中国 1978—1989 年时间序列数据进行了估计，他发现，无论是按时间划分区间，还是分城乡研究，中国居民的收入对储蓄的影响不显著，在农村地区，未来的收入增长、食物支出占总消费比重对储蓄率有显著的抑制作用，其原因可能在于处于低收入水平的家庭没有多余的收入用于储蓄，而无论是抚养比还是未来收入的不确定性都没有对储蓄率产生显著影响，对城镇地区的研究却发现没有一个变量会对储蓄率产生显著影响。Modigliani 和 Cao（2004）利用中国 1953—2000 年的储蓄数据，发现在中国长期人均收入增长率和少儿抚养系数的变化能够解释其高储蓄率，Modigliani 和 Cao 认为孩子是家庭储蓄的替代，中国传统文化中子女是老人养老的主要依靠，中国实施的"一孩"政策，削弱了子女的养老保障功能，为此家庭只能通过多储蓄来防老。少儿抚养比与储蓄率呈负相关关系，中国储蓄率上升一方面是因为改革开放带来的高速经济增长，另一方面是因为少儿抚养比的降低。他们还认为人口年龄结构与消费的关系是成立的，无论在发达国家还是发展中国家都是如此。Ma 和 Wang（2010）的研究指出，中国经济不同于其他国家的显著特征是政府、企业和居民三个部门的储蓄率在 2000 年以后均不断上升，并认为中国快速的老龄化是储蓄率上升的重要推手之一。与 Ma 和 Wang（2010）的结论相似，Bonham 和 Wiemer（2013）发现中国的储蓄率在经历了 20 世纪 90 年代后期的下降后，从 2000 年开始出现了快速的上升，他们认为高涨的储蓄率并不能仅仅由预防性储蓄动机、收入分配等因素解释，人口年龄结构是造成中国储蓄率日益攀升的不可忽视的一个重要原因。他们利用中国 1978—2008 年的数据建立了 VAR 模型，发现人口年龄结构变动成功地解释了储蓄率的上升，并预测由于老龄化的趋势，中国将在 2020 年左右迎来储蓄率的下降。Chamon 和 Prasad（2010）对中国 1995—2005 年数据进行了研究，发现这期间各个年龄段的储蓄率都有所上升，储蓄的年龄分布出现了不寻常的特征，年轻和年老家庭的储蓄率均较高，他们认为这种现象产生的原因在于青年家庭和老年家庭在购房、教育和医疗等方面背负着沉重的负担。Curtis 等（2011）认为计划生育政策造成相对较高的劳动年龄人口比重，从而导致了中国家庭的高储蓄率，并认为高储蓄率只是一个暂时现象，随着中国老龄化的加剧，高储蓄率会逐渐消失。Golley和 Tyers（2012）利用中国 1950—2010 年的人口年龄结构数据，把处于工作年龄但没有从事工作的人口纳入抚养负担指标中，研究结论认为虽然中国目前的总抚养负担变动还相对不大，但少儿抚养负担下降对人均收入的正效应将在 2030 年左右被老年扶养负担带来的负效应损耗殆尽，因此长期而言老龄化会通过减缓经济增长而对消费产生不利影响。

3. 基于面板数据的研究

面板数据集合了截面数据和时间序列数据的信息，在分析中具有显著优势，能改善估计结果。然而使用面板数据来研究人口年龄结构与储蓄率（消费率）之间的关系也未得到一致的结论。

Bailliu 和 Reisen（1998）利用 11 个国家 1982—1993 年的面板数据，分别采用普通最小二乘法和两阶段最小二乘法进行了估计，但发现抚养负担对私人储蓄率的影响系数符号不稳定且没有通过显著性检验，因此他们的研究不支持人口年龄结构与消费的关系。Loayza 和 Schmidt（2000）利用更大的 150 个国家 1965—1994 年的面板数据，基于系统 GMM 的估计结果显示，三个人口结构变量——人口城市化水平、少儿抚养负担、老年扶养负担，对储蓄率都产生显著的负影响，分析认为人口城市化的负影响是因为依赖农业收入的农村人口会面临更大的不确定性，因此会压缩消费多储蓄；抚养负担对储蓄率的负效应符合生命周期假说，但老年扶养负担的负效应强度要明显大于少儿抚养负担，他们认为出现这个结果可能是由于有些样本国中把 16 岁以下的人口都统计到劳动年龄人口造成的。De 和 Pelfrin（2002）与以往很多研究的做法不同，他们采用 64 岁以上人口/20—64 岁人口来衡量老年扶养负担，在对 1970—2000 年 15 个 OECD 国家的面板数据采用 ARDL 方法分析得出的结论是：老年扶养负担是造成这些国家私人储蓄率下降的最主要的三个因素之一（另外两个因素是政府储蓄率的上升和贸易条件的变化）。Sarantis 和 Stewart（2001）利用面板协整技术，在对 20 个 OECD 国家第二次世界大战后（1955—1994 年）面板数据的分析中构建了一个长期均衡的储蓄函数，他们的研究结果表明人口结构因素和流动性约束是储蓄率十分重要的决定因素，但这些因素的影响在国家间存在差异。Ramajo 和 García（2006）基于 21 个 OECD 国家 1964—2000 年非平衡面板数据，利用可行广义最小二乘法（FGLS）研究影响 OECD 国家私人储蓄率变动的原因，他们发现，政府储蓄对私人储蓄有显著的"挤占"效应，劳动力抚养负担也对私人储蓄带来了显著的负效应，与 Loayza 和 Schmidt（2000）的结论不同之处在于，他们认为人口城市化有利于私人储蓄的增加。Hondroyiannis（2006）对 13 个欧洲国家的面板数据的分析结果却和生命周期理论背道而驰，他发现，无论是少儿抚养负担还是老年扶养负担都会对储蓄率（消费率）产生正向（负向）的刺激作用，他把这一结论的原因归结为这些国家的财政问题使社会保障体系陷入困境，这导致居民通过少消费而多储蓄来弥补国家公共支出的不足。Horioka 和 Terada - Hagiwara（2012）对 12 个亚洲国家 1966—2007 年的数据进行研究发现，这些亚洲的发展中国家储蓄率在研究期内是不断上升的，他们认为决定储蓄率上升的主要因素在于这些国家人口年龄结构的改变（特别是人口老龄化的加重）、收入水平的提高和金融部门的发展，他们预测这些国家的储蓄率将在未来的 20 年内保持稳定的上升趋势，他们还分析认为这些亚洲国家的消费并不符合生命周期假设的原因在于，收入水平的快速提高极大地抵消了老龄化对储蓄的抑制作用。Kolasa 和 Liberda（2014）把 28 个 OECD 国家 1995—2011 年总共 14 年的面板数据与波兰的数据进行比较分析，在利用系统 GMM 的估计结果中，发现收入和经济增长率、利率、政府储蓄才是影响私人储蓄率的关键因素，而人口年龄结构变量对 OECD 国家和波兰的储蓄率均未产生显著的影响。

可见，使用面板数据来分析人口年龄结构与消费之间的关系时，由于计量方法、数据选取的不同，其研究结论也会存在差异。

（二）基于微观调查数据的研究

在利用宏观数据进行分析时，面临的最大困境就是难以有效地区分异质性消费者的消费和储蓄行为，因此，很多国外的经验研究利用微观家庭调查数据进行分析。

1. 关于消费—年龄曲线的研究

在利用微观数据对年龄与消费关系进行的研究中，在大多数国家和地区都发现了消费—年龄曲线的"驼峰"形状，即消费首先是随着年龄的增长而增加的，在到达顶峰后，消费又随着年龄的增长而下降。

Carroll 和 Summer（1991）利用美国 CEX 数据，通过计算各年龄段样本的平均消费和平均收入，描绘出消费和收入的年龄曲线，发现两者的形态都表现出非常相似的"驼峰"形，即消费和收入在生命周期的早期阶段随年龄的增加而增长，等到达顶峰后随着年龄的增加而减少，在对其他国家的研究中，也得到了相同的结论：消费和收入的年龄曲线均呈"驼峰"形，并且消费和收入年龄曲线形态高度一致，在收入年龄曲线比较陡峭的国家中，消费的年龄曲线也比较陡峭。Attanasio 和 Weber（2010）采用 Carroll 和 Summer（1991）同样的方法，利用英国 1978—2007 年 FES 的数据也得出"驼峰"形态的消费和收入年龄曲线，但正如 Attanasio 和 Weber 指出的，这种将各年龄段样本简单平均的数据处理方法没有考虑到样本的出生年代，不同年代出生的个体社会经济背景不同，简单的算术平均数会遗漏重要信息而导致结果的不可靠。Attanasio 等（1999）较为全面地分析了人口统计学特征和不确定性对消费—年龄曲线的影响，为了排除预期寿命对折现率的影响，他们假定人口的寿命为 70 岁，通过对分别控制了人口统计学特征和收入不确定性后得到的消费—年龄曲线进行分析，得出的主要结论认为：如果不考虑收入不确定性导致的预防性储蓄，消费—年龄曲线的波峰就会提前到来，在 37 岁左右出现，而排除人口统计学特征的影响，消费—年龄曲线的波峰就会推迟到较晚 62 岁才会出现，不确定性和人口统计学特征的共同作用，使得消费—年龄曲线在 41 岁左右到达波峰。Deaton 和 Paxson（2000）在对中国台湾地区的研究中，同样发现了消费—年龄曲线的"驼峰"形态，他们的分析表明，在使用微观数据时，以个体为单位还是以家庭为单位来进行研究，会导致结论的不一致，以家庭为单位进行研究的结论是：人口对储蓄率的影响微乎其微，其原因在于老年人消费的减少会被抚养孩子消费的增加所抵消；在以个人为单位进行的研究却发现：当经济快速增长时，人口增长会带来消费的增加，当经济增长缓慢时，人口增长会带来储蓄的增加。Gourinchas 和 Parker（2002）引入收入不确定因素，构建基于生命周期的消费支出模型，并利用美国 1980—1993 年的 CEX 数据进行了估计，得到了与许多研究类似的"驼峰"形消费—年龄曲线。他们发现，给定合理的贴现率和利率，消费者的消费行为在生命周期内是变动的，年轻人的消费行为更符合"缓冲储备假说"（buffer - stock savings hypothetic），他们储蓄的目的在于预防消费受到不可预料的收入波动的影响，年长者的消费行为更符合"确定性等价理论"（Certainty equivalence），他们的消费计划取决于未来收入的均值，消费的边际效用是线性的。消费者的消费行为随着年龄的增长，从符合"缓冲储备假说"逐渐转变为符合"确定性等价理论"，这一转变的实现在 40—45 岁，因此消费—年龄曲线的波峰就出现在这一年龄段，如果给定足够低的贴现率，消费者的消费行为将与"确定性等价理论"下的消费行为十分吻合。Gourinchas 和 Parker 认为，由于预防性储蓄行为的存在，相当多的家庭表现出"目标储户"的行为，从而导致对数线性的欧拉方程不适用于这些家庭的分析。Fernandez - Villaverde 和 Krueger（2011）把消费品分为耐用消费品和非耐用消费品进行研究，他们发现消费者的消费行为具有两个重要特征：第一，无论是耐用消费品还是非耐用消费品，在生命周期中均表现出"驼峰"形态；第二，年轻家庭持有的财富大多是耐用消费品，而流动资产很少。第一个特征在控制了家庭规模后仍然存在，这令人费解，因为在完全市场条件下，个人会平滑一生的消费；第二个特征意味着必须构造有关耐用消费品的模型以探明家庭是如何对消费和储蓄进行组合分配的。Fernandez - Villaverde 和 Krueger 试图探寻收入异质性、死亡风险以及借贷约束是否是这两个消费特征的原因，在他们的模型中，耐用消费品扮演双重角色：既可以用于消费又可以用作贷款的抵押物，耐用消费品与借贷约束之间的内在联系可能是人们年轻时倾向于多积累耐用品而年长后多积累金融资产的重要原因，耐用消费品的特征是解释"驼峰"形消费—年龄曲线和家庭实现最优资产组合配资的关键因素。Bullard 和 Feigenbaum（2007）把消费和休闲同时引入效用函数，构造了一个包含资本的一般均衡生命周期模型，在对美国数据的经验研究中也证实了"驼峰"形消费—年龄曲线的存在，他们认为消费和休闲之间的替代关系可以部分地解释消费—年龄曲线的"驼峰"形态。Jørgensen（2014）基于扩展的生命周期模型，对丹麦1987—1996 年数据的分析表明，风险偏好和贴现率在家庭间具有异质性（因为家庭成员的受教育程度以及家庭成员的年龄结构有差异），而家庭中子女数量的差异所导致的风险偏好的异质性正是造成"驼峰"形消费—年龄曲线的重要原因。类似的研究包括 Khorunzhina 和 Gayle（2011）、Bozio 等（2013），他们得出的结论与 Jørgensen（2014）一致。

2. 年龄结构与消费不平等

生命周期—永久收入假说（LC - PIH）暗含着年龄与消费不平等的关系，该假说表明，如果个体之间受到的消费冲击是互相独立的，那么对于同一年代出生的人，随着年龄的增长，其收入与消费的不平等也会扩大。最早对年龄结构与消费不平等问题进行研究的是 Deaton 和 Paxson（1994），在永久收入假说的理论基础上，该研究认为消费不平等是人们消费积累差异的一个反映。Deaton 和 Paxson 选取了三个国家（地区）的家庭调查数据：美国 11 年的数据（1980—1990 年）、英国 22 年的数据（1969—1990 年）以及中国台湾地区 14 年的数据（1976—1990 年），实证分析了年龄增长与消费不平等的关系，通过把总体的收入和消费不平等分解为出生组组内效应（年龄效应）、出生组组间效应和年份效应，发现这三个国家的确存在消费不平等随着年龄的增长而增加的现象，并且三个国家消费不平等的增长率是相近的。他们认为年老群体的消费不平等的程度要高于年轻群体，随着年龄的增长，年轻群体逐渐转变为年老群体，因此不能简单判断总体消费不平等是否增加，而必须结合人口年龄结构才能判断，在快速老龄化的国家，由于年老群体比年轻群体的消费更加不平等，老龄化的加重会导致消费不平等的恶化（如中国台湾地区）。

日本作为人口老龄化程度最深的国家，其国内学者也从人口年龄结构角度讨论了消费不平等的成因，认为低生育率水平和人口寿命的延长拉大了消费的不平等。Ohtake 和 Saito（1998）借鉴 Deaton 和 Paxson（1994）的方法，利用三个年份（1979 年、1984 年和 1989年）日本国家统计局的家庭收入与支出调查数据（National Survey on Family Income and Expenditure），分析 20 世纪 80 年代日本消费不平等迅速扩大的原因，他们的研究发现：40 岁以后，人们的消费不平等迅速扩大，消费不平等与收入不平等的增长速度相当；年青一代在生命周期的早期阶段会面临更大的消费不平等；由于日本在 20 世纪 40 年代出现了婴儿潮，加上 40 岁以后消费不平等迅速扩大，造成了 20 世纪 80 年代日本消费不平等的快速扩张，进一步对消费不平等的分解表明，这一时期消费不平等的增长有一半可由人口老龄化所解释，有 1/3 可由出生组组间效应所解释。Yamada（2012）以世代交迭模型为基础，对日本家庭 1980—2000 年调查数据的研究发现：收入和消费不平等在 40 岁之前的增长较为缓和，但在 40 岁以后不平等随年龄增长而增加速度显著加快，原因在于 40 岁以后的日本劳动力受到的持续性冲击十分强烈，他们的收入不确定性增强，如遇到突然的失业、身体状况的恶化等，均使他们面临着比年轻人更大的收入风险，这很难完全通过预防性储蓄来抵御风险。与 Ohtake 和 Saito（1998）一样，Yamada 最终的结论也认为是老龄化造成了日本消费不平等的恶化。与前两个研究类似，Lise 等（2014）也发现了不平等在 40 岁以后呈明显扩大趋势，但 Lise 等利用的微观调查数据更为丰富（4 个数据库的数据）并且主要对非耐用消费品进行了分析。

在对其他国家和地区的研究中，也发现了消费不平等随着年龄增长而增加的规律，如美国（Primiceri and Van，2009）、英国（Blundell and Etheridge，2010）、澳大利亚（Barrett and Crossley，2000）、韩国（Kang，2009）。这些研究达成的共识是，探讨消费不平等的成因或影响因素时，人口年龄结构是一个不可忽视的重要变量。

3. 退休对消费的影响

一些研究还专注于对退休后消费行为的研究。一些学者发现在发达国家，确实存在退休后消费下降的现象，如英国（Banks，Blundell and Tanner，1998）、美国（Bernheim，Skinner and Weinberg，2001）、意大利（Battistin，Brugiavini，Rettore and Weber，2009）。这一现象被称为"退休—消费之谜"，Banks、Blundell 和 Tanner（1998）发现60—67 岁人群的消费水平比按照生命周期理论估计的平均要低1.5%。大多数处于这个年龄段的退休人群的消费会比退休前降低10%左右，他们认为退休后大量的空余时间（从而有条件搜寻更便宜的商品、有条件自己提供饮食服务等）对削减消费的作用是微乎其微的，"退休—消费之谜"还有更重要的原因。Bernheim、Skinner 和Weinberg（2001）估计退休后的消费水平要降低14%左右，他们的数据还显示，退休后的消费水平至少下降了35%的样本比例达到了31%。Smith（2006）对英国住户调查数据的分析强调的是：自愿退休和非自愿退休的人群退休后消费水平的变化程度是有明显差异的，只有那些由健康或失业等因素导致的非自愿退休人群，退休后的食品消费是显著下降的。Battistin、Brugiavini、Rettore 和 Weber（2009）利用意大利的调查数据估计表明，退休后非耐用消费品的消费下降了9.8%（其中食品消费下降了14%），而低收入阶层在退休后的消费下降得更为厉害，因此他们形成的观点是：由于退休前所进行的储蓄并未足够保证退休后的生活，退休后的老人（尤其是低收入者）只能靠缩减消费来维持退休后的生活，另外他们还发现，跟子女生活在一起的老人，退休后消费水平的下降幅度要比独自生活的老人要大。而Aguila 等（2011）的研究并不支持"退休—消费之谜"，他们利用美国 CEX1980—2000 年数据的分析发现，退休后的老年人虽然在食品项目上的支出有所减少，但在非食品项目上的消费支出是增加的，因此总体而言美国退休人员的消费水平与退休之前相比并没有明显的变动。

二　国内研究综述

虽然国外对人口年龄结构与居民消费问题的研究成果较为丰富，但国内对此问题的实证研究在近十年来才逐渐展开。

（一）抚养负担的消费效应研究

国内文献对于人口年龄结构与居民消费问题的研究，多是围绕抚养负担对居民消费产生的是正向的积极作用还是负向的消极作用来进行的，但研究的结论并未达成一致，主要有三种观点。

1. 老年扶养比上升会对居民消费产生积极影响

王德文（2004）对1982—2002年中国国民储蓄额率与老年扶养系数的关系进行了实证分析，结论是老龄化会降低国民储蓄率。刘士杰和张士斌（2009）利用中国2002—2006年分省份、分城乡的数据，使用各年龄段人口比重而不是人口抚养比，在绝对收入和永久收入的框架下对居民储蓄方程进行了实证检验，结果发现，老龄化对城乡居民的储蓄均产生了消极的影响，而且城乡之间具有明显的差别。王宇鹏（2011）以平均消费倾向作为居民消费行为的代理变量，采用最小二乘法估计多元线性回归模型，对2001—2008年中国城镇居民消费行为进行了实证研究，研究发现老年人口扶养比与居民平均消费倾向呈正相关关系，而少儿抚养比与城镇居民消费不存在显著关系。林志鹏、龙志和等（2012）考虑到了居民消费的空间相关性，采用空间面板数据地理加权回归模型来研究人口年龄结构对居民消费率地区差异的影响，实证结果表明，经济较落后地区的居民消费率易于受抚养比变动的影响，少儿抚养比与居民消费呈负相关关系，老年扶养比与居民消费呈正相关关系，而发达地区的少儿抚养比和老年扶养比对居民消费均没有产生显著的影响。李承政和邱俊杰（2012）利用西方相关经济理论分析了人口结构变化对居民消费的影响渠道，并基于中国2001—2009年农村省际面板数据对人口年龄结构与居民消费的关系进行了经验分析，发现我国农村少儿抚养比与居民消费率呈负相关关系，而老年扶养比与消费率显著正相关。杨继军、任志成等（2013）从人口年龄结构视角解读了中国经济"高储蓄、高投资、高顺差"的成因，研究表明，老年人口扶养负担的上扬降低了储蓄率和外贸顺差，支持了生命周期假说。

2. 老年扶养比上升会对居民消费产生消极影响

唐东波（2007）运用向量自回归模型（VAR）分析了中国人口年龄结构变动对居民储蓄率的影响，发现短期和长期中，人口老龄化都对居民储蓄率产生显著的扩张性效应。郑长德（2007）利用

1989—2005 年中国省际面板数据的分析发现少年抚养比与储蓄率呈显著负相关，相反，老年扶养比和储蓄率呈正相关关系。李春琦和张杰平（2009）注意到中国老龄化现象和农村居民消费不足的问题，建立了一个动态宏观分析模型，利用中国 1978—2007 年年度数据进行实证分析发现，少儿抚养比与老年扶养比的上升显著地抑制了居民消费，并认为农村居民消费不足的原因之一是习惯形成的影响。李响和王凯等（2010）也研究了人口年龄变动与农村居民消费之间的关系，他认为少儿抚养系数的下降与老人扶养系数的上升都对农村居民消费产生了负的影响。

3. 老年扶养比变化对居民消费的影响不确定

李文星和徐长生（2008）收集中国 1952—2004 年中国宏观时间序列的数据，利用协整回归方法分析人口自然增长率对中国居民消费的影响，发现两者存在显著的正相关，人口自然增长率的短期波动也会显著地影响居民消费，同时指出由于中国人口增长率已经准备下降到极点，其对未来的居民消费的影响趋弱。苏春红和刘小勇（2009）认为人口年龄变化对储蓄率的影响可能是非线性的，他们利用 1995—2006 年的省域面板数据，使用门限面板模型检验了人口年龄变化对储蓄率的影响效应，结论是人口年龄变动对储蓄的影响不能简单地下一个笼统的结论，在经济发展的不同阶段，老龄化对储蓄可能产生正的影响也可能产生负的影响，具有明显的门限特征。王麒麟和赖小琼（2012）利用中国 1999—2009 年的省域面板数据，分析了人口年龄结构储蓄效应的城乡差异，发现城镇和农村人口年龄结构的储蓄效应是完全相反的方向，少儿抚养比对城镇居民储蓄率产生的是负影响而对农村居民产生的是正影响；老年扶养比对城镇居民的储蓄效应为正而对农村居民的为负。范叙春和朱保华（2012）使用中国省际面板数据，采用广义最小二乘法估计（FGLS）、差分广义矩估计（D - GMM）、系统广义矩估计（SYS - GMM）等方法，分析发现，人口预期寿命延长提高了我国国民储蓄率，在不考虑时间效应时，少儿抚养比与国民储蓄率负相关、老年扶养比与国民储蓄率正相关，而考虑时间效应时，变化的方向相反。

（二）人口年龄结构对消费结构的影响

国内对消费结构的研究虽然较为丰富，但从人口年龄结构角度来进行的分析较少，并且由于数据获得的局限，大多数研究仅基于宏观数据来进行。

国内对人口年龄消费结构问题进行的研究中，很多文献都利用了灰色系统预测的关联度计算方法，该方法首先选取各年龄段人口数和各类消费品支出的数据，然后建立关联矩阵，计算各年龄段与每种消费品支出之间的关联度系数，对关联矩阵中的关联度系数进行比较，从而得到与人口年龄结构变动关系密切的消费品。李洪心和高威（2008）较早地采用灰色关联度方法定量地研究了人口老龄化对消费结构的影响，他们把人口年龄划分成 0—19 岁、20—59 岁、60 岁及以上三个年龄段，利用《中国统计年鉴》中 2000—2005 年城镇居民八大类消费支出的数据计算出的关联度系数显示：老年人口在医疗保健、教育文化娱乐服务、交通和通信项目上的消费支出增加，而在食品、衣着、家庭设备用品项目上的支出下降。其政策含义在于，随着我国老龄化的发展，老年人口的增多，应该调整现有的产业结构，以满足人口结构变化对消费需求提出的新要求。借鉴李洪心和高威（2008）的做法，其他学者在对中国各地区的研究中，也得到了类似的结论，如辽宁（徐妍，2013）、四川（梁悦颖，2013）、江苏（查奇芬，2011；凌玲，2014）、上海（陆熠，2011）等。

张扬（2013）认为灰色关联度分析方法没有排除收入等其他因素对消费结构的影响，其对人口年龄结构与消费结构关系的研究结论可能出现偏误，他引入偏最小二乘法（PLS），把收入、消费率和人口年龄结构同时纳入分析，结合全国人口普查数据，得出的结论是人口老龄化对教育文化娱乐服务支出的影响最大，其次是医疗保健项目，然后是交通通信项目。包玉香（2012）则同时采用格兰杰因果检验和灰色关联度分析方法，对中国山东省 1989—2007 年的总量数据进行研究，她发现在样本期内老龄化对人均消费支出的影响并不显著，但老龄化使居民消费结构出现了一个明显的变化趋势，即基本生活资料消费从量的满足向质的提高转化、教育文化娱乐服务和医疗保健消费持续增长，并且发现老年人的主要消费项目集中在食品、医疗保健和教育文化娱乐3大类支出上。

向晶（2013）以2010年中国31个省（市、区）的城镇居民作为研究样本，利用扩展的线性支出系统（ELES）模型，分析了人口年龄结构变动对消费结构的影响，研究结果表明，抚养负担的加重会提高人们在食品、衣着和医疗保健等基本生活需求上的支出，虽然从边际消费倾向来看，教育文化娱乐和交通通信是消费结构升级的重点，但抚养负担的加重很可能会挤压衣着以及其他商品和服务的消费。朱宁振（2013）则采用几乎理想需求模型（AIDS），对中国2000—2010年省际面板数据进行分析，基于似不相关回归（SUR）的估计结果显示，少儿抚养比的下降将导致城乡居民在衣着和医疗保健项目上的消费需求下降，而在教育文化娱乐和交通通信项目上的需求增加；老年扶养比的上升将导致对食品、衣着类商品的消费需求下降。

也有少量文献利用微观调查数据进行了研究。樊茂清和任若恩（2007）利用1992—2004年城镇家庭调查数据进行了研究，他们分析了不同的人口特征（年龄、家庭规模、文化程度等）对消费结构的影响，主要结论有：在能源消费上，家庭规模越大，支出份额也越大，不同年龄段的能源支出弹性相差明显；在食品消费上，户主处在35—44岁年龄段的家庭，其食品消费的支出份额最大；户主年龄在20—34岁的家庭，对电子、计算机等产品的消费有明显的偏好；在对服务类商品的消费上，户主年龄越大，则家庭的支出份额也越大。郝东阳（2011）利用CHIP（2002）和CGSS（2006）两个微观数据，对城镇居民的年龄和消费行为关系进行了分析，他的研究结果表明，高年龄群体家庭中，医疗保健项目的边际消费倾向为正，而衣着项目的边际消费倾向为负，消费结构在高年龄家庭中受户主年龄和家庭年龄结构的影响较小，年轻全体家庭则更为偏好于教育娱乐的消费，因此对于收入水平较低的青年群体而言，政府应该着重减轻其教育负担。

（三）人口年龄结构与收入、消费不平等

目前国内针对人口年龄结构与不平等问题的研究还十分少见，近年来出现的有限几篇文献也多集中于对人口老龄化与收入不平等的研究，鉴于收入与消费的密切关系，在此也对有关人口年龄结构与不平等问题的研究进行梳理，以期对本书接下来的分析研究有所启发。

Cai（2010）和郭望庆（2011）都基于 Ohtake 和 Saito（1998）的方差分解方法，利用中国城镇住户调查数据（UHS）实证分析了人口老龄化对居民家庭收入不平等的影响，这两个研究得到的结论也相同，即人口老龄化对收入不平等的影响作用并不明显。进一步地，郭望庆（2011）按照收入对样本进行分组研究，发现在高收入组中，老龄化的加重加深了收入不平等，而在低收入组中，老龄化的发展却是有利于缩小收入不平等的；在分地区的研究中，老龄化进程拉大了发达地区的收入不平等，在不发达地区，老龄化有助于收入不平等程度的降低。郭望庆的研究表明老龄化对不同群体收入不平等的影响是有差异的，差异的原因在于身处发达地区或者收入较高的老年人有较多的投资机会，容易拉开彼此间的收入差距。

魏下海和董志强等（2012）使用中国家庭营养与健康调查数据（CHNS），也参照 Ohtake 和 Saito（1998）的方法，利用收入对数方差度量不平等程度，把劳动收入的不平等分解出年龄效应和队列效应，他们的研究发现，随着年龄的增长，劳动收入的不平等也在扩大，并且不平等扩大的速度要高于年龄增长的数据，这意味着最大的收入差距将在老年阶段出现。他们还发现出生于 20 世纪 60 年代以后的群体，更多地享受到经济增长带来的好处，收入增长的同时，队列内部的收入不平等也扩大了。在他们基于宏观数据的另一篇文章中（董志强和魏下海，2012），同样也得出了老龄化扩大了收入不平等的结论，他们利用中国 1996—2009 年省际面板数据，以基尼系数衡量收入不平等，以少儿抚养比下降和老年扶养比上升刻画老龄化进程，利用系统广义矩估计（SYS－GMM）实证检验了老龄化对收入不平等的影响，结果证实了人口老龄化显著地加剧了我国的收入不平等。

Zhong（2011）使用 CHNS 1997 年、2000 年和 2006 年的数据，基于回归的不平等分解方法，分析了中国农村地区人口老龄化与收入不平等的关系，结果发现人口老龄化是中国农村地区收入不平等的主要原因。刘华（2014）使用 CHNS 1989—2011 年的数据，同样以中国农村居民为研究对象，考察老龄化对收入不平等的影响，无论采用方差分解法还是回归分解法得到的结论均发现了人口老龄化对收入不平等的加剧作用，但老龄化的影响程度较小，组间效应是收入不平等加剧的主因。郭继强和陆利丽等（2014）利用 UHS 1988—2009 年调查数据的研究发现，人口老龄化因素仅能解释收入不平等变化的16.33%，对分时期的研究结果对比还发现，人口老龄化加剧收入不平等的效应在逐渐减弱，影响收入不平等的主要因素是出生组效应，即出生年代的不同在很大程度上造成了收入不平等的变动，且越晚出生的群体内部收入不平等程度越高。

曲兆鹏（2008）首次分析了老龄化与消费不平等的关系，他利用1988 年、1995 年和 2002 年中国居民收入分配课题组的住户调查数据（CHIP），针对农村居民进行了分析，分析的结果显示，总体的消费不平等主要是由组内效应，即同一出生组内部老年人和年轻人消费不平等的扩大带来的，人口老龄化对消费不平等的影响非常微小，但随着时间的推移，老龄化的作用逐渐增强，应该引起重视。邹红和李奥蕾等（2013）利用 1989—2009 年 CHNS 数据，对耐用品的消费不平等进行了度量和出生组分解，研究发现，耐用品的消费不平等程度要高于收入不平等，年龄效应的估计表明，随着年龄的增长，耐用品的消费不平等呈下降的趋势，出生组效应的估计表明，越晚出生的群体，其耐用品的消费不平等程度越低，因此，他们最终的结论认为耐用品的消费不平等并不具备显著的老龄化效应。

三 对现有研究的简要评述

（1）国外消费理论已趋成熟，其演进遵循着主流经济学的发展潮流，逐渐从确定分析框架过渡到不确定框架，为我国消费理论发展提供了丰富的参考资料。国内学者用不同方法，结合西方消费理论对中国居民消费进行了分析，力图为中国内需不足这一问题找到出路，然而，目前国内对消费理论的研究多沿袭西方的理论假设与实证方法，假定影响消费的变量是平稳的，这显然与处于制度变迁的中国具体国情不符，同时，影响消费的因素包括社会、历史、经济等多方面的因素，西方消费理论主要是基于经济方面的因素，忽视了其他方面的因素，中国正处于转型时期，社会历史因素对消费的影响作用重大，照搬国外消费理论不能完美解释中国的消费问题，中国居民消费函数还有进一步需要研究的地方。

（2）国内外关于人口年龄结构与居民消费关系的理论研究中，生命周期假说、世代交叠模型和家庭储蓄需求模型是目前理论研究的出发点，这些理论研究为人口年龄结构和居民消费之间的关系分析提供了一个有效的框架，但人口年龄结构变化对居民消费的作用程度以及作用的方向尚未形成定论，这更多地要依赖实证来检验。

（3）国外关于人口年龄结构与居民消费关系的经验研究，既使用宏观数据也使用微观调查数据；既进行截面数据和时间序列分析，也进行面板数据分析，无论从方法上还是技术上都为国内对该问题的研究提供了宝贵的经验。国内关于人口年龄结构与居民消费关系的实证研究基本参照国外的研究进行，但主要集中于对宏观数据进行分析。无论是国外还是国内的研究，由于模型设定、数据选取以及估计方法存在的差异，导致了人口年龄结构与居民消费关系的结论并不统一，还有待于进一步的分析。

（4）经验研究之所以无法在人口结构与居民消费之间的关系研究中得出统一的结论，其主要原因在于年龄和消费两个维度的"加总谬误"。现有研究中，绝大多数是以地区或者国家为研究对象，无法将消费分解到具体的个人，因此难以观测消费随年龄的真实走势，通常的做法都是仅研究消费与抚养比之间的回归关系，间接度量人口结构对消费的影响。这将掩盖少儿、成人和老人三大年龄组内不同年龄消费者行为的差异。

（5）从对现有文献的梳理可以发现，关于中国人口结构变动与消费不平等关系的相关研究十分缺乏，现有的研究都是单独针对城镇地区或者农村地区进行研究，缺乏城乡之间的比较，研究尚未达成一致的结论，还有待拓展深入。现有的研究还缺乏关于人口老龄化与消费不平等之间关系的理论探讨，有待理论上推导出人口老龄化影响消费不平等的作用渠道，并给出相对统一的经济学解释。中国正处于经济结构调整和人口转型的关键时期，新问题和新挑战不断涌现，为了准确捕捉新的趋势，需要借助于发展的视角分析问题，已有研究中，很多文献利用的数据区间较为陈旧，有待利用更新的数据开展更新研究，更好地把握未来的走势。

本章小结

本章是后文的基础，主要从三个方面进行了展开：其一，回顾了人口转变理论、生命周期理论、家庭储蓄需求模型、世代交迭模型等经典理论，为本书后续的研究提供理论基础。其二，阐述了人口年龄结构影响居民消费的作用机制，主要从生育率变动、劳动年龄人口变动和人口老龄化三方面展开。其三，对人口年龄结构变动与消费的国内外相关研究进行了综述，分别从宏观视角与微观视角、年龄结构与消费需求、消费结构、消费不平等等方面展开，并对国内外研究现状进行了评介。通过理论梳理和国内外相关文献综述，可对本领域研究态势形成总体把握，以便于后文的进一步研究。

第三章 我国人口年龄结构与居民消费的变动历程与现状分析

本章为本书提供背景材料，主要从我国人口发展历程、人口转型特征等方面对我国人口年龄结构的总体现状和发展趋势进行详细分析和介绍；并围绕着居民的消费需求、消费结构和消费不平等等几个主题对我国城乡居民的消费现状进行描述，从而有利于理解我国人口与居民消费的发展历程。

第一节 中国人口年龄结构的变动历程

一 中国的人口转型

（一）人口出生率、死亡率和自然增长率的变化

随着人类社会的不断进步，人口的发展一般有如下规律：首先经历一个高出生率、高死亡率和低自然增长率的过程，即"高—高—低"阶段；然后逐渐向高出生率、低死亡率、高自然增长率的"高—低—高"阶段过渡；最后发展成为低出生率、低死亡率和低自然增长率的"低—低—低"的现代型阶段。

中国是发展中国家，同时也是世界上人口总量最多的国家，据第六次人口普查的数据，中国人口在 2010 年已达到 13.71 亿，占到了世界人口总量的 20%。与西方传统的人口转变过程不同，中国人口转变具有非平稳的特征以及持续的时间短、增长率波动幅度大的特点。西方传统人口转变是在工业化、现代化的进程中缓慢进行的，具有自发性的特征，而中国的人口转变有强烈的政府"干预"的色彩，其转

变的速度要比发达国家远为迅速。如丹麦的人口转变自1780年开始直到1930年才达到"低—低—低"的阶段，历时150年之久，而中国的人口转变始于20世纪50年代，在不到50年的时间里就到达了人口的"低—低—低"阶段。总体而言，中国的人口转变，符合人口转变的基本规律，即从"高—高—低"阶段到"高—低—高"阶段，再到"低—低—低"阶段的过程没有发生根本性的变化，但是时间上极大地发生了缩减。

结合人口转变的一般规律和中国人口转变的实践，我们可以把过去60多年以来中国人口的转变划分为几个阶段，如图3－1所示。

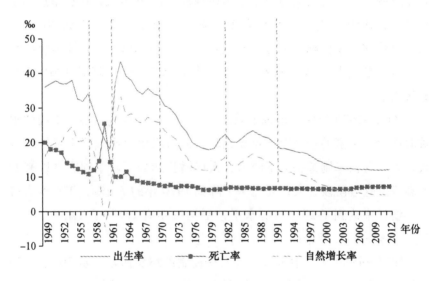

图3－1　中国的人口转型（1949—2012年）

资料来源：《新中国60年资料汇编》和《中国统计年鉴》（2013）。

第一个阶段为1949—1957年，中国在这一阶段出现了第一次生育的高峰期。新中国的成立，使社会环境逐渐安定，人民生活水平显著提高，在"预防为主"的卫生政策下，新中国迅速建立了城乡医疗卫生体系，医疗卫生条件不断改善，这使人口死亡率大幅下降，人口出生率处在较高水平，中国在这期间出现了较高的人口自然增长率并形成了快速增长的人口规模，人口发展由新中国成立前的"高—高—

低"形态（即高出生率、高死亡率、低自然增长率）转变为"高—低—高"形态（即高出生率、低死亡率、高自然增长率）。1949 年，全国人口出生率为 36‰、人口死亡率为 20‰、人口自然增长率为 16‰、总体人口规模为 5.42 亿人。到了 1957 年，人口死亡率下降到 10.8‰，而人口自然增长率上升到了 23.2‰的水平，总人口规模为 6.47 亿人，8 年内人口净增加了 1.05 亿人。

第二个阶段为 1958—1961 年，为中国唯一出现人口负增长的阶段。这期间"大跃进"以及随后连续三年严重的自然灾害，使得中国经济发展受到重挫，人民生活水平严重下降，生存条件恶劣，人口死亡率急剧上升，同时人口出生率迅速降低。1959 年人口死亡率达到了 14.6‰，1960 年进一步上升为 25.4‰；人口出生率下降到 20.9‰，人口自然增长率也随之下降，并且在 1960 年和 1961 年连续两年出现了人口的负增长，人口规模由 1959 年的 6.72 亿下降到 1961 年的 6.59 亿。

1962—1970 年中国出现了第二个生育高峰。渡过了第二阶段的艰难时期后，中国的经济发展重新起步，人口出生率出现了反弹性的增长，人口死亡率则掉头向下降低，人口增长达到了新中国成立以来的最高峰。这一阶段，人口死亡率下降到 1970 年的 7.6‰，年平均人口自然增长率达到了 27.5‰的水平，平均每年有 2688 万人出生，9 年间人口净增了 1.57 亿。

1971—1980 年，中国人口进入有控制的增长阶段。从 20 世纪 70 年代末期开始，中国实行人口计划生育政策，把中国的人口发展带入了有计划、可控制的增长阶段，高人口出生率和高自然增长率的发展势头迅速得到控制，人口出生率和人口自然增长率分别从 1971 年的 30.7‰和 23.3‰下降到 1980 年的 18.2‰和 11.9%。但是由于中国经过前期阶段的积累，人口基数庞大，人口总规模由 1971 年的 8.52 亿增加到 9.87 亿。

1981—1990 年为第三个生育高峰期。尽管中国的计划生育政策不断从紧，但由于在第二次人口生育高峰中出生的人群逐渐进入生育年龄；80 年代初婚姻法的修改又使得许多人口提早进入婚育行列；加上

1986 年出台的中央 13 号文件明确规定："要求生育二胎的独女户，间隔若干年后可允许生二胎。"① 这实际上放松了针对农村地区的生育政策。几项因素的共同作用使人口出生率小规模回升，由 1981 年的 20.9‰上升到 1987 年的峰值 23.3‰。1981—1990 年，人口净增了 1.43 亿。

1991 年至今处于人口平稳低增长阶段。日益严厉的计划生育政策，有效控制了前一阶段的高人口出生率，人口出生率出现稳步下降的趋势。1991 年人口出生率为 19.7‰，2012 年下降到 12.1‰。在 2000 年左右，中国进入了低人口出生率、低人口死亡率和低人口自然增长率的低位均衡阶段，在发展中国家率先完成了人口转型。

（二）生育率的变化

人口出生率、死亡率和自然增长率的变动只是人口转变的一个方面，接下来将分析与人口转型密切相关的生育率指标作为进一步的补充。作为各年龄段妇女生育率的一个总体考核，总和生育率是指平均每个妇女一生中生育孩子的数量，该指标决定了人口的出生情况，也决定了人口的更替水平。尽管历年统计的中国总和生育率的数据在个别年份有所缺失或存在争议，但从总体的角度看其时序的分布，仍可获悉中国总和生育率变动的一般态势。图 3-2 给出了新中国成立以来总和生育率的变化趋势。

中国总和生育率的变动有其显著的时序特征：总体而言具有先升后降的特点，部分年份存在较大的波动。1971 年之前，总和生育率有较大的起伏和波动且处于较高水平，在 1972 年之后，总和生育率则具有显著的下降趋势。中国生育率的变化特点与其人口政策密切相关，新中国成立之初，百废待兴，国民经济处于恢复时期，需要大量的劳动力，国家表现的是鼓励生育的态度，因此新中国成立初期总和生育率维持在较高的水平；在三年自然灾害时期总和生育率急剧下降，然后反弹性回复到高位；从 1964 年开始，国务院和一些地区先

① http://www.popinfo.gov.cn/dr/impdoc/coll/collnation/2001-12-25/0031936.html?openpath=spfp/impdoc.

后建立了计划生育办公室，各地区的卫生经费支出中计划生育经费也单独列支，国家开始在一些试点地区开展计划生育工作，因此总和生育率水平有小幅下降；始于1966年5月的"文化大革命"，使人口控制工作受阻，生育率有所回升；70年代初"晚、稀、少"人口生育政策的明确提出，使总和生育率迅速下降，党的十一届三中全会明确规定了计划生育政策是我国的一项基本国策，人口控制力度空前加强，但由于法定初婚年龄的放松以及三年自然灾害后反弹性生育的婴儿进入婚育队列，80年代初的生育率有轻微的反弹迹象，但随后继续保持下降的趋势。在1992年前后，中国总和生育率首次降至更替水平以下，并在2000年左右维持在低生育水平。

尽管对于中国总和生育率的估计，众多文献的观点各异，尚未得出权威结果，但至少形成了一个基本共识：随着计划生育政策的全面实施，中国生育率大体经历了图3-2的变化趋势，当前中国的总和生育率已经低于更替水平。

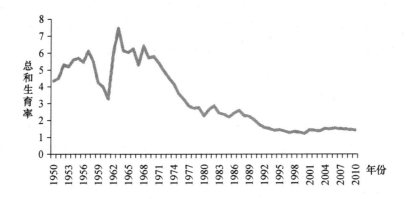

图3-2 中国生育率变动趋势（1950—2010年）

资料来源：1950—1990年数据来源于姚新武、尹华《中国常用人口数据集》，中国人口出版社1994年版，第144页。1991—1999年数据来源于丁峻峰《浅析中国1991—2000年生育模式变化对生育水平的影响》，《人口研究》2003年第2期。2000年为第五次人口普查数据。2001—2010年数据来源于尹文耀、姚引妹、李芬《生育水平评估与生育政策调整——基于中国大陆分省生育水平现状的分析》，《中国社会科学》2013年第6期。

（三）人口预期寿命的延长

人口转变的同时，中国在预期寿命、婴儿死亡率等人口健康方面所取得的成就为全球瞩目，被誉为"中国奇迹"。随着经济的高速发展，医疗卫生条件显著得到改善，人们生活质量不断提高，中国居民更加注重饮食的营养搭配和日常健康保健，中国人口的平均预期寿命明显延长。如表3－1所示，新中国成立前中国人口的平均预期寿命仅为35岁，到2010年已经延长到74.8岁，提高了39.8岁。而联合国的统计数据显示，中国人口平均预期寿命在1950—1955年仅为40.8岁，1960—1965年上升为49.5岁，1970—1975年迅速上升到63.2岁，1980—1985年继续上升到66.6岁，1990—1995年则上升到68.1岁。无论来自中国相关卫生部门还是联合国的数据，都表明了中国的人口预期寿命得到了非常明显的延长。而婴儿死亡率和人口预期寿命的变化趋势则正好相反，解放前中国的婴儿死亡率达到了200‰的水平，到了2010年，则降到了13.1‰。不断下降的生育率和不断提高的人口健康水平必然会对中国人口年龄结构产生深远的影响。

表3－1　　　　　　　　　中国婴儿死亡率与预期寿命

年份	婴儿死亡率（‰）	预期寿命（岁）		
		合计	男	女
新中国成立前	200	35.0	—	—
1973—1975	—	—	63.6	66.3
1981	34.7	67.9	66.4	69.3
1990	—	68.6	66.9	70.5
2000	32.2	71.4	69.6	73.3
2005	19.0	73.0	71.0	74.0
2010	13.1	74.8	72.4	77.4

资料来源：《中国卫生与计划生育统计年鉴》（2013）。

二 中国人口年龄结构的变化

（一）人口金字塔的变化

人口年龄结构在人口转变过程中会发生变化，特别是老年人口在绝对量和相对量上都会增加，出现老龄化社会。为了直观地感受人口年龄结构的变化过程，可以利用人口金字塔结构进行比较分析。在人口转变的进程中，人口年龄的金字塔也会呈相应的不同形态，根据其形态的特点，可以分成三种类型：增长型、稳定型和衰退型。在增长型金字塔中，由于医疗卫生条件的改善，死亡率尤其是新生婴儿死亡率降低，而人口出生率上升（或者不变），少儿人口增长量大，金字塔呈底部扩张的正三角形形状；在稳定型金字塔中，出生率下降，老龄化进程拉开序幕，伴随着死亡率继续下降、人口寿命不断延长，金字塔的中部和顶端膨胀，表现出不规则四边形的形态，人口数量达到顶峰；在衰退型金字塔中，出生率、死亡率都在低水平上达到稳定，金字塔的最宽部分上移，老龄人口也随之达到峰值。

人口转变过程若属于平稳型，则人口增长率处于较稳定的水平，随着老年人年纪不断增大，死亡率也会上升，此时人口金字塔不大可能会发生"倒置"。西方发达国家出现的人口金字塔倒置，正是因为在人口转变的第三阶段即"低—低—低"前期，人口出生率过低，人口老龄化问题日益加重，难以扭转人口规模缩小的趋势。

根据我国历年人口普查数据绘制的人口金字塔图形如图3－3所示。在第一次人口普查的1953年，中国人口金字塔为增长型，低龄人口占比较大，人口年龄结构是上尖下宽且分布均匀的正三角形金字塔结构。随着时间推移，人口金字塔最宽部分逐渐向上移动，2000年，随着我国步入老龄化社会，人口金字塔表现出中部膨胀的特征，总人口中占比最大的年龄不断老化，2000年占比最大的年龄集中在30—34岁，而到了2010年，占比最大的年龄上升到35—45岁，劳动力结构有不断老化的趋势，人口金字塔顶端的老龄人口比例也在不断增大。根据联合国的预测数据，中国2050年人口金字塔的最宽部分继续上移，出现倒置趋势。这意味着中国将发展为衰退型人口结构，对社会经济各方面都将产生巨大的影响。

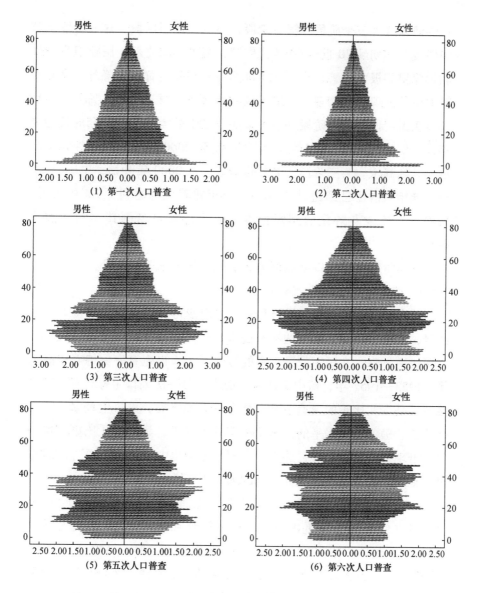

图 3 - 3　中国历次人口普查人口金字塔

（二）人口年龄结构的演变

人口出生率、死亡率下降速度的差异，会使人口转变引致的人口年龄结构变化产生差异，但人口年龄结构演变的三个继起阶段不会发生变异。我们可以根据各年龄段的人口占比情况，把中国人口年龄结构的演变分为三个阶段：第一阶段，高少儿比重阶段。这一阶段从新中国成立初期到 20 世纪 60 年代中期，新中国成立后，医疗卫生条件和设施得到极大改善，除了三年自然灾害期间生育率下降外，其余时间内少儿人口明显增多，人口规模开始膨胀。第二阶段，高劳动年龄人口比重阶段。第一阶段高生育率期间出生的大量人口逐渐成长为成年人，使中国从 20 世纪的 60 年代中期到 2000 年，劳动年龄人口比重上升到高位。第三阶段，老龄化阶段。从 2000 年开始，中国 60 岁以上老年人占比已经超过了 10%，老年扶养比也达到了 7% 的水平，根据国际社会老龄化的判断标准，中国进入了名副其实的老龄化阶段。

下面将对中国人口年龄结构演变的三个阶段进行介绍。

1. 高少儿比重阶段

新中国成立后，经济增长和社会稳定使得人们生活质量得到极大改善，加上医疗保健水平的不断进步，婴儿存活率显著提高，人口死亡率快速下降，在国家鼓励生育的号召下，人口生育率保持着较高水平，1953—1957 年，新中国迎来了历史上第一次人口生育高峰，其直接后果是少儿比重的飞速上升。社会环境稳定后，人口生育率的补偿性增长、医疗卫生水平的大幅提高等外生因素，是高少儿比重在这一阶段出现的主要推动者，此外，中国传统文化中"多子多福"的思想也深刻地影响了新中国成立初期的人口生育选择。

从表 3 - 2 可以看到，在人口占比方面，1953—1964 年，0—14 岁人口占总人口的比重由 36.28% 上升到 40.69%，11 年间上升了 4.41 个百分点。老年人口的比重虽然变化较小，但总趋势是下降的，1953 年，65 岁及以上人口的比重为 4.41%，而在 1964 年则下降到 3.56%。劳动年龄人口的比重也呈下降趋势，15—64 岁人口的比重从 59.31% 下降到 55.75%。在 1953—1964 年期间，劳动年龄人口和老龄人口的比重都在下降，年龄的中位数仅达到 22.7 岁的水平。生育率爬升引起的少儿人口增加使中国年龄结构进入了高少儿比重阶段。

表 3 - 2　　　　　各普查年份中国人口年龄结构与抚养比　　　　　单位:%

比重/抚养比	1953 年	1964 年	1982 年	1990 年	2000 年	2010 年
少儿人口(0—14 岁)	36.28	40.69	33.59	27.69	22.89	16.6
劳动年龄人口(15—64 岁)	59.31	55.75	61.5	66.74	70.15	74.53
老年人口(65 岁及以上)	4.41	3.56	4.91	5.57	6.96	8.87
总抚养比	68.61	79.37	62.60	49.84	42.55	34.17
少儿抚养比	61.17	72.99	54.62	41.49	32.63	22.27
老年扶养比	7.44	6.39	7.98	8.35	9.92	11.90

资料来源:《中国统计年鉴》(2013)。

表 3 - 2 从抚养比方面进一步印证了中国在 1953—1964 年高少儿比重的特征。从 1953—1964 年,总抚养比从 68.61% 上升到 79.37%,上升了 10 多个百分点,而少儿抚养比从 61.17% 上升到 72.99%,上升了约 12 个百分点,与此相反,老年扶养比从 7.44% 下降到 6.39%。由此可见,中国总抚养比在 1953—1964 年的上升主要贡献来自少儿抚养比的上升。

高少儿比重的特征对中国经济带来了深刻的影响,在对居民消费的影响上,短期内少儿比重的上升会增加居民的消费,但新中国成立初期,国家面临工业化的艰巨任务,资本存量严重不足、资金缺口巨大,少儿比重的上升将挤占投资和储蓄的份额,对长期经济增长造成不利影响,也对居民消费构成压力。

2. 高劳动年龄人口比重阶段

1965—2000 年为中国的高劳动年龄人口比重阶段。20 世纪 70 年代后期计划生育政策的全面推行,使中国在较短时间内从"高—低—高"的人口发展阶段转变到"低—低—低"阶段,少儿抚养负担显著减轻,1964—2000 年,少儿抚养比从 72.99% 大幅下降到 32.63%,同时老年扶养比缓慢上升,两者结合使总抚养比表现出迅速下降的趋势;劳动年龄人口迅猛增加,如表 3 - 3 所示,1964—1982 年期间,中国出现了劳动年龄人口绝对数量增加最多、增长速度最快的情况,这次劳动年龄人口的大幅增加,主要原因来自第一次"婴儿潮"

（1953—1957 年）和第二次"婴儿潮"（1963—1967 年）出生的人口
进入劳动年龄阶段，该阶段中国的劳动年龄人口增加了 23280 万人，
增长了 60.12%。1982 年以后，中国劳动年龄人口增长的步伐并没有
明显减缓，把 1982—2000 年新增劳动年龄人口相加，可以发现在这
18 年间，新增的劳动年龄人口比上一个 18 年间（1964—1982 年）还
要多 3500 多万。

表 3-3　　　　　　中国历次人口普查劳动年龄人口变动情况

年份	总人口（万人）	劳动年龄人口（万人）	占总人口比重（%）	比上期增加（万人）	比上期增加（%）
1953	58260	34554.01	59.31	—	—
1964	69458	38722.84	55.75	4169	12.06
1982	100818	62003.07	61.50	23280	60.12
1990	113368	75661.80	66.74	13659	22.03
2000	126583	88797.97	70.15	13136	17.36
2010	133972	99849.33	74.53	11051	12.45

资料来源：根据《中国统计年鉴》（2013）计算整理。

3. 老龄化阶段

从 2000 年开始，中国逐渐步入老龄化阶段。在 2000 年到 2013
年，中国 0—14 岁人口占总人口比重进一步减少到 16.5%，而 15—
64 岁人口比重上升到 2010 年的最高位 74.5% 后，于 2011 年首次下
降到 74.4%，并在 2013 年进一步下降到 73.9%，65 岁以上人口比重
则一路上升到 2013 年的 9.7%。由于 15—64 岁人口占比很高，而 0—
14 岁人口呈下降趋势，这意味着后期老龄人口将大量增加，中国面临
的老龄化问题越发严重。2000—2013 年，总抚养比总体呈下降趋势，
总抚养比由 42.6% 下降至 34.9%，少儿抚养比由 32.6% 下降至
22.2%，而老年扶养比保持上升态势，由 9.9% 上升到 13.1%，从中
可以看出，少儿抚养比的下降是 2000—2013 年总抚养比下降的主要
原因。

2000 年第五次人口普查数据显示，中国 65 岁及以上老年人口数量为 8821 万人，根据 2013 年年底的中国人口变动情况抽样调查数据，中国 65 岁及以上人口为 1.32 亿人，占总人口的 9.7%，从 2000 年到 2013 年，65 岁以上人口年平均增加 324 万人，年平均增长率为 3.09%，而总人口年均增加 721 万人，年均增长率仅为 0.55%，在增长速度上，老年人口远远领先于总人口，中国人口年龄结构表现出快速老龄化的发展趋势。随着人口出生率的不断下降和人口预期寿命的进一步延长，在快速老龄化阶段的后 10 年，中国老龄化程度必将以更快的增长速度加重。

三　中国人口老龄化的特点

我国人口老龄化的特征与我国的现实国情密不可分，我国人口基数大，计划生育政策的继续实行、经济的二元结构特征以及经济快速增长的现实国情不同于西方发达国家，也有异于大多数发展中国家，这决定了我国人口老龄化具有老年人口规模大、老龄化发展迅速、老龄人口高龄化、老龄化地区差异明显、未富先老等特征。

（一）老年人口规模大、老龄化发展迅速

中国一直以来就是人口大国，拥有世界近 1/5 的人口。由于人口基数大，即便是相同的老龄化程度，我国也会表现出更大的老年人口规模，老年人口增加的速度会因医疗卫生条件的改善和预期寿命的延长而越来越快。中国历次人口普查数据显示，2000 年中国 60 岁以上人口数就达到了 1.3 亿，占全国总人口的比重为 10.46%，而此时中国才刚刚步入老龄化国家行列。2000 年中国 65 岁以上老年人口数为 8838 万，占全国人口总量的 7%，而到了 2010 年，中国 60 岁以上人口增长到了 1.78 亿，占到了全国总人数的 13.26%，65 岁及以上老年人口增长到了 1.19 亿，占全国总人口的 8.87%。中国老年人口的数量实际上已经超过了世界上许多国家的人口总量。在刚步入老龄化社会的 2000 年，中国 65 岁及以上人口比重就超过了世界 6.8% 的平均水平，进入 21 世纪，中国的老龄化更是拉大了与世界平均水平的差距。根据联合国的预测数据，中国 65 岁及以上老年人口比重每 10 年依次将提高 3.5 个、4.2 个、5.9 个百分点，2040 年以后老龄化速

度放缓，在此后的 10 年增加 1.5 个百分点，2050 年中国老年人口将
达到 3.3 亿人，老年人口比重将达到 21.9%，与世界 2050 年 16.4%
的平均水平相比，要高出 5.5 个百分点。[①] 从图 3 - 4 可以看到，在
2000 年以前，中国的老龄化程度要低于世界平均水平，从 2000 年开
始超过世界平均水平，并以更快的速度加速老龄化进程，到 2040 年
左右，中国与世界老龄化水平的差距达到最大，此后老龄化速度才开
始放慢。中国的老龄化虽然起步较晚，但发展速度迅猛，除了前面提
到的医疗条件水平改善等原因外，中国的快速老龄化还源于中国 80
年代实行的控制人口的生育政策，严格的人口政策加速了中国人口的
转变，使中国进入了快速老龄化时代。

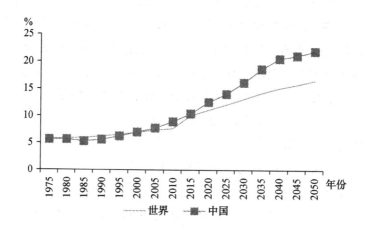

图 3 - 4 中国与世界 65 岁及以上老年人口比重

资料来源：联合国网站（http：//esa. un. org/unpd/wpp/Excel - Data/population. htm）。

从老年扶养比来看，如表 3 - 2 所示，1953 年第一次人口普查时，
我国 65 岁及以上老年扶养比为 7.44%，在第二次人口普查时，下降
到 6.39%，但随后的四次人口普查，65 岁及以上老年扶养比持续上
升，由 1982 年的 7.98% 上升到 2010 年的 11.9%。

---

① 数据来源于联合国网站（http：//esa. un. org/unpd/wpp/Excel - Data/population.
htm）。

　　为更直观地感受老龄化的发展速度，可以通过比较不同地区 60 岁及以上老年人口比重从 10% 上升到特定值，或者是 65 岁及以上老年人口比重从 7% 上升到特定值所需要的时间来实现。

　　如表 3-4 所示，中国 65 岁及以上人口比重预计在 2028 年达到 14%，老年人口比重从 7% 上升至 14% 只需要 28 年的时间，仅次于日本与韩国。而在其他发达国家中，完成老年人口比重由 7% 增加至 14% 则需要漫长的时间，其中法国是花费时间最多的国家，经历了 115 年；美国经历了 66 年；荷兰经历了 65 年；即便是花费时间较短的西班牙，也经历了 40 年。中国人口老龄化速度加快始于 20 世纪 90 年代，根据表 3-2 的数据计算，中国 65 岁及以上老年人口从第三次全国人口普查至第四次全国人口普查期间，以年均 1.5% 的速度增长，第四次全国人口普查至第五次全国人口普查期间，加快到以年均 2.25%

表 3-4　　　　　　中国与部分国家人口老龄化速度比较

国别	10%—20%（60+）	年数	7%—14%（65+）	年数
法国	1850—1990	140	1965—1980	115
瑞典	1890—1970	80	1890—1975	85
意大利	1911—1990	79	1921—1988	67
美国	1937—2015	78	1944—2010	66
荷兰	1930—2005	75	1940—2005	65
加拿大	1940—2010	70	1994—2008	64
丹麦	1911—1980	69	1921—1980	59
瑞士	1930—1995	65	1930—1985	55
西班牙	1950—2000	50	1950—1990	40
中国	2000—2027	27	2000—2028	28
日本	1970—1995	25	1970—1995	25
印度	2015—2040	25	2000—2030	30
韩国	1997—2020	23	2000—2020	20

　　资料来源：转引自邬沧萍、杜鹏等《中国人口老龄化：变化与挑战》，中国人口出版社 2006 年版。

的速度增长，第五次全国人口普查至第六次全国人口普查期间，进一步加快到以年均 2.5% 的速度增长。

人口老龄化发展的速度越缓慢，给一个国家或地区提供的用于应对人口老龄化及由此带来的一系列社会经济问题的时间也越充分。从这个意义上说，我国面临的人口老龄化问题要比多数发达国家更为紧迫、压力更大。

除了老年人口规模大以及老龄化发展迅速的特点，我国的老龄化还表现出高龄化的特征。国际上在对老年人口的划分中，常常根据年龄把老年人口分为三种类型：低龄老年人口（60—69 岁），中龄老年人口（70—79 岁），高龄老年人口（80 岁及以上）。老年人口从低龄化向高龄化转变的过程即为高龄化，这是一种不均衡的老龄化发展现象，造成了人口高龄化与老龄化相伴而生。第五次人口普查数据显示，中国 65 岁以上老年人口为 8821 万人，其中 80 岁及以上老人为 1199 万人，高龄老人占老龄人口比重为 13.6%。第六次人口普查的数据显示，中国 65 岁以上老年人口为 1.19 亿，其中 80 岁及以上老人为 2062 万人，高龄老人占老龄人口比重为 17.32%，而根据《联合国 2012 年世界人口展望》的数据预测，到 2050 年我国 80 岁以上高龄老年人口将增至 9042 万人，高龄老人占老龄人口比重将达到 27.29%。[①] 可以看出，中国人口老龄化进程中伴随着显著的高龄化特征，高龄化发展速度快，产生的高龄人口规模也非常庞大，这将给中国的经济发展和养老保障体系提出新的难题，也会对居民的消费产生深远的影响。

（二）老龄化地区差异明显

1. 东、中、西三大经济区老龄化的差异

人口老龄化是经济社会发展的客观规律，通常而言，经济发展水平越高的地区老龄化水平也越高。但中国老龄化的发展并未由始至终遵循这一规律，中国区域经济发展的不平衡性已为人们所共识，类似地，老龄化在地区间的分布也是非均衡的，但老龄化分布并不是由始

---

① 资料来源：http://esa. un. org/unpd/wpp/Excel－Data/population. htm。

至终都与经济发展的空间分布相匹配。在 2009 年之前，中国的老龄化与经济发展空间布局一致，具有明显的"东高西低"特征，经济发达的东部地区老龄化程度要显著高于经济落后的西部地区。如图 3 - 5 所示，早在 1995 年之时，东部地区 65 岁及以上人口比重就达到了 7. 52%，领先于中部和西部进入老龄化社会，而当时中、西部老龄化程度则分别为 6. 31% 和 6. 06%，老龄化的梯次分布特征明显，在 2004 年之前，东部地区的老龄化发展速度要高于中西部地区，2003 年，老龄化地区分布的不平衡达到最高水平，东部、中部、西部的老龄化水平分别为 9. 70%、7. 82% 和 8. 03%。2004 年之后，东部与中西部老龄化的差距逐渐缩小，人口流动的经济取向和年龄倾向使得老龄化的区域分配格局发生了逆转，2010 年，中西部的老龄化程度超越东部地区，并以比东部更快的速度向前发展。

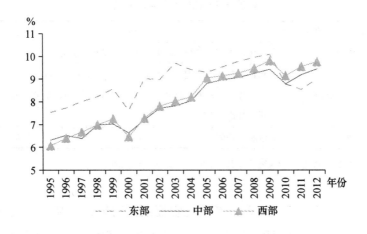

图 3 - 5 东、中、西部地区人口老龄化发展趋势

资料来源：根据 1996—2013 年《中国统计年鉴》相关数据整理绘制。

从老年人口总量的地区分布来看，东部地区始终集中了我国大量的老年人口，东部地区老年人口占全国老年人口比重虽然在 2010 年以后有所下降，但在 2012 年仍达到了 33%，即中国 1/3 的老年人口集中在东部地区。西部地区的老年人口数量虽然还未达到全国老年人口总量的 1/3，但其快速的发展速度必然会扭转这一现状。老年人口总量的分布情况既与各地区的人口规模有关，也与当地的经济发展水平、宜居条件和自然环境等因素密不可分。

2. 省际间老龄化的差异

中国人口老龄化的省际差异也非常显著。在 2000 年，全国进入老龄化社会的省份只有 13 个，2013 年，全国仅有两个地区还未进入老龄化队列。如表 3 – 5 所示，根据老龄化的程度，可以把全国划分为"未进入老龄化地区"（老龄化水平为 5%—7%）、"初始阶段老龄化地区"（老龄化水平为 7%—10%）和"中高度老龄化地区"（老龄化水平为 10% 以上）。其中，到 2013 年还未进入老龄化的省份有西藏和新疆；中高度老龄化的省份包括天津、江苏、安徽、山东、湖北、湖南、重庆和四川；而其余 20 个省份则处于初始阶段老龄化阶段。

表 3 – 5　　　　　　　　　　中国 2013 年老龄化省际分布

65 岁及以上老年人比重	省、市、自治区
10% 以上	天津、江苏、安徽、山东、湖北、湖南、重庆、四川
7%—10%	北京、河北、山西、内蒙古、辽宁、吉林、黑龙江、上海、浙江、福建、江西、河南、广东、广西、海南、贵州、云南、陕西、甘肃、青海
5%—7%	西藏、新疆

资料来源：根据《中国统计年鉴》（2014）数据计算整理。

重庆市是中国大陆人口老龄化程度最高的地区，其 65 岁及以上老年人口占到总人口的 13.24%，比全国平均老龄化水平要高 3 个百分点以上，成为全国"最老"的地区。与此相对的是，全国老年人口数量最少的省份是西藏，65 岁及以上老年人口占比为 5.17%，成为全国"最年轻"地区。

3. 城乡间的老龄化差异

中国城乡间老龄化的差异最突出的表现就是"城乡倒置"，即城市地区并没有因为经济发展水平较高而表现出更严重的老龄化，反而是相对落后的农村地区老龄化程度更为严重。

如表 3-6 所示，从第三次人口普查开始，城乡的老龄化就显现出不平衡的发展态势。乡村老龄化水平始终处于最高位置，镇的老龄化除了在第六次人口普查时略高于城市外，其余普查年份均处于最低水平，城市老龄化水平基本保持居中。乡村的老龄化是中国老龄化加剧的主要部分。

表 3-6　　　　历次普查市、镇、乡村 65 岁及以上人口比重　　　单位：%

年份	全国	市	镇	乡村
1982	4.91	4.68	4.2	5.00
1990	5.57	5.38	4.42	5.74
2000	6.96	6.67	5.99	7.50
2010	8.92	7.68	7.98	10.06

资料来源：历次人口普查数据。

从第三次人口普查的 1982 年到第六次人口普查的 2010 年，乡村老龄化程度不断加深，65 岁及以上人口比重由 5% 上升至 10.06%。乡村老龄化速度的加快，从 2000 年以来表现得更为明显，乡村老龄化水平 1990 年第四次人口普查时仅比 1982 年第三次人口普查上升 0.74 个百分点，而 2000 年第五次人口普查时上升了 1.76 个百分点，2010 年的第六次人口普查则比第五次人口普查上升了 3.44 个百分点。相比而言，城镇老龄化程度的上升幅度都不及乡村地区。1982 年的乡村与城市相比，老龄化水平仅高出 0.32 个百分点，而 2010 年则扩大到 2.38 个百分点，老龄化水平的城乡差距显著扩大。

（三）老龄化发展超前于经济发展

发达国家进入老龄化社会时，都已经基本实现现代化，经济发展水平较高，如日本在 65 岁及以上人口比重为 7%、10% 和 14% 时，人均国民收入分别达到 1967 美元、11335 美元和 38555 美元。[①] 中国

---

① 田雪原、王国强：《全面建设小康社会中的人口与发展》，中国人口出版社 2004 年版。

特殊的人口政策在短时期内改变了人口结构，使中国提前进入老龄化社会，2000 年中国进入老龄化社会时，人均 GDP 还未达到 1000 美元，只相当于世界平均水平的 17.56%，人均 GDP 在世界上排名 161 位；2010 年老龄化水平为 8.92% 而人均 GDP 为 4433 美元。[①]

在老龄化之初，我国三次产业占 GDP 比重分别为 16.4%、50.2% 和 33.4%，第一产业比重比日本要高出 9.9 个百分点，而第三产业比重则低于日本 10.4 个百分点；在老龄化的初期，我国城市化水平仅为 36.92%，而美国和日本的城市化水平分别达到了 64% 和 72.1%，我国要远落后于这些发达国家。

表 3 - 7　　　　　　　部分国家城市化、工业化水平　　　　　单位:%

年份	国别	城市化水平	国内生产总值构成		
			第一产业	第二产业	第三产业
1950	美国	64	—	—	—
1970	日本	72.1	6.5	49.6	43.8
2000	中国	36.92	16.4	50.2	33.4

资料来源：转引自姜向群、李建民、杜鹏等《中国"未富先老"了吗?》，《人口研究》2006 年第 6 期。

表 3 - 8　　　　　　新兴国家人口经济发展数据（2012 年）

国家	65 岁及以上人口比重（%）	人均 GDP（美元）
俄罗斯	13.03	14612
中国	9.40	6807
巴西	7.53	11208
墨西哥	6.41	10307
印度	5.27	1499
南非	5.53	6617

资料来源：http://data.worldbank.org/indicator/NY.GDP.PCAP.CD；http://data.worldbank.org/indicator/SP.POP.65UP.TO.ZS。

---

① 资料来源：http://data.worldbank.org/indicator/NY.GDP.PCAP.CD。

与新兴经济体比较，如表 3 - 8 所示，根据世界银行 2012 年的数据，在五个新兴经济体中（俄罗斯、巴西、印度、墨西哥、南非），俄罗斯老龄化程度最高，中国相比则处在第二位，巴西还处于老龄化初期，而其余国家均未进入老龄化社会，但中国的人均 GDP 还不到俄罗斯的 1/2，也远低于巴西和墨西哥。可见，中国的老龄化具有"未富先老"的特征，是在经济还未进入发达水平时提前步入老龄化社会的，人口老龄化超前于经济发展。在新兴经济体中，中国面临的老龄化问题最为严峻，这必将对中国社会经济生活的方方面面带来巨大的影响。

第二节　中国居民消费变动的历史与现实考察

一　居民消费需求的现状和主要特征

（一）居民消费率呈不断下降趋势，居民消费的增长慢于经济增长

尽管我国自 1978 年改革开放以来实现了经济的高速增长，但长期以来经济增长对投资和出口的过度依赖已经成为人们的共识，中国在经济发展中形成了高投资、高净出口和低消费的总需求特征。

图 3 - 6 显示了 1978 年以来中国的总需求结构：投资率（资本形成率）呈现出持续上升的趋势，从 1978 年的 38.2% 一路上升到 2014 年的 47.8%，而消费率（最终消费）则呈现出不断下降的特征，由 1981 年的最高值 67.1% 下降至 2013 年的 49.8%。可以说改革开放初期中国经济是重消费、轻积累的总需求特征，而经济发展到现阶段，消费不足的态势愈演愈烈。尤其是中国进入 2000 年以来，投资率的上升速度更为明显，与此相对应的是，消费率自 2000 年以来加速下滑，内需不足已经成为困扰中国经济的巨大难题。

从最终消费的结构来看（见图 3 - 7），政府消费率（政府消费支出占 GDP 比重）呈比较平稳的特征，稳定在 13%—16% 的水平，而居民消费率（居民消费支出占 GDP 比重）则显现出明显的下降趋势，1978 年，中国居民消费率为 48.81%，而到了 2013 年，则持续下降

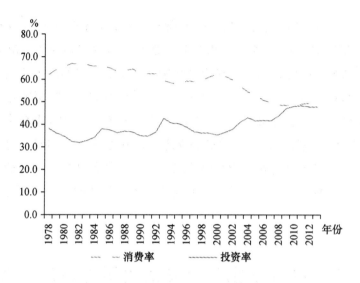

图3-6 中国的总需求结构

资料来源:《中国统计年鉴》(2014)。

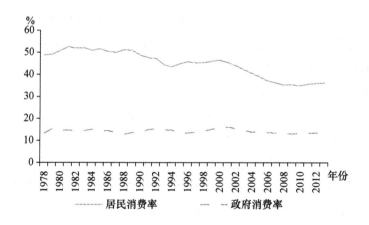

图3-7 中国的政府消费率与居民消费率

资料来源:《中国统计年鉴》(2014)。

到36.10%。因此,居民消费率的显著下降是中国宏观消费率下降的
最直接原因,中国的内需不足,很大程度上是由居民消费乏力造
成的。

从增长速度来看(见图3-8),中国的 GDP 和居民消费水平自改

革开放以来一直保持着正的增长速度，但两者的对比关系则随着时间
的推移发生了变化。改革开放初期，居民消费水平的增长速度是高于
经济的增长速度的；在 1979—1990 年，按支出法计算，中国 GDP 的
年均增长速度约为 9.01%，居民消费水平的平均增长速度为 8.71%，
这期间居民消费水平的增长速度稍落后于经济的增长速度，但差距不
大；进入 20 世纪 90 年代以后，经济增长速度迅速地拉开了与居民消
费水平增长速度的距离，居民消费水平的增长速度要明显慢于经济增
长速度，1991—2007 年，中国居民消费水平年均增长速度与前期相比
变化不大，为 8.93%，而 GDP 的年均增长速度飙升至 10.58%，为改
革开放以来中国经济增长最为迅猛的时期，这期间居民消费水平的增
长速度与经济的增长速度差距呈不断扩大趋势；2008 年爆发的全球经
济危机，使中国出口导向型的经济增长受阻，经济增长放慢了步伐，
居民消费水平的增长速度才逐渐赶上经济增长速度，但总体而言，居
民消费水平的增长慢于经济增长。

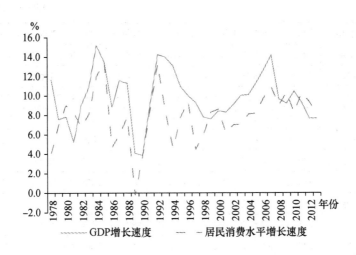

图 3 -8　中国 GDP 与居民消费水平增长速度

资料来源：《中国统计年鉴》（2014）。

（二）居民消费水平不高，居民消费支出增速慢于居民收入增速

1978 年以来，我国居民的消费支出水平不断提高，以 1978 年为

基期，1978 年城镇居民消费水平为 405 元，到 2013 年则增长到
3709.13 元，增加了 8.15 倍；1978 年农村居民消费水平为 138 元，
到 2013 年则增长到 1274.90 元，增长了 8.23 倍。尽管我国居民消费
水平有了显著提高，但与世界其他国家相比，仍然处于较低的层次，
需要进一步改善。如表 3－9 所示，2012 年，我国居民人均消费支出
以 2005 年不变价美元计，仅为 1220.87 美元，不但低于中等收入国
家的平均水平，与全球 4576.67 美元的平均水平相比，差距更为巨
大。在"金砖国家"中，中国人均居民消费支出水平仅高于印度，而
远低于俄罗斯 4349.47 美元、南非 3886.83 美元、巴西 3787.59 美元
的人均水平。与发达国家的差距则更为巨大，2012 年日本人均居民消
费支出为 21857.61 美元，是中国的 17.9 倍；美国人均居民消费支出
为 30902.85 美元，是中国的 25.3 倍。

表 3－9　以 2005 年不变价美元计部分国家和地区居民消费水平

单位：美元

国家或地区	2005 年	2006 年	2007 年	2008 年	2009 年	2010 年	2011 年	2012 年
世界平均	4263.18	4356.81	4457.81	4461.60	4384.64	4457.27	4527.32	4576.67
低收入国家	266.60	275.75	285.65	294.69	303.45	316.67	330.04	342.11
印度	431.38	461.34	497.63	526.45	557.98	598.64	645.71	669.51
中低收入国家	977.87	1026.53	1091.09	1130.09	1146.42	1200.08	1268.54	1317.55
中国	682.94	739.04	812.00	874.61	952.47	1025.40	1132.93	1220.87
中等收入国家	1091.00	1147.03	1221.43	1266.63	1285.80	1347.71	1426.90	1484.08
中高收入国家	1601.15	1698.76	1807.02	1883.18	1902.24	2006.17	2132.08	2224.46
俄罗斯	2666.10	3000.43	3435.12	3799.91	3606.91	3793.54	4035.85	4349.47
南非	3270.36	3496.41	3641.12	3673.23	3567.98	3676.15	3804.20	3886.83
巴西	2856.57	2973.18	3122.81	3269.44	3384.19	3587.34	3701.52	3787.59
高收入国家	18094.42	18482.43	18836.08	18781.84	18406.35	18668.53	18854.40	19042.75
日本	20672.76	20903.58	21094.23	20909.93	20794.20	21387.28	21382.88	21857.61
美国	29745.88	30347.18	30734.81	30341.88	29620.24	29946.16	30468.08	30902.85

资料来源：http://data.worldbank.org/indicator/NE.CON.PRVT.PC.KD。

随着经济的快速增长，城乡居民的收入水平也保持了较快的增长，虽然居民的消费支出也表现出增长的趋势，但居民收入水平和消费支出的增长是不同步的。在改革开放初期，被压抑的居民消费需求得到极大的释放，居民消费的增长速度经常超越居民收入水平的增长速度。根据表3-10，1979—1990年，我国城镇居民人均可支配收入和人均消费支出的年均增长率分别为5.86%和5.27%，城镇居民的消费支出增长要略慢于收入的增长；而农村居民人均纯收入与人均消费支出的年均增长率分别为9.92%和7.37%，农村居民的收入增长要明显快于消费支出的增长。1991—2000年和2001—2013年这两个时期，城镇居民的收入水平和消费支出都保持了较快的增长速度，但人均消费支出的年均增长率始终落后于人均可支配收入；农村居民的收入水平和支出水平的增长速度在1991—2000年期间有所放缓，人均消费支出的增长速度仍旧慢于人均纯收入的增长速度，只有在2001—2013年期间，农村居民人均消费支出的年均增长率才实现了赶超。因此，总体而言，改革开放以来，我国居民消费的增长速度要慢于收入水平的增长速度。

表3-10　　　　　我国居民收入水平和居民消费支出增长率　　　　单位:%

时期	城镇居民		农村居民	
	人均可支配收入增长率	人均消费支出增长率	人均纯收入增长率	人均消费支出增长率
1979—2012年平均	7.44	6.53	7.52	6.66
1979—1990年平均	5.86	5.27	9.92	7.37
1991—2000年平均	6.83	6.17	4.50	4.15
2001—2013年平均	9.55	8.12	7.70	8.07

资料来源：根据历年《中国统计年鉴》数据计算。

（三）居民消费倾向呈下降趋势

1. 平均消费倾向

平均消费倾向用居民人均消费支出占人均可支配收入（农村居民

为人均纯收入）比重来衡量。如图3-9所示，城镇居民和农村居民的平均消费倾向具有阶段性特征。1978—1989年，城镇居民平均消费倾向以略低于90%的水平浮动，农村居民平均消费倾向大约在85%的水平浮动，城镇居民的平均消费倾向要高于农村居民；1989—1996年，城镇居民和农村居民的平均消费倾向表现出趋同的特征，在某些年份还出现了交错，与前一阶段相比，城镇居民和农村居民的平均消费倾向都是下降的趋势；1996—2013年，城镇居民和农村居民的平均消费倾向都下降到70%—80%的区间内，城镇居民平均消费倾向表现出稳定下降特征，而农村居民平均消费倾向则波动较大。总体而言，城乡居民平均消费倾向都表现出长期下降的趋势。农村居民平均消费倾向从1978年的87%下降至1984年的77%，随后于1989年上升至历史高位的89%，之后又开始下降，在90年代初的下降速度较为平缓，90年代后期下降的速度加快，并于1999年下降到71%的最低水平，2000年开始稳定在74%左右的水平，2005年有小幅的提升，但2007年之后又再次掉头下降。

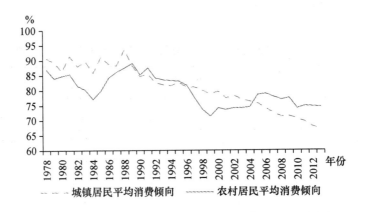

图3-9　中国城乡居民平均消费倾向

资料来源：根据历年《中国统计年鉴》数据计算。

2. 边际消费倾向

边际消费倾向用人均消费支出增量与人均可支配收入（农村居民

为人均纯收入）增量之比来衡量。必须指出的是，本书此处的边际消费倾向为年度计算值，并不是收入与消费回归估计的结果，因此计算出来的边际消费倾向并不完全符合凯恩斯的绝对收入理论中边际消费倾向在 0 和 1 之间变动的假设。本书的目的主要是考察边际消费倾向的时序变化特征，其中的异常值并不影响分析。

　　自改革开放以来，我国城镇居民边际消费倾向总体上表现出波动下降的趋势，1989 年之前波动幅度较大，1990 年以后，城镇居民边际消费倾向的波动明显减弱，取值范围基本稳定在 0.5—1，且下降的趋势明显。农村居民的边际消费倾向总体上也表现出下降趋势，但下降的幅度比城镇居民要小，且出现了较大的波动，2010 年以来，农村居民边际消费倾向相对高于城镇居民的边际消费倾向（见图 3 - 10）。

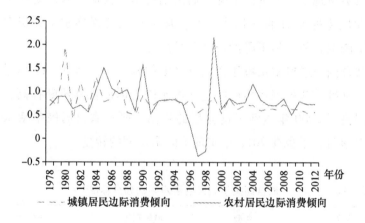

图 3 - 10　中国城乡居民边际消费倾向

资料来源：根据历年《中国统计年鉴》数据计算。

二　居民消费结构的变动和主要特征

（一）恩格尔系数的变化

　　恩格尔系数是食物消费支出占总消费支出的比重。我国城乡居民恩格尔系数总体上呈下降趋势，其中城镇居民恩格尔系数从 1978 年的 57.5% 开始下降，在 1996 年首次降低到了 50% 以下，2013 年降至 35%；农村居民恩格尔系数从 1978 年的 67.7% 开始下降，首次低于

50%的年份为 2000 年，到 2013 年下降至 37.7%。城乡居民恩格尔系数在 1981—1990 年出现了升降起伏的波动，主要原因在于我国的价格改革使食品价格指数上升幅度过快，因此居民由于食物的支出费用受到影响而增加。

恩格尔系数的降低是消费结构优化的评价标志之一，因此，从一定程度上可以认为，20 世纪 90 年代以来，我国城乡居民消费结构正在向合理化方向发展。根据恩格尔系数的变动特点，我们把城乡居民消费结构的变化划分为三个"十年"：第一个"十年"阶段为 80 年代，城乡居民恩格尔系数虽然呈下降趋势，但总体上下降的速度较慢，其间还发生了波动，于 1982 年和 1983 年出现小幅回升；第二个"十年"阶段为 90 年代，是城乡居民恩格尔系数下降最快的阶段，恩格尔系数出现了大幅度的下降，居民消费结构快速改善；第三个"十年"阶段为进入 21 世纪以来至今，城乡居民的恩格尔系数仍然保持持续下降的趋势，但下降的速度明显放缓。

联合国把恩格尔系数作为划分贫富的标准，如表 3-11 所示，根据这一标准，我国城乡居民的生活水平随着时间推移不断提高，我国城镇居民于 2000 年达到了富裕型的生活水平；农村居民生活水平虽然相对落后，但也在 2012 年实现了向富裕型的转变。

表 3-11　　　　　　　联合国关于人民生活水平的划分标准

恩格尔系数（%）	类型	城镇居民	农村居民
>60	绝对贫困型		1978—1980 年
50—60	温饱型	1978—1995 年	1981—1999 年
40—50	小康型	1996—1999 年	2000—2011 年
30—40	富裕型	2000 年至今	2012 年至今
<30	最富裕型		

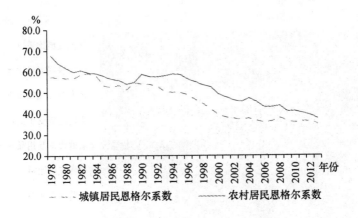

图3-11 中国城乡居民恩格尔系数

(二) 消费结构升级的特征

1. 消费品结构多元化，耐用消费品消费量增大

改革开放初期，我国城乡居民以满足基本生存需要为消费支出的主要任务，食品消费支出比重通常都大于50%。随着收入水平的提高，生活质量的改善，居民食品消费支出比重逐年下降，而非食物消费支出比重得到了提升，尤其加重了分配于医疗保健、交通通信、教育与文化娱乐等方面的支出。

图3-12中，我国城镇居民消费结构的变动符合消费结构升级的客观规律，随着时间的推移，城镇居民用于食品、衣着和家庭设备及用品的支出比重下降，医疗保健、交通通信、教育与文化娱乐、居住的比重则呈上升的趋势。农村居民消费结构的变动类似于城镇居民（见图3-13），食品、衣着的消费比重也表现出明显的下降趋势，医疗保健、交通通信、教育与文化娱乐的支出比重则呈上升的趋势，与城镇地区相异的是，农村居民中家庭设备及用品的支出比重比较平稳，没有明显的波动趋势，农村居民用于居住的支出比重要高于城镇居民，并且随着时间的推移表现出先上升再下降又上升的变化特征。

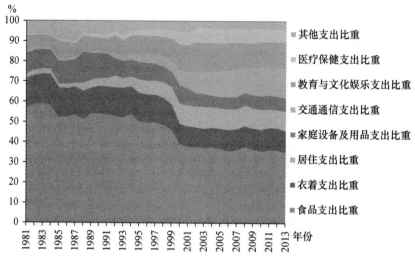

图 3-12 中国城镇居民消费结构变化

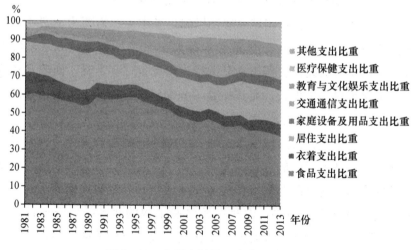

图 3-13 中国农村居民消费结构变化

居民收入水平的提高，极大地释放了居民的消费需求，城乡居民耐用品的消费量不断增加，并且在一些耐用品中已经失去了增长空间。2005 年平均每百户城镇居民所拥有的洗衣机超过了 95 台，几乎每个家庭都拥有一台；1997 年开始，每百户城镇居民的彩电普及率则超过了 100%；2008 年每百户城镇居民的空调普及率也超过了 100%；农村居民耐用品消费增量也不容小觑，平均每百户农村居民所拥有的彩电从 1990 年的 4.72 台上升至 2012 年的 116.9 台，洗衣机从 1990 年的 9.12 台增加至 2012 年的 67.22 台，电冰箱从 1990 年的 1.22 台增加至 2012 年的 67.32 台。

2. 新型消费快速增长，消费结构转型加速

进入 2010 年后，消费品市场不断涌现出品种繁多的新兴商品，包括以移动通信为代表的电子产品、以家庭汽车为代表的交通消费品、以教育与旅游为主力的文化消费品、以装潢和家居为代表的与住房相关的消费品等。这些新兴产品都为拉动社会消费总额快速增长做出了卓越贡献。2013 年，在限额以上企业商品零售额中，增速较快的有：金银珠宝类（25.8%）、建筑及装潢材料类（22.1%）、家具类（21.0%）、通信器材类（20.4%）、家用电器和音像器材类（14.5%）、汽车类（10.4%）等。

根据表 3-12，我国居民三次消费升级持续时间短，转换速度快。自行车、手表和缝纫机为 1960—1991 年家庭的"大件"消费品，第一次消费升级持续了 30 多年的时间。第二次消费升级的完成仅用了不到 10 年的时间，代表商品包括彩电、电冰箱和洗衣机，代表性商品的档次比第一次消费结构升级明显提高。第三次消费结构升级的代表商品进一步发展到以享受和投资为目标的汽车、住房和电子产品等。三次消费升级后，消费品的档次实现了质的跨越，不但消费的规模越来越大，消费的目标也越来越高级，消费结构由衣、食消费向住、行、金融消费升级，并步入快速转型期。

表 3-12　　　　　　　城镇居民三次消费结构升级情况

	第一次消费升级 （1960—1991 年）	第二次消费升级 （1992—2000 年）	第三次消费升级 （2001 年至今）
代表商品	自行车、手表、缝纫机	彩电、电冰箱、洗衣机	汽车、住房、电子产品
目标	温饱型	由温饱向小康型	发展享受型、资本增值型
消费规模	百元级	千元级	万元、几十万元以上
持续时间	30 多年	10 年左右	数 10 年或更久

资料来源：尹世杰：《消费经济学》，高等教育出版社 2007 年版。

（三）消费结构的变动度

消费结构的变动度是衡量消费结构年均变动程度的指标，用于反映消费结构的变动速度，其数值越大则说明消费结构的变动幅度越大。消费结构的计算方法是对某项消费支出报告期与基期比重的差值计算在考察期内的平均值，计算公式为：消费结构变动度 $=$

$\dfrac{\sum\limits_{i=1}^{n} \left| c_{ij}^{(1)} - c_{ij}^{(0)} \right|}{n}$ [①]，其中 $c_{ij}^{(1)}$ 代表第 j 项消费支出在报告期的比重，

$c_{ij}^{(0)}$ 代表第 j 项消费支出在基期的比重，n 为考察期长度。同时还可以将某项消费支出变动度的绝对值比各类消费支出变动度的绝对值之和得到该项消费支出对结构变动度的贡献率。

由表 3 - 13 可以看到，城镇居民消费结构的变动总体上表现出先加速、而后不断放缓的倒 "U" 形特征，"八五" 期间和 "九五" 期间（1991—2000 年）为消费结构变动度最大的两个阶段，消费结构变动度分别为 7.69% 和 6.84%，这表明整个 20 世纪 90 年代是城镇居民消费结构的剧烈变动期，这期间邓小平南方谈话以及对外开放的进一步深入发展，使城镇居民的消费行为和消费观念极大地受到冲击并发生了改变。而由表 3 - 14 可知，农村居民消费结构变动最显著的是 "六五" 时期（1981—1985 年），即改革开放初期，改革开放使中国农村面貌发生了翻天覆地的变化，农村居民的消费也受到了深刻的影响。城乡居民消费水平不但显著提高，而且消费结构不断优化升级，消费结构开始向多元化和均衡化发展，在七大类消费支出中，居住、交通通信与医疗保健的贡献率增长明显，居住、交通通信与医疗保健消费的增长对消费结构的优化升级起到了重要的推动作用，但食品比重的变化仍占主导地位，说明城乡居民消费结构的优化升级仍有上升的空间。

---

① 李子奈：《计量经济学》，高等教育出版社 2005 年版，第 326—331 页。

表 3 - 13　　　　　　中国城镇居民消费结构变动度和贡献率

时期		食品	衣着	居住	家庭设备	交通通信	教育文化娱乐	医疗保健	其他	合计
1981—1985 年（"六五"）	年均结构变动度（%）	2.37	0.64	0.25	0.58	0.13	1.30	0.09	0.72	6.07
	贡献率（%）	39.09	10.50	4.04	9.56	2.14	21.33	1.52	11.82	100.00
1986—1990 年（"七五"）	年均结构变动度（%）	1.34	0.73	0.43	1.46	0.11	0.60	0.22	1.18	6.08
	贡献率（%）	22.12	12.07	7.12	23.96	1.84	9.93	3.55	19.41	100.00
1991—1995 年（"八五"）	年均结构变动度（%）	1.62	0.66	1.04	0.93	0.73	0.99	0.33	1.40	7.69
	贡献率（%）	21.12	8.53	13.52	12.10	9.44	12.88	4.26	18.15	100.00
1996—2000 年（"九五"）	年均结构变动度（%）	2.20	0.85	0.68	0.50	0.82	0.83	0.73	0.23	6.84
	贡献率（%）	32.21	12.36	9.89	7.37	11.94	12.18	10.73	3.33	100.00
2001—2005 年（"十五"）	年均结构变动度（%）	0.74	0.21	0.26	0.63	0.93	0.72	0.24	0.51	4.24
	贡献率（%）	17.47	4.93	6.08	14.95	21.92	17.02	5.67	11.95	100.00
2006—2010 年（"十一五"）	年均结构变动度（%）	1.05	0.15	0.29	0.22	0.82	0.38	0.22	0.11	3.24
	贡献率（%）	32.30	4.61	8.94	6.90	25.42	11.81	6.75	3.27	100.00
2011 年至今（"十二五"）	年均结构变动度（%）	0.66	0.26	0.60	0.02	0.52	0.22	0.09	0.09	2.46
	贡献率（%）	26.77	10.46	24.23	0.96	21.26	8.89	3.68	3.75	100.00

资料来源：根据历年《中国统计年鉴》数据计算。

表 3 - 14　　　　　　中国农村居民消费结构变动度和贡献率

时期		食品	衣着	居住	家庭设备	交通通信	教育文化娱乐	医疗保健	其他	合计
1981—1985 年（"六五"）	年均结构变动度（%）	0.91	0.70	0.63	1.01	0.47	1.15	0.27	0.41	5.53
	贡献率（%）	16.40	12.63	11.32	18.17	8.41	20.75	4.90	7.42	100.00

时期		食品	衣着	居住	家庭设备	交通通信	教育文化娱乐	医疗保健	其他	合计
1986—1990 年（"七五"）	年均结构变动度（%）	1.72	0.40	0.97	0.47	0.19	0.43	0.17	0.08	4.43
	贡献率（%）	38.82	9.04	21.91	10.56	4.39	9.81	3.78	1.70	100.00
1991—1995 年（"八五"）	年均结构变动度（%）	0.56	0.37	0.74	0.27	0.23	0.57	0.20	0.25	3.18
	贡献率（%）	17.55	11.63	23.15	8.49	7.15	17.89	6.35	7.79	100.00
1996—2000 年（"九五"）	年均结构变动度（%）	1.90	0.38	0.44	0.22	0.60	0.67	0.40	0.30	4.90
	贡献率（%）	38.73	7.65	8.95	4.49	12.24	13.73	8.16	6.06	100.00
2001—2005 年（"十五"）	年均结构变动度（%）	1.39	0.13	0.55	0.14	0.80	0.44	0.27	0.24	3.97
	贡献率（%）	34.94	3.38	13.98	3.58	20.22	11.09	6.73	6.08	100.00
2006—2010 年（"十一五"）	年均结构变动度（%）	1.19	0.13	1.35	0.20	0.33	0.64	0.27	0.09	4.20
	贡献率（%）	28.34	3.06	32.26	4.67	7.97	15.28	6.48	2.03	100.00
2011 年至今（"十二五"）	年均结构变动度（%）	1.13	0.26	0.29	0.24	0.52	0.36	0.62	0.18	3.62
	贡献率（%）	31.29	7.31	8.16	6.66	14.46	9.86	17.14	5.11	100.00

资料来源：根据历年《中国统计年鉴》数据计算。

三 居民消费不平等的现状分析

（一）城镇居民消费不平等

1. 城镇居民消费支出的分布演变

图 3-14 描述了 1990—2013 年我国省际间城镇居民消费支出分布的演变状况，为了便于比较，对各年消费支出的绝对数值进行处理，即以各地区的消费支出与全国平均消费支出之比来衡量各地区的消费支出水平，因此某地区比值小于 1 表示该地区的消费支出低于全国平均水平，大于 1 则表示高于全国平均水平。

从图 3-14 可以发现我国城镇居民消费支出的分布呈"右偏"的

特征，这说明城镇居民消费较低的地区占了多数，而高消费水平的地区相对较少，随着时间的推移，城镇居民消费支出分布的中心向左偏移，与1的差距越来越大，反映出越来越多的地区加入了低于全国平均水平的行列，在全国平均消费支出不断上升的背景下，这暗含着城镇居民消费不平等的不断扩大。从城镇居民消费支出分布的扁平程度的变动也可发现，随着时间的增加，分布曲线变得越来越"扁平"，这反映出我国城镇居民消费支出的差距随着时间的推移越来越大。

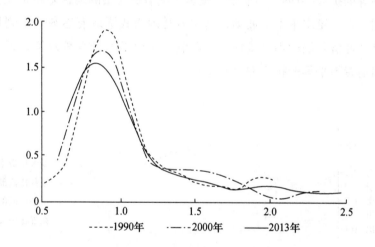

图3-14　中国城镇居民消费支出分布的演变

2. 城镇居民消费的地区间差距

（1）消费支出的地区间差异

为了直观展示我国城镇居民消费支出差距的变动，选取城镇居民人均消费支出指标的东部地区比西部地区、中部地区比西部地区、东部地区比中部地区以及最大值比最小值这4个比值来描述城镇居民消费支出的地区间差距。如图3-15所示，东部地区城镇居民人均消费支出与西部地区和中部地区相比，始终处于领先地位（比值大于1），东部地区与中西部地区的差距先是缓慢上升而后又下降的趋势，而中部与西部地区的差距则较小而且变化不大。从城镇居民人均消费支出最高省份与最低省份的比值来看，城镇居民消费支出的地区差距变动经历了三个阶段：1978—1984 年，城镇居民消费支出的地区差距逐步缩小，当时处于改革开放初期，"票证"时代的影响还未散去，居民虽然有强烈的消费需求，但得不到有效的实现，居民消费差距难以拉开；1985—1996 年，城镇居民消费支出的地区差距迅速扩大，消费支出的最高省份与最低省份之比从 1985 年的 1.9 倍上升到 1996 年的 2.44 倍，原因在于改革开放的逐步深入和市场经济的快速发展，使城镇居民的消费潜力得到了极大的释放，收入差距的扩大也带来了消费不平等的扩大；1997 年至今，城镇居民消费支出的地区差距扩大受到抑制，在一定水平上下波动，这主要是因为我国政府逐渐认识到地区间社会经济发展的不平衡性，为此制定了西部大开发等政策，因此地区间消费不平等的扩大并没有恶化。

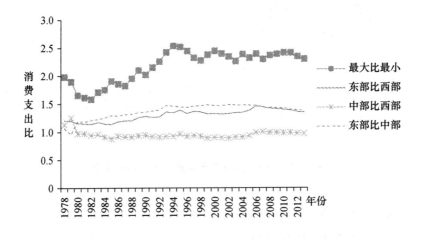

图 3 - 15　城镇居民消费支出的地区间差异

资料来源：根据历年《中国统计年鉴》数据计算。

（2）耐用消费品的地区间差异

从家庭拥有主要耐用消费品的地区间差距来看，城镇居民耐用品的地区间差距呈先扩大而后缩小的特点，并且耐用品档次越高其消费差距也相对较大。

表 3 - 15 城镇居民耐用消费品的地区间差异

	东部比西部			中部比西部			东部比中部			最大比最小		
	1991 年	2000 年	2012 年	1991 年	2000 年	2012 年	1991 年	2000 年	2012 年	1991 年	2000 年	2012 年
电风扇	2.35	1.91	—	1.96	1.66	—	1.20	1.15	—	208.70	78.21	—
洗衣机	0.96	0.98	0.99	0.97	0.94	1.00	1.00	1.04	0.99	1.82	1.50	1.44
电冰箱	1.78	1.12	1.06	1.15	0.98	1.00	1.54	1.14	1.06	5.25	2.17	1.32
摩托车	0.88	1.99	1.15	0.83	1.08	1.02	1.06	1.83	1.12	29.35	58.84	127.46
彩色电视机	1.01	1.11	1.22	0.80	0.94	1.07	1.27	1.18	1.14	1.90	1.44	1.88
照相机	1.21	1.29	1.60	0.73	0.78	0.96	1.68	1.67	1.67	7.50	5.69	5.01
中高档乐器	0.98	1.14	1.12	0.93	1.00	0.82	1.06	1.14	1.37	8.45	8.20	5.53
空调器	2.03	3.72	2.91	0.86	1.50	1.79	2.35	2.49	1.63	78.13	891.27	96.96
录放像机	—	1.64	1.77	—	0.84	0.97	—	1.96	1.82	—	6.14	5.97
家用电脑	—	2.44	1.40	—	1.06	1.05	—	2.29	1.33	—	32.10	2.59
家用汽车	—	1.51	1.61	—	0.78	0.79	—	1.94	2.04	—	25.00	6.08
微波炉	—	2.59	1.42	—	0.74	1.01	—	3.51	1.42	—	26.00	3.12
移动电话	—	1.91	1.06	—	0.97	0.97	—	1.96	1.08	—	12.05	1.32

资料来源:根据历年《中国统计年鉴》数据计算。

20 世纪 90 年代初期,东部与西部、东部与中部的城镇居民拥有的耐用消费品已经表现出一定的差距,但有些耐用品(摩托车、中高档乐器等)东部居民的消费量还不如西部居民,到了 2000 年,耐用品的种类增加了、档次提升了,同时东部地区城镇居民主要耐用品的消费量则全面超过了西部和中部的城镇居民,2012 年,耐用品的地区间消费差距有所回落,但东部地区与中西部地区相比,仍拉开了较为显著的差距,而且可以发现,消费差距在耐用品的分布中,档次较高的耐用品(空调、家用汽车)其消费差距也较大。耐用品拥有量最高省份与最低省份的比也表现出先上升后回落的特点,2012 年,耐用品拥有量最高省份与最低省份在洗衣机、电冰箱、移动电话等较低端的耐用消费品上的差距较小,而在空调、家用汽车等较高档的耐用消费品上仍保持了较大的消费差距。

（3）城镇居民内部消费不平等

类似于收入差距的基尼系数，消费不平等的衡量也用基尼系数来实现，在实际计算消费基尼系数时，直接利用 Yao（1999）提出的简单直观的计算收入基尼系数的方法来实现消费基尼系数的计算[①]，即：

$$gini = 1 - \sum_{i=1}^{n} W_i (2Q_i - P_i) \qquad 其中, Q_i = \sum_{k=1}^{i} P_k$$

上式中，P_i 为按收入分组后，第 i 组人均消费支出占总人均消费支出的比重；W_i 为第 i 组的人口数比重；Q_i 是 P_i 从 $k = 1$ 到 i 的累计数，利用各年《中国统计年鉴》中按收入分组的城镇居民消费支出数据，即可算出消费的基尼系数。

表 3 – 16　　　　　　　　城镇居民消费基尼系数

年份	1985	1990	1995	2000	2005	2010	2012
消费支出	0.19	0.19	0.21	0.26	0.35	0.34	0.33
食品	0.14	0.14	0.13	0.16	0.26	0.24	0.23
衣着	0.21	0.21	0.26	0.30	0.35	0.33	0.32
家庭设备及用品	0.30	0.31	0.39	0.44	0.45	0.40	0.37
医疗保健	0.07	0.15	0.20	0.27	0.35	0.31	0.26
交通通信	0.24	0.30	0.37	0.35	0.51	0.50	0.47
教育与文化娱乐	0.31	0.24	0.26	0.29	0.39	0.42	0.39
居住	0.11	0.20	0.20	0.22	0.32	0.31	0.28
其他	0.26	0.27	0.35	0.40	0.46	0.45	0.47

资料来源：根据历年《中国统计年鉴》数据计算。

由表 3 – 16 的城镇居民消费基尼系数变动可以看到，城镇居民内部也表现出较明显的消费不平等。从总消费支出来看，消费基尼系数从 1985 年的 0.19 上升到 2012 年的 0.33，说明改革开放 30 多年来，居民内部的消费不平等有了显著的扩大。各个消费项目消费不平等的

---

① Yao S. , "On the decomposition of Gini coefficients by population class and income source: a spreadsheet approach and application", *Applied Economics*, 1999, 31 (10): 1249 – 1264.

扩大都较为明显，在需求弹性较大的商品中，医疗保健、交通通信消费支出的差距扩大最为明显，医疗保健支出的基尼系数从 1985 年的 0.07 上升到 2012 年的 0.26，其间在 2005 年还达到了 0.35，反映出不同收入等级城镇居民在医疗保障水平上存在较大差距。需求弹性较小的食品、衣着项目上消费不平等的扩大也不容忽视，因为作为基本生活必需品，消费差距的扩大反映出居民基本福利的严重不平等。在居住项目上，消费不平等的扩大也较为明显，这和我国住房改革以及房地产市场的发展有关，在城镇地区，有关住房的租金、装修等支出已经成为居民消费的一项重要内容，拥有住房已经不仅仅是为了满足居住的需要，其消费不平等的扩大也成为必然趋势。

图 3-16 描绘了我国城镇居民按收入分组的消费支出变动情况，从中可以看到，2000 年以前，城镇居民各收入组的消费不平等差距并不显著，特别是最低收入户、低收入户、中等偏下收入户和中等收入户的消费支出差距很小。2000 年以前，城镇居民的消费支出主要是满足日常生活所需，大额的消费支出项目较少，因此城镇居民的消费不平等并未拉开。自 2000 年以后，各收入组居民的消费支出都出现了快速的增加，但高收入组和最高收入组的消费支出上升速度远超过低收入组，快速地扩大了与低收入居民的消费差距，2000 年最高收入户的消费支出为最低收入户的 2.55 倍，2012 年则上升到超过 5 倍。2000 年开始，我国全面向小康社会迈进，居民温饱问题已经得到解决，低收入群体的生活水平虽然有所改善，但其基本生活消费支出的增长有限，而对于高收入群体，已经不再仅仅满足基本生活需求，其对文化、娱乐方面的消费大大增加，消费的档次节节攀升，特别是随着我国改革开放的不断深入，城镇居民已经不满足于在国内消费，特别是对于高收入阶层，出国消费已经成为流行的消费模式。

（二）农村居民消费不平等

20 世纪 90 年代以来，我国农村居民生活水平不断提高，但由于地区间经济发展水平的差距，地区间的农民消费不平等还比较明显。农村居民消费支出的地区差距具有东西部差距＞东中部差距＞中西部差距的特点，东西部差距、东中部差距和中西部差距都呈现出先扩大

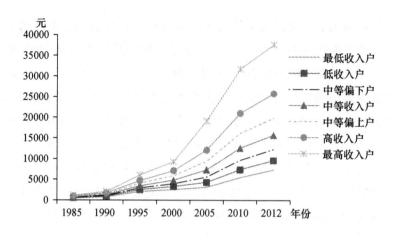

图 3 -16　各收入组人均生活消费支出

资料来源：历年《中国统计年鉴》。

后缩小的趋势，1990 年，东部农村居民消费支出是西部的 1.78 倍、是中部的 1.5 倍，中部农村居民消费支出是西部的 1.19 倍，此后东部地区与其他地区的消费差距不断拉大，2005 年东部农村居民消费支出与西部之比 1.88 倍、与中部之比上升到 1.63 倍，中部农村居民消费支出与西部之比上升到从 2000 年起基本维持在的 1.15 的水平。2005 年之后东部农村居民的消费支出与中西部的差距则出现了下降的趋势（见表 3 -17）。

表 3 -17　　　　　　　　农村居民消费支出的地区差距

年份	1990	1995	2000	2005	2010	2012
最大比最小	4.02	3.78	3.82	4.69	3.83	4.03
东部比西部	1.78	1.86	1.85	1.88	1.74	1.68
中部比西部	1.19	1.21	1.15	1.16	1.14	1.15
东部比中部	1.50	1.54	1.61	1.63	1.52	1.46

资料来源：根据历年《中国统计年鉴》数据计算。

从耐用消费品的拥有量来看，农村居民也存在较为显著的地区差距。大多数耐用品的地区间消费不平等呈缩小的趋势，尤其是档次较低的洗衣机、电冰箱和电视机等耐用消费品，在三大地区之间的消费差距已经不是特别明显；但在档次较高的空调、抽油烟机和计算机等耐用消费品上，东部地区与中西部地区的差距仍然较大，其中在农村居民空调的拥有量上，2012 年东部是西部的 10.8 倍、是中部的 3.16 倍；在抽油烟机的拥有量上，2012 年东部是西部的 6.49 倍、是中部的 4.38 倍。

表 3 - 18　　　　　　　　农村居民耐用消费品的地区差距

	东部比西部			中部比西部			东部比中部			最大比最小		
	1990 年	2000 年	2012 年	1990 年	2000 年	2012 年	1990 年	2000 年	2012 年	1990 年	2000 年	2012 年
电风扇	8.04	3.35	—	2.61	1.98	—	3.09	1.70	—	928.05	195.60	—
洗衣机	3.12	2.49	1.12	1.39	1.53	1.02	2.25	1.63	1.10	121.02	37.53	5.66
电冰箱	51.20	7.31	1.44	1.76	1.56	1.25	29.11	4.68	1.15	955.67	210.56	3.14
自行车	2.05	1.92	2.70	1.22	1.33	1.46	1.69	1.44	1.84	14.43	26.83	32.91
摩托车	1.69	3.27	0.87	0.57	1.26	0.92	2.97	2.59	0.95	75.00	348.80	7.80
黑白电视机	1.98	0.88	0.79	1.64	1.30	1.09	1.21	0.68	0.72	40.85	15.58	29.35
彩色电视机	3.06	2.00	1.25	0.78		1.07	3.91	1.67	1.17	136.52	11.52	1.98
照相机	3.57	3.80	4.14	0.62	1.12	0.90	5.76	3.40	4.61	168.00	33.19	23.53
空调	—	36.31	10.80	—	1.11	3.42	—	32.74	3.16	—	475.33	670.52
抽油烟机	—	14.83	6.49	—	1.24	1.48	—	11.98	4.38	—	141.33	69.02
固定电话	—	4.94	2.09	—	2.12	1.18	—	2.33	1.78	—	461.60	7.48
移动电话	—	—	1.08	—	—	1.01	—	—	1.07	—	—	1.85
计算机	—	—	3.60	—	—	1.77	—	—	2.04	—	—	123.40

资料来源：根据历年《中国统计年鉴》数据计算。

总之，我国农村居民消费支出的地区差距大小顺序是：东西部差距最大；东中部差距次之；中西部差距最小。东西部和东中部差距有先扩大后缩小的特征，而中西部的差距则处于较稳定的水平，农村居民消费支出地区差距的缩小，显现出我国西部大开发战略和家电下乡等政策对于刺激落后地区农村居民的消费起了有效的作用，但不可否认的是，我国农村居民消费支出仍然存在比较明显的地区差距。

(三) 城乡间消费不平等

从恩格尔系数方面来比较，我国城乡居民的消费不平等显著。从恩格尔系数的城乡差异来看 (见图 3 - 11)，城乡居民消费不平等呈现先缩小后扩大再缩小的趋势，从 1978—1983 年，城乡恩格尔系数的差距是缩小阶段，此后差距开始变大，其间略有反复和波动，从 90 年代开始，城乡恩格尔系数差距进入显著扩大期，1991 年，农村恩格尔系数比城镇高 3.8 个百分点，到了 1999 年，农村与城镇恩格尔系数的差值则上升到 10.5 个百分点，从 2000 年开始，两者的差距开始缩小，但差距仍较为明显。

根据联合国对恩格尔系数各阶段的划分 (见表 3 - 11)，在改革开放启动的 1978 年，城镇居民的恩格尔系数就低于 50%，进入了温饱阶段，而农村居民恩格尔系数为 67.7%，即农村居民的消费支出中，有 2/3 的份额要用于基本生存必需的食物支出，直到 1981 年农村居民才进入温饱阶段；城镇居民步入小康阶段是 1996 年，而农村居民直到 2000 年才步入小康阶段，此时城镇居民刚好进入富裕阶段；农村居民于 2012 年进入富裕阶段，比城镇居民整整落后了 12 年。

以各年城镇居民人均消费支出除以农村居民人均消费支出，即可得到城乡居民消费不平等系数序列，可以用消费不平等系数来衡量城乡居民的消费不平等。由图 3 - 17 可以看到，从改革开放初期至今，城乡居民的消费不平等总体而言是扩大了，城乡消费不平等系数从 1980 年的 2.54 上升到 2013 年的 2.72，其间出现了几次波动，1980—1984 年，城乡消费不平等系数缩小到 2.04，其原因在于改革开放后实施的家庭联产承包责任制使得农村生产力得到极大的提高，农村居民收入显著增加，因此消费水平也随之提高，缩小了与城镇地区的消费不平等；1985 年开始，城镇地区的收入分配制度在经济体制改革的启动下发生了变化，城镇居民可以从国家获得较高的政策补贴，城乡居民收入差距扩大，消费不平等也随之扩大；从 90 年代初期开始，国家提高了农产品收购价格，使农民实现了增收，从 1993 年起，城镇地区出现了较高的通货膨胀，导致城镇居民实际消费水平的提升受到阻滞，城乡消费不平等又开始缩小；从 1996 年起，通货膨胀的影响逐渐消除，城乡居民消费不平等快速增大；进入新世纪后，国家层面开始重视城乡差距的不利影响，从多方面采取措施遏制其扩大的趋势，如取消农业税、家电下乡等都有效地提振了农村居民消费水平，因此城乡消费支出差距又有缩小的趋势。

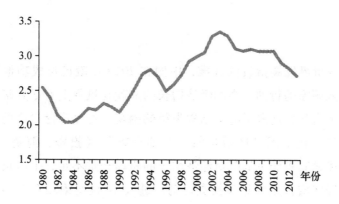

图 3 - 17　各年城乡居民消费支出比

资料来源：根据历年《中国统计年鉴》数据计算。

本章小结

　　本章主要对我国人口年龄结构与居民消费的变动历程与现状进行了分析。得出的主要结论有：（1）我国的人口转型在计划生育政策的影响下在非常短的时间内迅速完成，人口发展已经进入到低出生率、低死亡率、低自然增长率的平稳低增长阶段；我国的生育率逐年稳步降低，并于 2000 年进入了老龄化社会；我国的老龄化具有规模大、发展迅速、地区差异明显和未富先老等特点。（2）我国居民消费水平不高，居民消费增速慢于经济增长速度，消费倾向有下降趋势，消费需求乏力；改革开放以来居民消费结构实现了优化升级，但在消费品供给结构、消费环境和消费政策方面还存在很多不足；城镇居民内部、农村居民内部以及城乡居民之间存在较大的消费不平等。

第四章 人口年龄结构与居民消费率

按照世界发展指数的标准，中国在 2010 年就已经成功地加入了中高收入国家的行列，中国经济增长的成就在世界上有目共睹。然而中国经济增长也遭遇了经济结构失衡的困境，各界广泛讨论的一个重要话题是：在中国经济增长的"三驾马车"（投资、消费、出口）中，消费尤其是居民消费对经济增长的驱动严重不足，中国长期以来快速的经济增长主要是靠投资拉动。进入 21 世纪第二个十年后，居民消费不足的局面仍然不容乐观，消费的主体是人，中国的第一次人口红利将于 2015 年左右消失，迎来"刘易斯拐点"（Cai &Wang, 2007；蔡昉，2010），中国的人口转变将进入老龄化阶段。居民消费持续低迷与人口年龄结构的转变在同时进行，二者是否有某种必然的联系？这一问题的答案对于扩大内需，促进良性的经济增长并改善居民福利具有十分重要的意义。本章的目的是从地区间比较的角度分析人口年龄结构、居民消费率和经济增长之间的关系，根据这个框架，为面临人口老龄化的中国扩大内需，促进经济增长提供政策建议。为了分析人口年龄结构、居民消费率和经济增长之间的相互关系，本章利用一个面板向量自回归模型（PVAR）将全部变量都视为内生的，并把样本按区域进行划分，在每个区域分别检验三个变量之间的关系，进而对结果做出解释。本章接下来的安排如下：首先对人口年龄结构变量如何影响居民消费进行一个理论推导，以奠定本章的理论基础，并根据理论推导提出本章的研究假说；其次介绍实证分析所需要使用的数据和借助的计量方法；最后分别对全国和东、中、西三大区域进行实证检验，并对实证结果进行原因分析。

第一节 理论推导与研究假说

一 理论推导

考察一个家庭中的成员在 0 到 T 时刻之间的消费。假设家庭成员的消费只受到家庭总收入的限制，而不受其自身收入的限制，即家庭成员可以自由分配其家庭收入。假设消费与收入仅由年龄所决定，年龄相同的家庭成员，消费与收入无差异，即对于年龄 x 的个体，其消费函数为 $C(x)$，收入函数为 $Y(x)$，当期储蓄为 $S(x) = Y(x) - C(x)$，家庭在 t 时刻人口结构函数为 $p(x, t)$，这意味着在 t 时刻，该家庭中有 $p(x, t)$ 个年龄为 x 的成员。同时，假设银行存款年利率为 i，则可以定义利息效力 $\gamma = \ln(1+i)$，贴现因子 $\delta = 1/\ln(1+i)$。最后假设家庭的初始储蓄存款余额为 0。

以 X_1 表示 t 时刻家庭中的最大年龄，则家庭的收入、消费、储蓄等可以表示为：

家庭在 t 时刻的收入：$\int_0^{X_1} Y(x) p(x, t) dx$；

消费：$\int_0^{X_1} C(x) p(x, t) dx$；

储蓄：$\int_0^{X_1} S(x) p(x, t) dx = \int_0^{X_1} [Y(x) - C(x)] p(x, t) dx$；

储蓄余额：$\int_0^t \int_0^{X_1} S(x) p(x, t) dx dt$。

家庭的预算约束满足：总收入现值 + 利息收入现值 = 总消费现值。

即家庭在 0 到 T 时刻之间的消费预算约束：

$$\iint_{x,T} \delta^t Y(x) p(x, t) dx dt + \int_0^T \gamma \delta^t \left[\int_0^t \int_0^{X_1} S(x) p(x, t') dx dt' \right] dt = \iint_{x,T} \delta^t C(x) p(x, t) dx dt$$

其中，$\iint_{x,T}$ 表示的是对 x 和 t 从 0 到 X_1、从 0 到 T 的二重积分。

利用 $S(x) = Y(x) - C(x)$ 并交换积分次序，化简得到约束条件：

$$\iint_{x,T} [\delta^t Y(x) p(x,t) + \gamma \delta^t \int_0^t Y(x) p(x,t') dt'] dxdt = \iint_{x,T} [\delta^t C(x) p(x,t) +$$

$$\gamma \delta^t \int_0^t C(x) p(x,t') dt'] dxdt \tag{4.1}$$

我们的目的是确定家庭成员的消费函数 $C(x)$，以最大化家庭的总效用，即：

$$\max \iint_{x,T} \beta^t U(C(x)) p(x,t) dxdt \tag{4.2}$$

其中，$U(C(x))$ 是效用函数，β 是效用的主观贴现因子，$0 < \beta < 1$。为求得消费在该约束下消费者的消费路径，令：

$$F = \int_0^T \beta^t U(C(x)) p(x,t) dt$$

$$G = \int_0^T [\delta^t C(x) p(x,t) + \gamma \delta^t \int_0^t C(x) p(x,t_1) dt_1] dt$$

$$l = \iint_{x,T} [\delta^t Y(x) p(x,t) + \gamma \delta^t \int_0^t Y(x) p(x,t_1) dt_1] dxdt$$

问题归结为如下泛函分析中的等周问题：

$$\max \int_x F dx$$

$$s.t. \int_x G dx = l$$

根据欧拉定理，设所求的极值函数为 $C(x)$，则一定存在常数 λ，使 $C(x)$ 满足函数 $\int_x (F + \lambda G) dx = \int_x F^* dx$ 的欧拉方程 $F_c^* - \dfrac{dF_{c'}^*}{dx} = 0$。

这里，$F^* = F + \lambda G$，F^* 和 $F_{c'}^*$ 分别表示 F^* 对 $C(x)$ 和 $C'(x)$ 的倒数，该问题中 $F_{c'}^* = 0$。

因此，我们得到 $\int_0^T \beta^t U'(C(x)) p(x,t) dt + \lambda \int_0^T [\delta^t p(x,t) + \gamma \delta^t \int_0^t p(x,t_1) dt_1] dt = 0$，即：

$$U'(C(x)) = \dfrac{-\lambda \int_0^T [\delta^t p(x,t) + \gamma \delta^t \int_0^t p(x,t_1) dt_1] dt}{\int_0^T \beta^t p(x,t) dt} \tag{4.3}$$

这里 $U'(C(x)) > 0$，右边两个积分必大于 0，因此 $\lambda < 0$。

式（4.3）的离散形式为：

$$U'(C(x)) = \frac{-\lambda \sum_{t=0}^{T} \left[\delta^t p(x,t) + \gamma \delta^t \sum_{t''=0}^{t} p(x,t') \right]}{\sum_{t=0}^{T} \beta^t p(x,t)} \tag{4.4}$$

从边际条件式（4.3）、式（4.4）与约束条件式（4.1）可以知道，约束条件限定了总消费的范围，而边际条件包含着年龄结构变量，因此我们可以通过对边际条件的分析，推导出在总消费一定的情况下，不同年龄的个体间消费量的对比关系。下面我们将对一个家庭进行具体的分析。

假设家庭消费者由期初年龄分别为 a、b、c（a < b < c）的三代人构成，它们的数量分别为 n_1、n_2、n_3。

$$令 \ p(x,\ t) = I(x = t) = \begin{cases} 1, & 如果 \ x = t \\ 0, & 如果 \ x \neq t \end{cases}$$

人口结构函数可表示为：

$$p\ (x,\ t)\ = n_1 I\ (x = t + a)\ + n_2 I\ (x = t + b)\ + n_3 I\ (x = t + c)$$

将上式代入边际条件式（4.4），并分情况讨论如下：

当 x > c 时，

$$U'(C(x)) = -\lambda \frac{[\delta^{x-a} + (T-x+a)\gamma\delta^{x-a}]n_1 + [\delta^{x-b} + (T-x+b)\gamma\delta^{x-b}]n_2 + [\delta^{x-c} + (T-x+c)\gamma\delta^{x-c}]n_3}{\beta^{x-a}n_1 + \beta^{x-b}n_2 + \beta^{x-c}n_3}$$

定义老年扶养比 $\alpha_3 = n_3/n_2$，少儿抚养比 $\alpha_1 = n_1/n_2$，上式变为：

$$U'(C(x)) = -\lambda \frac{[\delta^{x-a} + (T-x+a)\gamma\delta^{x-a}]\alpha_1 + [\delta^{x-b} + (T-x+b)\gamma\delta^{x-b}] + [\delta^{x-c} + (T-x+c)\gamma\delta^{x-c}]\alpha_3}{\beta^{x-a}\alpha_1 + \beta^{x-b} + \beta^{x-c}\alpha_3}$$

$$\tag{4.5}$$

当 b < x < c 时，x - c < 0，可知 I（t = x - c）= 0，从而有：

$$U'(C(x)) = -\lambda \frac{[\delta^{x-a} + (T-x+a)\gamma\delta^{x-a}]\alpha_1 + [\delta^{x-b} + (T-x+b)\gamma\delta^{x-b}]}{\beta^{x-a}\alpha_1 + \beta^{x-b}} \tag{4.6}$$

当 b > x > a 的时候，

$$U'(C(x)) = -\lambda \frac{[\delta^{x-a} + (T-x+a)\gamma\delta^{x-a}]\alpha_1}{\beta^{x-a}\alpha_1} = \frac{\delta^{x-a} + (T-x+a)\gamma\delta^{x-a}}{\beta^{x-a}} \tag{4.7}$$

为讨论上述方程的单调性，我们对式（4.7）两边的 α_1 求偏导，得到：

$$U''(C(x)) \frac{\partial C(x)}{\partial \alpha_1} = -\lambda \frac{\delta^x}{\beta^x} \frac{(AE - BD) + (AF - CD)\alpha_3}{D\alpha_1 + E + F\alpha_3}$$

其中，

$A = \delta^{-a} + (T + a - x)\gamma\delta^{-a}$，$B = \delta^{-b} + (T + b - x)\gamma\delta^{-b}$，$C = \delta^{-c} + (T + c - x)\gamma\delta^{-c}$，$D = \beta^{-a}$，$E = \beta^{-b}$，$F = \beta^{-c}$。

假设 $\delta \leq \beta$，即效用的主观贴现因子要大于利息的贴现因子，这样的假设具有合理性：消费者主观贴现因子往往很高，这是因为他们对未来和即期消费的感受差别不是很大，而相比之下，消费者对利率的变化可能更为敏感，因为这直接与他们未来的资本利得有关。在假设 $\delta \leq \beta$ 的情况下，考虑到 a < b，可以知道，A/D < B/E 和 A/D < C/F，又因为 $\lambda < 0$、$U''(C(x)) < 0$，所以 $\partial C(x) / \partial\alpha_1 > 0$，这样就得到了 x > c 情况下的消费和少儿抚养比关系：少儿抚养比越高，老年人均消费越高。同样的推导也可以得出结论：老年扶养比越高老年人均消费越低。

同理，可以对 x < a 和 a < x < b 的情况做类似的分析，得到的结果是类似的：

第一，在 $\delta \leq \beta$ 的情况下，少儿抚养比上升时，劳动年龄人口的人均消费也会随之上升；但劳动年龄人口的人均消费并不会受老年扶养比变动的影响。

第二，少儿人均消费不受人口结构的影响。

第三，当利率上升（即 δ 下降）时，上述结论的显著性会更强，这是因为 β 与 δ 差距越大，消费对抚养比的偏导数越大，差异越明显。

因此，对家庭成员的消费求和，可以得到家庭当期的消费与人口年龄结构的关系：少儿抚养比的上升对当期消费产生正影响，老年扶养比的上升对当期消费产生负影响。

二 研究假说

根据以上的理论推导，本书提出以下研究假说：

假说1：少儿抚养比减轻是居民消费需求下降的重要原因之一；

假说2：老年扶养比加重是居民消费需求下降的重要原因之一。

本章接下来将通过实证分析来对这两个假说进行检验。

第二节　数据描述和研究方法

一　变量选取与数据描述

（一）变量选取

本章以中国大陆30个省、自治区和直辖市为研究对象（西藏由于数据缺失而未参与分析），由30个截面个体组成，由于公开的统计资料中，分省区的人口年龄结构数据从1989年才开始有连续的资料，因此研究的样本区间为1989—2012年。[①] 面板数据总共有720个观测值。

本部分涉及的变量主要包括：（1）居民消费率（con），根据支出法核算的居民消费与GDP相比得到，居民消费率是最终消费率的组成部分，最终消费率是最终消费（包括政府消费和居民消费）占GDP的比重，居民消费率是居民消费占GDP的比重，在中国的政府消费率长期较平稳的情况下，居民消费率实际上可以反映消费与投资（积累）的比例协调关系，其变动可以用于衡量消费对经济增长的贡献，是刻画居民消费不足的较为常用的宏观指标；（2）人均实际GDP（lrgdp），为剔除通货膨胀的影响，转化为1978年的不变价并进行了取对数处理；（3）少儿抚养比（yd），为0—14岁人口与15—64岁人口之比；（4）老年扶养比（od），为65岁及以上人口与15—64岁人口之比，少儿抚养比与老年扶养比均是刻画人口年龄结构的重要指标，反映了一个社会中劳动年龄人口的赡养负担。各变量的计算依据和数据来源如表4-1所示。

---

① 重庆市由于1997年才成为直辖市，其1989年、1992—1996年的人口结构数据采用四川省数据进行替代。

表4-1 各变量的计算依据和数据来源

变量	定义	计算依据	数据来源
con	居民消费率	居民消费占 GDP 的比重	《中国统计年鉴》
lrgdp	人均实际 GDP	按 1978 年的不变价计算，取对数	《中国统计年鉴》
yd	少儿抚养比	0—14 岁人口占 15—64 岁人口的比重	《中国人口统计年鉴》
od	老年扶养比	65 岁及以上人口占 15—64 岁人口的比重	《中国人口统计年鉴》

（二）数据描述

为方便进行地区间的比较，本书综合考虑中国行政区划和经济发展情况，将中国大陆 30 个省、直辖市和自治区分为三个地区：东部地区、中部地区和西部地区。[①]

表4-2 列出了全国、东部地区、中部地区和西部地区各变量的描述性统计，从中可以看到，各指标在中国地区间存在明显差异。在

表4-2 变量的描述性统计

全国	观测量	均值	标准差	最小值	最大值
居民消费率	720	42.14	9.32	22.88	77.10
人均实际 GDP（1978 年不变价）	720	3774.78	4080.8	391.02	30298.35
少儿抚养比（%）	720	32.29	11.67	4.09	125.60
老年扶养比（%）	720	10.74	2.80	2.75	22.99
总抚养比（%）	720	43.03	10.66	13.16	138.99
东部地区（11 个）	观测量	均值	标准差	最小值	最大值
居民消费率	264	37.20	6.52	24.12	58.64
人均实际 GDP（1978 年不变价）	264	6160.28	5477.56	587.59	30298.35
少儿抚养比（%）	264	28.03	12.70	4.09	125.60
老年扶养比（%）	264	11.97	2.69	2.75	22.99

---

① 东部地区包括北京、天津、河北、辽宁、上海、江苏、浙江、福建、山东、广东和海南11个省（市）；中部地区包括山西、吉林、黑龙江、安徽、江西、河南、湖北、湖南8个省份；西部地区包括四川、重庆、贵州、云南、陕西、甘肃、青海、宁夏、新疆、广西、内蒙古11个省（市、自治区）。

续表

东部地区	观测量	均值	标准差	最小值	最大值
总抚养比（%）	264	40.00	11.76	14.74	138.99
中部地区（8个）	观测量	均值	标准差	最小值	最大值
居民消费率	192	43.25	8.35	26.61	61.41
人均实际 GDP（1978 年不变价）	192	2468.25	1821.67	515.85	9185.49
少儿抚养比（%）	192	32.76	9.68	14.62	76.47
老年扶养比（%）	192	10.35	2.19	5.55	15.81
总抚养比（%）	192	43.11	9.23	24.58	88.24
西部地区（11个）	观测量	均值	标准差	最小值	最大值
居民消费率	264	46.28	10.08	22.88	77.10
人均实际 GDP（1978 年不变价）	264	2339.49	2021.46	391.02	12894.33
少儿抚养比（%）	264	36.19	10.45	4.42	123.02
老年扶养比（%）	264	9.79	2.86	2.87	18.26
总抚养比（%）	264	45.99	9.63	13.16	135.47

资料来源：根据历年《中国统计年鉴》和《中国人口统计年鉴》整理计算。

经济较为发达的东部地区，人均实际 GDP 的均值超过了经济相对落后的中部和西部地区的 2 倍，显示出中国经济发展的区域不均衡性。而在经济越发达的地区，居民消费率反而越低，这反映了发达地区的经济增长更主要的是依靠投资和出口拉动，内需不足的问题尤其严重。少儿抚养比由东到西呈上升的特点，说明中部和西部地区担负的少儿抚养负担比东部更为沉重，而老年扶养比则正好相反，呈现出由东到西下降的特点，说明经济发达的东部地区人口老龄化程度较为严重，背负着比中部和西部更重的养老负担。从总抚养比而言，东部地区最低，中部地区次之，而西部地区最高，因此，西部地区不但经济最为落后，其承受的抚养负担压力也最大。

二 研究方法

考虑到人口结构的内生性，在使用单方程模型研究人口年龄结构与居民消费率之间的关系时，需要寻找人口年龄结构的工具变量，从目前的数据资料中难以获取有效的工具变量，并且有可能出现估计偏误，所幸在 M. ki – Arvela（2003）和 Akinci（2012）等的研究中，发现联立的多方程模型比单方程模型的估计结果更为有效。因此本章利用面板向量自回归模型（Panel Vector Auto – regression，PVAR）进行分析。

（一）PVAR 模型构建

1980 年，Sims 首次建立了向量自回归（VAR）模型，由于 VAR 模型利用的是时间序列的统计性质，因此其建模并不依赖于严密的经济理论基础，VAR 模型通过研究数据的统计变化特征达到对经济活动规律的认识。VAR 模型采用多方程联立的方式，在联立方程组中，各变量都设为内生变量，解释变量为一组滞后项，由被解释变量的滞后项以及其他变量的滞后项所组成，通过一组回归方程阐释变量间的相互作用，弥补了联立方程模型无法确定内生变量和外生变量的缺陷。VAR 模型被广泛应用于多变量系统的分析以及预测中，描绘一个变量在受到其他变量冲击时的反应，通过方差分解还可以研究变量间的长期贡献，但是在 VAR 模型中，有较多的待估参数，因此会损耗较多的自由度，尤其当样本容量较小时，参数估计的精度不够理想，通常而言，VAR 模型要求数据具有较大的长度，为了克服 VAR 模型的这个局限性，Holtz – Eakin 于 1988 年提出了面板数据的向量自回归模型（Panel Vector Auto – regression，PVAR），后来经过 McCoskey 和 Kao（1998）、Joakim Westerlund（2005）、Love 和 Zicchino（2006）等的不断完善，PVAR 模型日趋成熟。PVAR 模型与传统的 VAR 模型相比，具有诸多优势：首先，PVAR 模型继承了 VAR 模型的优点，所有的变量都被视为内生变量，得到的正交化的脉冲响应函数较为真实地反映了变量间的动态关联；其次，PVAR 模型允许样本个体间存在个体效应的差异和横截面上的时间效应，分析框架更为灵活；更重要的是，由于采用的是面板数据，在时间序列长度有限的情况下，通过增加截面的数量，使样本容量显著增加，克服了 VAR 模型对数据长度要求的限制。

对于时间序列数据，由于社会经济系统中的传导性，社会经济行为会相互影响、相互渗透，因此人口年龄结构、居民消费率与经济增

长之间的关系是相互交融而并非是单向的，它们的变动要依赖自身上
一期的变动和其他变量上一期的变动，在研究它们之间的关系时，忽
略三者间的滞后关系会削弱研究结果的可靠性，且三者之间的关系在
不同的区域有可能存在差异，而 PVAR 模型在设定过程中引入了固定
效应，允许变量间存在个体（地区）的异质性，这都是本章选用
PVAR 模型来分析人口年龄结构、居民消费率与经济增长之间相互作
用机制的原因。

本书建立的 PVAR 模型如下：

$$Y_{it} = \Phi_0 + \sum_{j=1}^{q} \Phi_{ij} Y_{it-j} + h_i + \varepsilon_{it} \tag{4.8}$$

其中，$i = 1, 2, \cdots, N$；$t = 1, 2, \cdots, T$。N 代表截面个数（本
书为 30 个地区），T 为时间长度（本书为 24 年），Y_{it} 表示随时间和截
面变化的 k 个内生变量，为 $k \times 1$ 的向量，包括少儿抚养比 yd、老年
扶养比 od、人均实际 GDP 的自然对数 lrgdp 和居民消费率 con，即
$X_{it} = [yd, od, lrgdp, con]'$。$h_i$ 是第 i 个地区的固定效应，表示不可
观察的异质性，Φ_0 和 Φ_{ij} 分别表示常数项和滞后内生变量的估计系
数，q 为内生变量的滞后阶数。Y_{it-j}（$j = 1, 2, \cdots, q$）的系数 Φ_{ij} 可
能随着时间和个体而发生变化，如果 Φ_{ij} 在所有个体上都是相同的，
则模型可以成为异质性 PVAR 模型，否则成为同质性 PVAR 模型，ε_{it}
为残差项。为了保证宏观面板数据模型回归的渐进有效性，截面数量
N 一般小于 100，时间长度 $T > 20$，本书的样本符合此要求。

（二）PVAR 模型估计方法

PVAR 模型的估计主要有三个重要的部分：面板矩估计（GMM）、
脉冲响应函数（Impulse Response Function，IRF）和误差项方差分解
（Variance Decompositions）。

（1）面板矩估计（GMM）。由于模型中包含个体（地区）效应和
时间效应，在估计时应剔除个体（地区）效应和时间效应的影响。本
书分别运用 Helmer 方法即"向前均值差分"和横截面上的均值差分
去掉个体（地区）效应和时间效应。为了实现滞后变量与转换后的变
量正交，Helmer 方法通过消除每一时期未来观测值的均值来达到，通

过这样的处理，滞后变量与误差项无关，因此可以使用变量的滞后变量作为自身的工具变量。GMM 估计对扰动项的分布没有限制，是一个稳健估计量，并且随机误差项的异方差或者自相关在 GMM 估计中也是允许的，因此所得到的参数估计量比其他参数估计方法更符合现实，因此本书使用 GMM 估计方法估计 PVAR 模型。

（2）脉冲响应函数。脉冲响应函数是通过 VAR 参数构造的，因此必须考虑标准差。由于分析的标准差难以通过计算获得，因此使用蒙特卡洛方法模拟产生这些置信区间，这也是分析脉冲响应需要估计置信区间的原因所在。"脉冲响应函数刻画了当给误差项施加一个标准差大小的冲击时，对内生变量的当期值和未来值所带来的影响，即每个内生变量的变动和冲击对他自身以及对所有其他内生变量产生的影响，刻画的是系统的动态特征"。[1] 基于此分析方法，可以考察人口年龄结构、居民消费率与经济增长之间的动态冲击反应。

（3）误差项方差分解。误差项方差分解把系统中每个内生变量的变动根据其成因分解为与各方程相关联的组成部分，可以据此比较和判断对 PVAR 中的变量产生影响的各个随机扰动的相对重要性。

第三节　实证检验与结果分析

一　面板数据的平稳性检验

直接利用非平稳时间序列进行回归分析，有可能造成"伪回归"，为了避免这个问题，回归模型中不宜直接使用不存在协整关系的非平稳变量，因此，在估计 PVAR 模型之前，首先应检验变量的平稳性。

（一）面板数据的单位根检验

模型（4.8）中，Φ_{ij} 为自回归系数，当 $|\Phi_{ij}| < 1$ 时，Y_{it} 为弱（趋势）稳定过程，而当 $|\Phi_{ij}| = 1$ 时，Y_{it} 为非平稳的 I（1）过程。根据

---

① 李伟军、洪功翔、骆永民：《城市化对非农产业的溢出效应——基于面板 VAR 模型》，《财经科学》2011 年第 5 期。

对 Φ_{ij} 同（异）质性假定的不同，面板数据的单位根检验可分为两类，一类主要包括 LLC 检验和 Breitung 检验，这类检验假定所有的截面单位包含着共同的单位根，即对于各个不同截面的 i，$\Phi_{ij} = \Phi$；另一类检验包括 IPS 检验、Fisher – ADF 和 Fisher – PP 检验，这一类检验放松了同质性的假定，允许 Φ_{ij} 在不同的截面单位中自由变化，其条件更为宽松，更接近于现实。根据稳健性的需要，本书分别采用 LLC、Breitung、IPS、Fisher – ADF 和 Fisher – PP 检验对面板数据进行单位根检验。

面板单位根的检验结果如表 4 – 3 所示，全国样本和分地区样本的检验都得到了一致的结论。对于原假设为存在单位根的各种检验方

表 4 – 3　　　　　　　　　　面板单位根的检验结果

	变量	LLC	Breitung	IPS	ADF – Fisher	PP – Fisher	平稳性
全国	con	– 1.212	0.785	– 1.532 *	76.270 *	44.924	不平稳
	lrgdp	– 1.804 **	3.869	– 1.201	101.148 ***	40.230	不平稳
	yd	– 11.844 ***	– 4.033 ***	– 11.845 ***	424.920 ***	210.519 ***	平稳
	od	– 11.010 ***	– 5.035 ***	– 9.345 ***	191.268 ***	195.786 ***	平稳
	Δcon	– 14.633 ***	– 11.828 ***	– 14.041 ***	275.463 ***	289.192 ***	平稳
	Δlrgdp	– 14.190 ***	– 4.787 ***	– 7.424 ***	164.158 ***	161.862 ***	平稳
东部	con	– 1.961 **	1.659	– 2.024 **	38.827 **	11.539	不平稳
	lrgdp	– 2.291 **	3.062	– 5.904 **	79.821 **	16.038	不平稳
	yd	– 9.175 ***	– 3.283 ***	– 7.927 ***	280.013 ***	75.861 ***	平稳
	od	– 5.771 ***	– 2.615 ***	– 3.635 ***	50.415 ***	65.017 ***	平稳
	Δcon	– 6.226 ***	– 5.771 ***	– 6.444 ***	78.684 ***	71.033 ***	平稳
	Δlrgdp	– 5.850 ***	– 1.906 **	– 6.082 ***	74.423 ***	64.703 ***	平稳
中部	con	0.467	– 0.961	– 0.228	16.262	13.202	不平稳
	lrgdp	– 0.233	0.148	2.109	4.007	10.988	不平稳
	yd	– 3.053 ***	– 8.493 ***	– 2.711 ***	39.328 ***	41.108 ***	平稳
	od	– 3.986 ***	– 2.427 ***	– 3.913 ***	42.714 ***	42.125 ***	平稳
	Δcon	– 7.363 ***	– 6.142 ***	– 7.674 ***	77.504 ***	79.107 ***	平稳
	Δlrgdp	– 2.169 ***	– 5.112 ***	– 3.798 ***	42.314 ***	38.894 ***	平稳

续表

	变量	LLC	Breitung	IPS	ADF – Fisher	PP – Fisher	平稳性
西部	con	−0.505	−0.360	−0.155	20.787	20.082	不平稳
	lrgdp	−1.077	3.228	2.983	14.519	11.355	不平稳
	yd	−7.408***	−2.636***	−7.165***	87.087***	89.393***	平稳
	od	−8.449***	−3.479***	−7.790***	90.344***	77.110***	平稳
	Δcon	−11.288***	−8.917***	−10.023***	116.613***	136.322***	平稳
	Δlrgdp	−2.431***	−2.895***	−3.041***	50.289***	59.939***	平稳

注：***、**分别表示1%和5%的显著性水平。检验的原假设为：变量存在单位根。变量前加"Δ"表示对变量做一阶差分。检验形式为：包括截距项和趋势项。

法（LLC、Breitung、IPS、Fisher – ADF、Fisher – PP），变量 yd 和 od 的水平统计量在1%的显著性水平下拒绝了有单位根的原假设，故 yd 和 od 为平稳时间序列；变量 con、lrgdp 的水平统计量在1%的显著性水平下不能拒绝有单位根的原假设，说明 con、lrgdp 均为不平稳的序列，从变量一阶差分项的单位根检验结果来看，各种检验均在1%的显著性水平下拒绝了 con、lrgdpd 的一阶差分项存在单位根的原假设，这说明变量 con、lrgdp 均为一阶单整的 I（1）序列。

（二）面板数据的协整检验

为了对面板数据中变量的协整关系进行检验，Pedroni（1999，2004）在回归残差的基础上构造了7个统计量，其中有4个用"Panel"来表示，分别包括"Panel ν 统计量"、"Panel ρ 统计量"、"Panel PP 统计量"和"Panel ADF 统计量"，这4个统计量是用联合组内尺度（within – dimension）来描述的；另外3个用"Group"表示，分别包括"Group ρ 统计量"、"Group PP 统计量"和"Group ADF 统计量"，这3个统计量则用组间尺度（between – dimension）来描述。检验的原假设是：变量间存在协整关系。Pedroni（1999，2004）的研究表明，每一个标准化的统计量渐进地服从标准正态分布：

$$\frac{Y_{N,T} - \mu \sqrt{N}}{\sqrt{\nu}} \Rightarrow N\,(0,\ 1)$$

上式中的标准化因子 μ 和 ν 的值依赖于所选用的统计量、自变量的个数 m 以及是否包括个体特定的常数项和趋势线,Pedroni(1999)指出,相比于其他统计量,Panel ADF 统计量和 Group ADF 统计量具备更好的小样本性质。

在面板单位根检验的基础上,本书采用 Pedroni(1999,2004)的方法,以回归残差为基础构造出 7 个统计量进行面板协整检验,以检验 con 和 lrgdp 之间是否存在协整关系,在 7 个统计量中,除了 Panel ν 为右侧检验之外,其余 6 个统计量均为左侧检验。面板协整检验的结果见表 4-4,经过标准化的检验统计量中,无论是全国样本还是分地区的样本,各个统计量均在 1% 的显著性水平下拒绝了"变量间不存在协整关系"的原假设,这表明变量 con 和 lrgdp 之间存在协整关系,可以进一步加入其余平稳的变量进行面板模型的估计。

表 4-4　　　　　　　　　面板数据的协整检验

	全国	东部	中部	西部
Panel ν	3. 147 ***	5. 675 ***	2. 400 ***	2. 617 ***
Panel ρ	-6. 542 ***	-3. 916 ***	-4. 248 ***	-3. 829 ***
Panel PP	-13. 594 ***	-12. 768 ***	-6. 345 ***	-9. 191 ***
Panel ADF	-7. 024 ***	-4. 376 ***	-3. 149 ***	-5. 272 ***
Group ρ	-3. 695 ***	-1. 758 **	-2. 785 ***	-1. 757 **
Group PP	-6. 516 ***	-7. 247 ***	-4. 475 ***	-6. 606 ***
Group ADF	-2. 170 ***	-2. 592 ***	-2. 338 ***	-2. 556 ***

注:***、**分别表示在 1% 和 5% 的显著性水平下拒绝不存在协整关系的原假设。

二　PVAR 估计结果及分析

本书对全国和东、中、西部地区的面板数据分别进行估计,主要使用 Stata 12.0 统计软件,并借鉴了世界银行金融研究部 L. Love 博士无偿提供的 PVAR 程序。

(一)面板矩估计(GMM)

对 4 组面板数据进行滞后阶数为 1—3 的模型估计,根据赤池信息准则(AIC)和舒瓦茨信息准则(BIC),确定各模型最佳滞后阶数分别为 2 阶、2 阶、2 阶、1 阶，具体形式为：

全国：$Y_{it} = \Phi_0 + \Phi_{i1} Y_{it-1} + \Phi_{i2} Y_{it-2} + h_i + \varepsilon_{it}$ $i = 1, 2, \cdots, 30$; $t = 1, 2, \cdots, 23$

东部：$Y_{it} = \Phi_0 + \Phi_{i1} Y_{it-1} + \Phi_{i2} Y_{it-2} + h_i + \varepsilon_{it}$ $i = 1, 2, \cdots, 11$; $t = 1, 2, \cdots, 23$

中部：$Y_{it} = \Phi_0 + \Phi_{i1} Y_{it-1} + \Phi_{i2} Y_{it-2} + h_i + \varepsilon_{it}$ $i = 1, 2, \cdots, 8$; $t = 1, 2, \cdots, 23$

西部：$Y_{it} = \Phi_0 + \Phi_{i1} Y_{it-1} + h_i + \varepsilon_{it}$ $i = 1, 2, \cdots, 11$; $t = 1, 2, \cdots, 23$

表 4 - 5　　　　全国及各地区 PVAR 模型 GMM 估计结果

全国 PVAR 模型 GMM 估计结果			
被解释变量	con	lrgdp	yd	od
L1. h_ con	0.794 ***	- 0.006 **	- 0.638	- 0.296 **
L1. h_ lrgdp	- 12.499 **	1.384 ***	- 51.215 **	- 5.257
L1. h_ yd	- 0.031	- 0.001	0.067	- 0.042
L1. h_ od	- 0.375 *	0.001	- 0.744	0.121
L2. h_ con	- 0.198 ***	- 0.001	- 0.362 **	- 0.055
L2. h_ lrgdp	9.418 **	- 0.504 ***	35.300 *	2.427
L2. h_ yd	- 0.038	- 0.001 **	0.078	- 0.044 *
L2. h_ od	- 0.236	- 0.002	- 0.922 **	0.058
东部 PVAR 模型 GMM 估计结果			
被解释变量	con	lrgdp	yd	od
L1. h_ con	0.996 ***	- 0.013 **	0.691	- 0.276
L1. h_ lrgdp	- 4.550	1.115 ***	- 38.942	10.657
L1. h_ yd	- 0.031	- 0.001	0.082	- 0.060 **
L1. h_ od	- 0.250 *	- 0.005	0.243	0.156
L2. h_ con	- 0.365 ***	0.003	- 0.591 **	- 0.031
L2. h_ lrgdp	2.622	- 0.255	29.772	7.420
L2. h_ yd	- 0.020	- 0.002 **	0.189 *	- 0.049 *
L2. h_ od	- 0.240 **	- 0.004	- 0.349	0.143

续表

中部 PVAR 模型 GMM 估计结果				
被解释变量	con	lrgdp	yd	od
L1. h_ con	0.896 ***	− 0.003	0.313	− 0.033
L1. h_ lrgdp	− 16.305 *	1.329 ***	8.005	4.652
L1. h_ yd	− 0.077	− 0.006	0.622 **	0.000
L1. h_ od	− 0.064	0.002	− 0.025	0.245
L2. h_ con	− 0.099	− 0.004 **	− 0.069	− 0.043
L2. h_ lrgdp	12.557 **	− 0.546 ***	− 1.839	− 4.161 *
L2. h_ yd	− 0.048	− 0.005	0.556 *	− 0.013
L2. h_ od	0.241	− 0.001	− 0.360	0.113
西部 PVAR 模型 GMM 估计结果				
被解释变量	con	lrgdp	yd	od
L1. h_ con	0.757	− 0.008	− 3.172	− 0.807
L1. h_ lrgdp	1.051	0.663 ***	− 22.664	− 4.754
L1. h_ yd	0.037	− 0.004 **	0.214	− 0.009

注: *** 、 ** 和 * 分别表示在1% 、5% 和10% 的水平下显著。L1. h_ 表示滞后一期，L2. h_ 表示滞后二期。

表 4 – 5 为利用 GMM 方法得到的各模型的系数估计值，部分参数估计值没有通过显著性检验，这一现象也符合 PVAR 估计常态，在国内外的 PVAR 模型估计中，大部分的参数估计值都无法通过 t 检验。[①]

（二）脉冲响应函数

根据方程（4.8），本书的 Y_{it} 包括少儿抚养比（yd）、老年扶养比（od）、人均实际 GDP 的自然对数（lrgdp）和居民消费率（con）。利用 PVAR 模型分析上述 4 个变量之间的关系最重要的是得到它们之间的脉冲响应函数。本书利用 Cholesky 分解得到这些脉冲响应函数，在 Cholesky 分解中，变量的先后顺序非常重要，因为排在前面的变量意味着只有自身的冲击才会对其产生同期影响，排在后面的变量冲击对

[①] 如 L. Love（2004），严希果等（2007），黄旭平、张明之（2007），张敬石、郭沛（2011）等学者的研究。

前面变量不能产生同期影响，只能产生滞后的影响，但排在前面变量的冲击会对后面变量产生当期影响。经济增长并不能立刻影响人口年龄结构，因为人口结构的变化是个比较缓慢的过程，但经济增长会导致未来人口结构的变化。由于人口年龄结构的变化反映了劳动年龄人口的绝对数量和相对数量，人口年龄结构的变化会直接导致平均收入水平的变化，从而对消费产生增长率效应。因此在 Cholesky 分解中，人口年龄结构变量排在前面，此后依次是人均实际 GDP 的自然对数（lrgdp）和居民消费率（con），但由于我们没有理论识别少儿抚养比 yd 和老年扶养比 od 哪个冲击在前，因此本书分两种情况进行 Cholesky 分解和讨论：{yd, od, lrgdp, con} 和 {od, yd, lrgdp, con}。

图 4 - 1 和图 4 - 2 分别显示了 {yd, od, lrgdp, con} 和 {od, yd, lrgdp, con} 两组变量 PVAR 回归后得到的脉冲响应函数，两种排序下脉冲响应函数没有明显的差异，并且我们发现无论是全国层面还是分地区层面，经济增长对于人口结构的影响具有相似性和一致性。

以图 4 - 1 为例，图 4 - 1（a）—（d）显示，lrgdp 一个正交化新息的冲击对少儿抚养比 yd 的影响一直为负，即当经济增长时，少儿抚养比会下降；而 lrgdp 一个正交化新息的冲击对老年扶养比 od 的影响，迅速由第一期的负值上升为第二期的正值，此后一直保持为正值，即伴随着经济增长，老年扶养比会上升。

经济增长会带来少儿抚养比的下降，这可以从生育动机和抚养成本两方面进行解释。在生育动机方面，家庭生育通常是为了获得物质上或者精神上的满足和享受（Ehrlich & Lui，1997），物质上的满足和享受包括未来为家庭提供更多的劳动力（Rosenzweig & Evenson，1977；Makhija，1977；Levy，1984）以及未来为父母提供养老保险（Caldwell，1976；Blackburn & Cipriani，2002；Bernheim et al.，1985；Cox，1987）。精神上的满足和享受主要是指，对于大多数父母而言，孩子是父母精神收益或者心理满足的源泉，父母在养育子女过程中会获得精神上的愉悦享受。当父母在抚养孩子上的花费小于孩子可能提供的物质收益，那么子女被看作是耐用生产品，父母养育孩子可以获

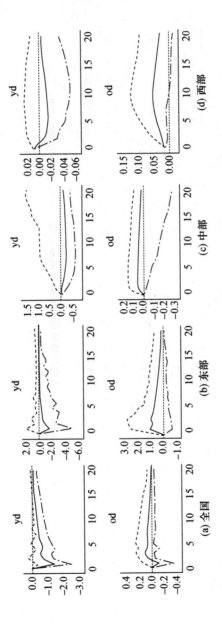

图 4-1 全国及各地区人口结构对经济增长的脉冲响应函数：{yd, od, lrgdp, con}

注：上下两条线表示 ±5% 的标准差，图 4-2 至图 4-6 同。

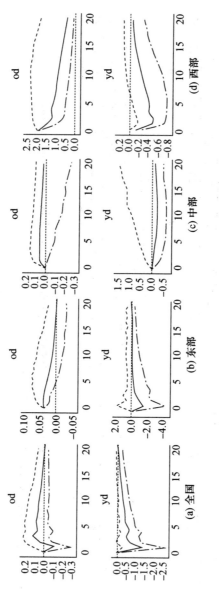

图 4-2 全国及各地区人口结构对经济增长的脉冲响应函数：{od，yd，lrgdp，con}

取正收益；相反，父母在抚养孩子上的花费大于孩子可能提供的物质收益，子女则被认为是耐用消费品进入父母的效用函数，在此情况下，父母主要从孩子上获得心理满足和精神享受。在不同经济条件下，家庭的生育动机是不同的，当经济处于落后水平时，家庭抚养孩子主要是把孩子当作耐用生产品，目的是为了将来可以从子女身上获取经济收益，从而倾向于多生孩子；而当经济发展到一定程度时，家庭抚养孩子主要是把孩子当作耐用消费品，目的是为了从子女身上寻求心理满足和精神享受，从而倾向于少生孩子。因此，随着经济增长，收入水平的提高，家庭的生育动机更青睐于把孩子当作耐用消费品，使生育率降低，从而少儿抚养比降低。

在抚养成本方面，在抚养孩子的成本中，时间机会成本是重要的组成部分。时间机会成本会影响生育时间，拥有较高人力资本和工资水平的年轻父母抚养子女的机会成本会更高，因此他们会推迟生育。更重要的是，生育的时间机会成本还会影响生育数量，虽然随着经济增长，收入增加，家庭对孩子的抚养能力增加，但如果家庭收入的增加是来自父母尤其是母亲人力资本水平和工资率的提高，而不是来自其他物质的捐赠，那么家庭抚养子女的时间机会成本则会上升，从而势必削减了家庭对子女数量的需求。因为家庭生育较多的子女时，必须花费更多的时间和精力用于照顾孩子，损失了部分在就业市场上的机会和时间，降低了家庭收入。随着经济增长，我国劳动力的人力资本水平尤其是女性劳动力的人力资本水平显著提高，这意味着抚养孩子的时间成本增加，这将抵消因收入水平和抚养能力提高对生育数量的正影响，更多的家庭会选择减少孩子数量而提高孩子质量，使生育率下降，少儿抚养比减小。

经济增长会造成老年扶养比的上升，这也是符合经济发展和人口转变规律的。自改革开放以来，中国实现了快速的经济增长，人口的健康状况得到极大改善，人口死亡率下降到较低水平，人口预期寿命不断延长。一方面，现代医疗卫生技术的不断进步，包括现代疾病控制措施的加强、抗生素的广泛使用、预防和免疫水平得到提高；另一方面，由于城市的公费医疗、农村的合作医疗、爱国卫生运动等政策措施的实行，医疗卫生条件显著改善。这些都使我国死亡率保持着持续下降的态势，而预期寿命逐步延长。经济增长使得我国增加了在健康方面的投入，带来了死亡率的降低和预期寿命的增加，与持续下降的生育率一起，推动了老龄化的进程，造成老年扶养比的上升。

图4-3和图4-4分别显示了 {yd, od, lrgdp, con} 和 {od, yd, lrgdp, con} 两种顺序 Cholescky 分解得出的少儿抚养比 yd 对居民消费率 con 的脉冲响应函数。两种顺序下脉冲响应函数相似，且全国层面和分地区层面少儿抚养比冲击对居民消费率的影响也是类似的。

以图4-3为例进行分析。少儿抚养比 yd 一个正交化新息的冲击对居民消费率 c 的影响为正，或者说，少儿抚养比的下降促使了我国居民消费率的下降，这验证了本章第一节提出的假说1：少儿抚养比减轻是居民消费需求下降的重要原因之一。在本书考察的1989—2012年，各地的少儿抚养比都呈现出逐年下降的态势，从全国来看，少儿抚养比累计下降了19.4%。结合中国实际，我们认为少儿抚养比的下降促使居民消费率下降的主要原因在于：少年儿童带来家庭很大的消费支出但却没有任何收入，由于他们只是纯消费性人口而不是生产性人口，只对消费产生贡献，因此，少儿抚养比的下降将导致居民消费率的下降。此外，还可能存在以下几个方面的原因：

一是家庭的"内部投资"或者说家庭用于抚养子女的消费支出的直接减少。虽然家庭子女数量减少时，父母对每一位子女的人力资本投资会增加，但是家庭抚养单一子女费用的增加还是不及家庭抚养多个子女费用的增加，在中国浓郁的代际抚养责任文化传统下，抚养子女的成本具有刚性，在养育子女减少的情况下，总的抚养消费支出也必然减少。

二是少儿抚养比的下降降低了家庭的"抚养机会成本"，如抚养的时间、人力物力财力等。如果家庭减少抚养子女的数量，把这些"抚养机会成本"投资于父母的人力资本，如教育、培训、健康等，父母在劳动力市场上就更具备竞争优势，更有能力获取更高的收入。因此，家庭抚养子女数量的减少，不但减少了培育孩子的刚性消费支出，还使家庭更容易集中有限的资源用于增加收入，使家庭消费率降低。

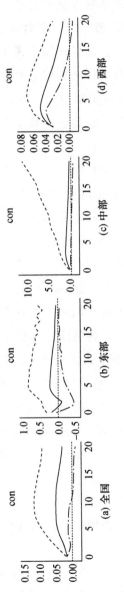

图 4－3　全国及各地区居民消费率对少儿抚养比的脉冲响应函数：{yd, od, lrgdp, con}

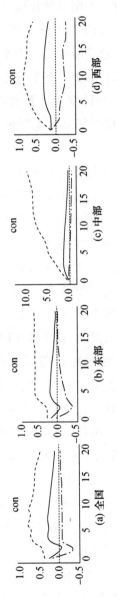

图 4－4　全国及各地区居民消费率对少儿抚养比的脉冲响应函数：{od, yd, lrgdp, con}

三是"子女养老动机"转向"储蓄养老动机"。前文生育动机的分析曾指出，父母生孩子的一个重要动机是希望自己年老以后子女能够提供养老保障，中国虽然长期以来存在着依靠家庭养老的习惯，但随着经济增长，人们观念的转变，"养儿防老"的习俗越来越淡化，在家庭抚养子女数量减少甚至为零的情况下，父母预期未来子女能提供的养老供给也会减少，会千方百计地为自己将来的养老做打算，把更多的收入和财产转变为储蓄或者其他财富积累形式，家庭会做出"储蓄养老"替代"子女养老"的内部决策，因此会在当期多储蓄而少消费。

四是中国家庭的资源配置具有明显的"倾斜配置"特征。这主要在两方面得到体现：一方面，家庭在配置资源时会考虑"优先序"，家庭在对劳动人口和被抚养人口进行资源分配时，劳动人口往往会将资源优先配置给被抚养人口。另一方面，家庭在配置资源时会考虑"远期化"，经济增长增加了教育的有效需求，现代家庭抚养孩子的成本中的教育支出是"大头"，在受教育程度普遍提高的同时，受教育年限也相应地被延长，抚养子女的消费高峰期（如高等教育支出、结婚买房等）实际上发生了后移（18—28 岁）。为适应抚养孩子的支出变化趋势，家庭在资源的当期消费和远期消费上也做出抉择，更倾向于远期消费，而远期消费的当期行为就是减少当前消费、增加当前储蓄。现实生活的表现就是，为了孩子的长远发展，大多数家庭勤俭节约，为孩子将来的教育、婚育以及事业发展等努力储蓄，压缩当期消费。

图 4 - 5 和图 4 - 6 分别显示了 {yd, od, lrgdp, con} 和 {od, yd, lrgdp, con} 两种顺序 Cholescky 分解得出的老年扶养比 od 对居民消费率 con 的脉冲响应函数。两种顺序下脉冲响应函数相似，与少儿抚养比的冲击类似，老年扶养比冲击对居民消费率的影响在全国层面和分地区层面也没有明显差异。

以图 4 -5 为例进行分析。老年扶养比 od 一个正交化新息的冲击对居民消费率 c 的影响为负，或者说，老年扶养比的上升促使了我国居民消费率的下降，这验证了本章第一节提出的假说 2：老年扶养比加重是居民消费需求下降的重要原因之一。这可以从三方面进行解释：

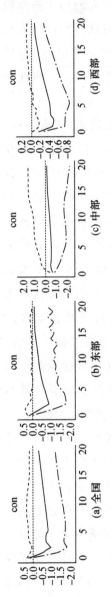

图 4-5 全国及各地区居民消费率对老年扶养比的脉冲响应函数：{yd, od, lrgdp, con}

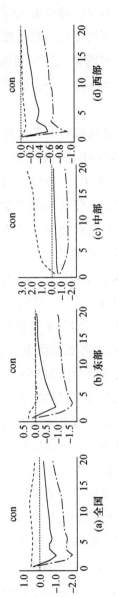

图 4-6 全国及各地区居民消费率对老年扶养比的脉冲响应函数：{od, yd, lrgdp, con}

首先，老年人口的社会生产能力要明显低于劳动年龄人口。随着年龄的增长，老年人罹患疾病的概率上升，健康状况下降，人力资本的数量方面比不过劳动年龄人口。中国的老年人经历了物质匮乏、经济增长水平低下的年代，其受教育水平普遍较低，与年轻人相比，老年人的人力资本质量也要明显落后。因此，经济中老年人口的增多，会导致人力资本存量下降，并进一步影响未来的产出，进而抑制长期居民消费。

其次，养老保障对养老储蓄有显著的替代效应。Feldstein（1974）基于1929—1971年美国数据的实证分析发现，社会保障对养老储蓄的挤出效应达到30%—50%；而何立新（2008）的研究认为，养老金财富对中国家庭储蓄的替代效应达到了30%—40%。我国的社会保障水平低下，目前社会保险的覆盖面尤其是农村社会保险的覆盖范围离全社会覆盖还有较大距离，给付水平也较低。以基本养老保险为例，2013年我国城镇职工养老保险参保率为84.25%，而农村养老保险参保率为11.87%，城镇职工养老保险参保率约为农村养老保险参保率的7.1倍。[1] 2013年城镇职工养老保险人均养老金为22970.14元/年（城镇职工养老保险基金支出/养老金领取人数），而同期农村养老保险人均养老金仅为954.73元/年，城镇养老保险的给付水平约为农村的24倍。社会保障公共供给的严重不足要求养老储蓄作为替代，居民必须减小消费支出的比重以增加养老储备。此外，养老储蓄动机还会随着预期寿命的延长、家庭规模的缩小（从而可以依赖提供养老的子女数量减少）而变得更加强烈，因为人们不得不为将来所要面临的更长的退休期生活提前进行准备。也就是说，预期寿命延长引起的人口年龄结构的变化会通过影响劳动年龄人口的消费行为而对总的居民消费产生影响。实际上，中国人口的预期寿命不断增加，1960年，中国人口的平均预期寿命仅为36.32岁，1970年提高到61.74岁，1980年进一步提高到66.84岁，尽管20世纪80年代以来，预期

---

① 根据《中国统计年鉴》（2014）公布的城镇职工基本养老保险人数、城乡居民基本养老保险人数、城镇就业人数和农村15—64岁人口数计算得到。

寿命的上升速度有所减缓，但仍保持了上升的趋势，2013 年中国人口的平均预期寿命达到了 75 岁。

最后，中国居民的储蓄有强烈的馈赠性动机。中国居民储蓄并不仅仅是为了满足养老消费，还有可能是为了实现对子女的遗赠。Kotlikoff（1981）指出，有些人很大一部分储蓄并不是为了提供养老保障，而是为了提供遗产，尤其在财富超过退休后所需要的消费时，人们更加会为后代继承财富而减少消费进行储蓄。在代际间关系密切的中国，父母把孩子的效用看得十分重要，相当数量的老人会节衣缩食，压缩消费来为子女留下更多的财产。

因此，老年扶养比变化对居民消费率的影响并不仅仅取决于老年扶养负担加重本身，而是还要取决于特殊的社会经济制度和文化背景下的养老储蓄动机、馈赠动机以及消费行为的合力。

（三）方差分解分析

脉冲响应函数分析能体现模型中各个变量对外部冲击的反应方向和反应程度，但无法比较这些外部冲击中，哪个冲击对某一个变量的影响强度更大。方差分解通过将内生变量的变动分解成各个冲击所做的贡献，进而评价每一个冲击对于各个变量的相对重要性。表 4 - 6 报告了全国及各地区 PVAR 模型的方差分析结果，由于第 30 期以后的方差分解结果已经达到稳定，因此表 4 - 6 仅列出了第 30 期的分解结果。前文脉冲响应函数的分析中，｛yd，od，lrgdp，con｝和｛od，yd，lrgdp，con｝两种顺序的估计结果并没有明显差异，因此接下来的方差分解分析以｛yd，od，lrgdp，con｝为例展开。

表 4 - 6　　　　　　全国及各地区 PVAR 模型方差分解结果

	变量	时期	yd	od	lrgdp	cp
全国	yd	30	0.685	0.163	0.054	0.097
	od	30	0.121	0.561	0.013	0.304
	lrgdp	30	0.018	0.317	0.181	0.484
	cp	30	0.018	0.246	0.058	0.678

续表

	变量	时期	yd	od	lrgdp	cp
东部	yd	30	0.827	0.042	0.046	0.085
	od	30	0.077	0.747	0.054	0.122
	lrgdp	30	0.133	0.184	0.239	0.445
	cp	30	0.041	0.304	0.008	0.647
中部	yd	30	0.482	0.074	0.006	0.439
	od	30	0.164	0.296	0.009	0.530
	lrgdp	30	0.313	0.075	0.026	0.586
	cp	30	0.163	0.047	0.030	0.761
西部	yd	30	0.686	0.213	0.004	0.097
	od	30	0.579	0.201	0.005	0.215
	lrgdp	30	0.064	0.114	0.028	0.794
	cp	30	0.094	0.094	0.021	0.792

由表4-6可以得出以下几点：第一，长期而言，所有地区消费率con的变动中，65%以上都是由其自身变动造成的，反映出中国居民的消费具有较强的惯性，居民的消费行为要受到长期以来养成的消费习惯和消费观念的影响。第二，在全国范围内和在东部地区，居民消费率除了受到自身变动影响外，老年扶养比od变动的影响也较为显著，其中东部地区老年扶养比对居民消费率变动的贡献程度达到了30.4%，这说明在较为发达的东部地区，老龄化已成为影响居民消费的重要因素；而在中部地区，少儿抚养比yd对居民消费率变动的贡献要高于老年扶养比；在西部地区，少儿抚养比和老年扶养比对居民消费率变动的贡献率大体相当。这显示出人口年龄结构对居民消费率变动的贡献存在地区差异。第三，经济增长的变动中，在全国和各个地区经济增长的变动除了受到自身的影响外，居民消费率的贡献度都超过了44%，这意味着经济增长固然有惯性，但居民消费的变动会对经济增长带来不可忽视的影响，因此，人口年龄结构的变动通过作用于居民消费，最终将影响传导到经济增长上来。

本章小结

本章在对人口年龄结构变量如何影响居民消费进行一个理论推导的基础上，搜集我国 1989—2012 年省际面板数据，构建 PVAR 模型，分别以全国、东部、中部、西部为研究对象，实证研究了人口年龄结构、居民消费率和经济增长三者之间的关系。发现无论是在全国还是在东、中、西部地区，上述三者之间的关系都具有一致性，并得出了几个主要结论：第一，经济增长会带来少儿抚养比的下降和老年扶养比的上升，原因主要包括经济增长使子女的"耐用消费品"特征凸显和抚养成本加重，造成生育率下降，而经济增长带来的生活水平提高和预期寿命延长造成了老年扶养比上升。第二，少儿抚养比的下降促使了我国居民消费率的下降，原因主要包括：家庭"内部投资"的减少、家庭"抚养机会成本"的降低、"子女养老动机"向"储蓄养老动机"的转变、家庭资源配置的"倾斜配置"特征四个方面。第三，老年扶养比的上升促使了我国居民消费率的下降，原因表现在：老年人口的社会生产能力低、养老保障对养老储蓄的替代效应、老年人的馈赠性动机等方面。

第五章 人口年龄结构与居民消费倾向

在针对居民消费不足的研究中，因观察视角的不同，对消费需求不足采用的衡量指标也不同，衡量消费需求常用的两个指标是：居民消费率和居民平均消费倾向。居民消费率是最终消费率的组成部分，最终消费率是最终消费（包括政府消费和居民消费）占 GDP 的比重，居民消费率是居民消费占 GDP 的比重，在中国的政府消费率长期较平稳的情况下，居民消费率实际上可以反映消费与投资（积累）的比例协调关系，其变动可以用于衡量消费对经济增长的贡献，是刻画居民消费不足的较为常用的宏观指标。居民平均消费倾向是居民的消费和收入的比值，直接反映了居民相对于个人可支配收入的消费支出状况，由于居民消费是以收入而不是以 GDP 为参考基准，因此居民平均消费倾向更侧重于反映居民的消费行为，与居民消费率相比，居民平均消费倾向是一个从中观层面反映居民消费需求的指标。第四章从居民消费率的角度分析了人口年龄结构对中国居民消费不足的影响，但受限于数据以及方法，我们并没有分城乡进行研究，考察的变量也十分有限。中国是一个特殊的二元经济国家，城镇居民和农村居民的消费行为具有本质的区别，对城乡地区分别进行研究是十分必要的，因此，本章将以居民平均消费倾向作为居民消费行为的代理变量，从中观层面探讨人口年龄结构对居民消费需求的影响，并对城镇居民和农村居民分别进行讨论，以在第四章的基础上把研究推向纵深。

第一节　理论推导与研究方法

一　理论推导

把居民的一生根据年龄划分为三个阶段：少年阶段（0—14 岁）、青壮年阶段（15—64 岁）和老年阶段（65 岁及以上）。由于居民在少年和老年阶段属于被扶养者，他们几乎不进行社会生产活动，其消费主要由青壮年提供。虽然一部分老年人依靠储蓄或者退休工资生活，但储蓄只是货币符号，也不是实物，储蓄和退休工资只能改变社会产品的分配方式，并不能改变老年人不参加社会生产活动的事实。根据居民不同年龄阶段的生产特征，本书可以假设：（1）创造者通过获取工资的方式拥有所有的社会产品；（2）少年、老年人依靠中青年人生活，由中青年人供养，没有任何资产和储蓄；（3）在单位时间内，少年的消费和老年人的消费与中青年人消费之比分别是一个固定的常数；（4）由于每一代人都是依靠下一代人养老，因此在青壮年时，人们不为养老预先储蓄；（5）货币中性；（6）不存在可以长期保存的消费产品。

假设消费者效用函数为 $U_t(c_t)$，c_t 为消费，下标 t 表示时间。$U'_c > 0$，$U''_c < 0$，即该效用函数符合严格的边际效用递减规律，为了简化分析，假设消费者具有相对风险规避系数不变的效用函数：

$$U_t = \frac{c_t^{1-\theta}}{1-\theta}。$$

中青年的劳动收入不仅支付自身的消费，还要负担少儿（子女）、老年人（父母）的消费，用 μ_t^y、μ_t^o 分别表示少儿人口扶养比和老年人口扶养比。c_t^m 为一个中青年人的消费，一个少年的消费为 $c_t^y = f_y c_t^m$，f_y 为常数，表示单位时间内一个少年的消费占中青年消费的比重；同理，一个老年人的消费为 $c_t^o = f_o c_t^m$，f_o 为常数。p_t 表示价格，w_t 表示工资。如果中青年阶段时间跨度为 T，且在 T 期末资产和储蓄为零，那么消费者消费行为可以描述为：

$$\max U = \sum_{t=0}^{T} \left[\frac{(c_t^m)^{1-\theta}}{1-\theta} \right] \frac{1}{\rho^t} \tag{5.1}$$

$$\text{s. t.} \sum_{t=1}^{T} \left(p_t c_t^m (1 + \mu_t^y f_y + \mu_t^o f_o) \right) \times \frac{1}{(1+r)^t} = \sum_{t=1}^{T} \frac{w_t}{(1+r)^t} \tag{5.2}$$

其中，ρ 表示时间偏好系数，r 表示利率，本书假设利率为常数。拉格朗日函数为：

$$L = \sum_{t=0}^{T} \left[\frac{(c_t^m)^{1-\theta}}{1-\theta} \right] \frac{1}{\rho^t} - \lambda \left\{ \begin{array}{l} \sum\limits_{t=1}^{T} \left(p_t c_t^m (1 + \mu_t^y f_y + \mu_t^o f_o) \right) \\ \times \dfrac{1}{(1+r)^t} - \sum\limits_{t=1}^{T} \dfrac{w_t}{(1+r)^t} \end{array} \right\} \tag{5.3}$$

最优化一阶条件为：

$$(c_t^m)^{-\theta} \times \lambda p_t (1 + \mu_t^y f_y + \mu_t^o f_o) \times \frac{1}{(1+r)^t} = 0, t = 1, 2, \cdots, T \tag{5.4}$$

$$\sum_{t=1}^{T} \left(p_t c_t^m (1 + \mu_t^y f_y + \mu_t^o f_o) \right) \times \frac{1}{(1+r)^t} = \sum_{t=1}^{T} \frac{w_t}{(1+r)^t} \tag{5.5}$$

进一步化简得：

$$\frac{c_1^m}{c_2^m} = \left(\frac{p_2}{p_1} \times \frac{\rho}{1+r} \times \frac{1 + \mu_t^y f_y + \mu_t^o f_o}{1 + \mu_{t-1}^y f_y + \mu_{t-1}^o f_o} \right)^{\frac{1}{\theta}} \tag{5.6}$$

为了得到 c_t^m 的显化解，进一步简化模型，假设 T = 2，则模型为：

$$\frac{c_1^m}{c_2^m} = \left(\frac{p_2}{p_1} \times \frac{\rho}{1+r} \times \frac{1 + \mu_2^y f_y + \mu_2^o f_o}{1 + \mu_1^y f_y + \mu_1^o f_o} \right)^{\frac{1}{\theta}} \tag{5.7}$$

$$\sum_{t=1}^{2} \left(p_t c_t^m (1 + \mu_t^y f_y + \mu_t^o f_o) \right) \times \frac{1}{(1+r)^t} = \sum_{t=1}^{2} \frac{w_t}{(1+r)^t} \tag{5.8}$$

令 $\dfrac{c_1^m}{c_2^m} = k$ ，解为：

$$c_1^m = \frac{w_1(1+r) + w_2}{p_1(1 + \mu_1^y f_y + \mu_1^o f_o)(1+r) + p_2 \dfrac{(1 + \mu_2^y f_y + \mu_2^o f_o)}{k}} \tag{5.9}$$

$$c_2^m = \frac{w_1(1+r) + w_2}{p_1 k (1 + \mu_1^y f_y + \mu_1^o f_o)(1+r) + p_2 (1 + \mu_2^y f_y + \mu_2^o f_o)} \tag{5.10}$$

根据 $c_t^o = \mu_t^o f_o c_t^m$，$c_t^y = \mu_t^y f_y c_t^m$，以第一期消费为例，每个中青年个体负担消费为：

$$c_1 = c_t^y + c_t^m + c_t^o = (1 + \mu_1^y f_y + \mu_1^o f_o) c_1^m \tag{5.11}$$

$$c_1 = \frac{w_1(1+r) + w_2}{p_1(1+r) + p_2 \times \left(\dfrac{p_2}{p_1} \times \dfrac{\rho}{1+r}\right)^{-\frac{1}{\theta}} \times \left(\dfrac{1 + \mu_2^y f_y + \mu_2^o f_o}{1 + \mu_1^y f_y + \mu_1^o f_o}\right)^{1-\frac{1}{\theta}}} \tag{5.12}$$

依据假设，w_1 是第一期社会创造的全部产品，那么全社会的平均消费倾向为：

$$\frac{c_1}{w_1} = \frac{(1+r) + w_2/w_1}{p_1(1+r) + p_2 \times \left(\dfrac{p_2}{p_1} \times \dfrac{\rho}{1+r}\right)^{-\frac{1}{\theta}} \times \left(\dfrac{1 + \mu_2^y f_y + \mu_2^o f_o}{1 + \mu_1^y f_y + \mu_1^o f_o}\right)^{1-\frac{1}{\theta}}} \tag{5.13}$$

由消费函数定义可知，$\theta < 1$，$1 - \dfrac{1}{\theta} < 0$，$c_t$ 与 μ_t^y、μ_t^o、w_t 呈正向关系，与 p_t、r_t 呈反向关系，平均消费倾向 $\dfrac{c_t}{w_t}$ 会受到少儿人口抚养比 μ_t^y 和老年人口扶养比 μ_t^o 变动的影响。因此，可以建立中国居民消费函数为：$c = f(w, p, r, \theta, \rho, f_y, f_o)$。

二　研究方法介绍

居民的消费行为会受到消费习惯的影响，从而具有消费惯性（consumption inertia）。消费惯性通常以消费模型中加入消费的一期滞后项来表示，因此，通过加入滞后一期居民平均消费倾向，静态模型就扩展为动态模型。动态面板模型的基本形式为：

$$cp_{it} = \delta cp_{it-1} + X'_{it}\beta + \mu_i + \varepsilon_{it} \tag{5.14}$$

在上式中，cp_{it} 为被解释变量，本书中即为居民平均消费倾向；X_{it} 为一组解释变量组成的向量；μ 为非观测截面个体效应；ε_{it} 为随机扰动项；i 表示第 i 个样本，$i = 1, 2, \cdots, N$；t 表示时间，$t = 1, 2, \cdots, T$。

动态面板数据模型通过控制固定效应避免了遗漏变量的问题，也较好地解决了反向因果的问题，但由于解释变量的一阶滞后项作为解释变量加入了模型，从而有可能导致解释变量与随机扰动项相关，带来模型的内生性问题。经典的最小二乘法估计（OLS 估计）要求模型的随机扰动项是独立同分布的，并且与其他解释变量不相关，因此动态面板模型如果采用传统的最小二乘法估计（OLS）将产生偏差，导致参数估计值是有偏的、非一致的，那么用于解释经济现象也是不可靠的。为解决上述问题，在 Arellano 和 Bond（1991）、Arellano 和 Bover（1995）、Blundell 和 Bond（1998）等学者的不断探索下，广义矩估计（Generalized Method of Moments，GMM）应运而生。

GMM 估计方法包括差分 GMM 估计和系统 GMM 估计。Arellano 和 Hsiao 提出："在一阶差分消除随机效应后，可以用滞后被解释变量更远的滞后期或者被解释变量的差分来作为动态面板模型中滞后被解释变量的工具变量。"[①] Arellano 和 Bond（1991）在这个思想的启发下，在一定条件下设置差分值的工具变量，由此发展出差分广义矩估计方法（difference - GMM），差分 GMM 能有效地克服模型的内生性问题以及解决残差项的异方差问题，因为通过差分可以消除非观测截面的个体效应。但差分的缺陷在于：在解决内生性和异方差问题的同时，还会导致弱工具变量问题的产生，因为差分也消除了某些不随时间变化的变量，因此差分 GMM 估计并非在任何场合都是有效估计量。于是，Arellano 和 Bover（1995）、Blundell 和 Bond（1998）进一步对差分 GMM 进行完善，提出系统广义矩估计（system - GMM）方法，通过增加一个矩条件——被解释变量差分的滞后项与随机误差相正交，使得系统 GMM 成为一种受矩条件约束的参数估计方法。Blundell 和 Bond（1998）以蒙特卡洛法证明了系统 GMM 估计克服差分 GMM 估计在小样本中存在偏差的问题，提高了估计的一致性和有效性。

Stephen 等（2001）指出："系统 GMM 的原理是运用工具变量产生相应的矩条件方差，对估计方差一阶差分，选取合适的工具变量并产生相应的矩条件方程，消除固定效应的影响，再用一组滞后的解释变量作为差分方程中相应变量的工具变量，从而获得一致性估计，该

---

① Anderson T. W., Hsiao C., "Formulation and estimation of dynamic models using panel data", *Journal of Econometrics*, 1982, 18（1）: 47 - 82.

方法不需要知道随机误差项的准确分布信息，允许随机误差项存在异方差和序列相关，因而所得到的参数估计量比其他参数估计方法更为有效。"[①]

对式（5.14）进行一阶差分得到 Arellano 和 Bond（1991）提出的差分 GMM 估计：

$$\Delta cp_{it} = \alpha \Delta cp_{it-1} + \beta \Delta X_{it} + \Delta \varepsilon_{it} \tag{5.15}$$

在此基础上，采用下列矩条件：

$$f(\alpha) = \sum_{i=1}^{n} f_i(\alpha) = n \sum_{i=1} z'_i \varepsilon_i(\alpha) \tag{5.16}$$

其中，z'_i 即为所选取的工具变量向量，残差项 $\varepsilon_i(\alpha)$ 的表达式为：

$$\varepsilon_i(\alpha) = \Delta cp_{it} - \alpha_1 \Delta cp_{it-1} - \sum_{i=1}^{n} \alpha_i \Delta X_{it-1} \tag{5.17}$$

设置目标函数：

$$S(\alpha) = \left[\sum_{i=1}^{n} z'_i \varepsilon_i(\alpha) \right]' H \left[\sum_{i=1}^{n} z'_i \varepsilon_i(\alpha) \right] = f(\alpha)' H f(\alpha) \tag{5.18}$$

其中，权重矩阵 H 为正定阵，在目标函数（5.18）达到极小值时的参数估计量，即为系统 GMM 估计量。

在对动态面板模型进行 GMM 估计时，通常利用 Hansen 检验和 AR（2）统计量来判断工具变量是否有效，以及差分残差是否存在二阶序列相关。其中，Sargan 检验可以判断模型是否过度识别以及工具变量的有效性（原假设为工具变量与内生变量相关而与误差项不相关，即工具变量是外生的）；AR（2）统计量则可以检验差分残差的二阶序列相关性（原假设为一阶差分方程所得出的残差项不存在二阶序列相关）。

---

① 转引自徐晓飞《人口老龄化对我国 GDP 及其构成的影响》，博士学位论文，东北财经大学，2012 年。

第二节　人口年龄结构变动对城镇居民消费倾向的影响研究

一　模型设定及数据描述

（一）模型的设定

1. 基本模型

本章的主要目的在于考察人口结构变化对居民消费倾向的影响，因此，在居民消费模型中加入反映人口构成的变量：少儿抚养比（uyd）、老年扶养比（uod）和性别比（ugender），其中少儿抚养比为0—14 岁人口占 15—64 岁人口比重；老年扶养比为 65 岁及以上人口占 15—64 岁人口比重，性别比由女性人口/男性人口表示，本书的基本模型表述如下：

$$ucp_{it} = \beta_0 + \beta_1 uyd_{it} + \beta_2 uod_{it} + \beta_3 ugender_{it} + u_i + \varepsilon_{it} \tag{5.19}$$

其中，下标 i 表示地区，t 代表时间，u_i 表示不可观测的地区个体效应，ucp_{it} 表示 i 地区城镇居民在时期 t 的平均消费倾向，用城镇居民人均消费支出与人均可支配收入之比计算得到。

2. 扩展模型

基本模型给出了人口结构变动影响居民消费倾向的简化式，但由于影响居民消费倾向的因素很多，仅考虑人口结构与消费倾向关系，必然使很多因素归于残差之中，因此，本书采用 Kraay（2000）提出的简约型计量模型，同时将人口结构作为本书的考察对象，而将其他一系列变量均作为控制变量，来探讨人口结构对居民消费倾向的影响。扩展模型如下：

$$ucp_{it} = \beta_0 + \beta_1 uyd_{it} + \beta_2 uod_{it} + \beta_3 ugender_{it} + \gamma X_{it} + u_i + \varepsilon_{it} \tag{5.20}$$

其中，X_{it} 为一系列控制变量。经过对控制变量进行认真筛选，最终将 X_{it} 确定为这样一组控制变量：

（1）城镇居民人均可支配收入（uinc）。随着收入分配制度改革，劳动者报酬在 GDP 中的份额过小，居民收入增长落后于经济增长，造成有效需求不足，因此，居民实际收入水平与居民消费行为密切相关。为了剔除价格变动的影响，换算为以 2000 年为基期的不变价格。

（2）城镇居民人均储蓄存款余额（uck）。由于中国的金融市场仍然处于较落后水平，储蓄存款是目前居民持有财富的重要形式，因此选用城镇居民的人均储蓄存款余额来衡量城镇居民的财富水平，在加入模型进行分析前，换算为以 2000 年为基期的不变价格。

（3）通货膨胀率（up）。在较高的通货膨胀水平下，居民倾向于通过提前购买商品来抵御通货膨胀带来的损失，因此有利于刺激消费，但较高的通胀水平也会阻碍经济增长，从而影响收入和消费，综合考虑通胀的性质、水平、持续时间等复杂因素，它对居民消费行为的影响具有较大的不确定性。通货膨胀率的计算是根据环比的居民消费价格指数（上期 = 1）减 1 得到。

（4）平均受教育年限（uedu）。受教育经历是影响劳动者人力资本水平的决定性因素，居民的受教育水平对家庭消费投资发挥着重要的影响。平均受教育年限的计算公式为：$edu = x_1 \times 6 + x_2 \times 9 + x_3 \times 12 + x_4 \times 16$。其中 x_1、x_2、x_3、x_4 分别为小学、初中、高中和大专以上教育程度人口占 6 岁及以上人口的比重。

（5）养老保险覆盖率（odbx）。社会保障的不健全是预防性储蓄动机或谨慎性储蓄动机的重要原因，这会影响到居民消费倾向。在现有的各种统计指标中，难以找到有可靠数据支撑的能衡量社会保障水平的指标，经过选择，本章将养老保险覆盖率作为社会保障水平的代理变量。养老保险覆盖率通过供款人数占劳动年龄人口的比重计算得到。

3. 动态模型

在居民消费函数中，必须考虑居民的消费习惯，因为居民的消费习惯具有较强的路径依赖性，本章通过被解释变量（居民平均消费倾向）的一阶滞后项来反映消费惯性，构建的动态面板数据模型如下：

$$ucp_{it} = \delta ucp_{it-1} + X'_{it}\beta + \mu_i + \varepsilon_{it} \qquad (5.21)$$

式中，ucp_{it-1} 为地区 i 的城镇居民在 $t-1$ 期的平均消费倾向。由于解释变量包含了滞后的被解释变量，有可能带来模型的内生性和识别性偏误问题，本章将采用广义矩估计方法（GMM），通过引入工具变量来克服这些问题。

（二）数据来源及描述

本书的数据来自中国大陆 29 个省、市、区 1995—2012 年的省际面板数据，由于重庆较晚成立为直辖市，缺少 1997 年之前的数据，西藏的统计数据缺失也较为严重，因此本部分的分析没有将这两个地区包括在内。[①] 城镇居民消费支出、城镇居民人均可支配收入、城镇居民消费价格指数来自 1996—2013 年《中国统计年鉴》，城镇居民人均储蓄存款余额来自 1996—2013 年《中国金融年鉴》，少儿抚养比、老年扶养比、女性人口比重、劳动年龄人口、居民受教育程度数据来源于 1996—2013 年《中国人口和就业统计年鉴》，各地区养老保险参保人数来源于 1996—2013 年《中国劳动统计年鉴》。

表 5-1 给出了所有变量的描述性统计结果。从表 5-1 可以看到，城镇居民的平均消费倾向从 1995 年的 82.67% 下降到 2012 年的 68.71%，28 年间的平均水平为 76.07%，无论是从横截面还是时间序列角度分析，中国城镇居民的平均消费倾向都呈现出下降的趋势。

从解释变量的角度来看，由于我国还处于人口红利期，城镇的少儿抚养比在 1995—2012 年大约下降了 11 个百分点，而老年扶养比上升了 2 个百分点，说明中国严格的人口政策下，人口转变向"少子化"发展，而随着庞大的劳动年龄人口逐渐过渡到老年人口，"老龄化"的趋势也逐渐加强。在 1995—2012 年，城镇居民的收入和财富水平都有了较明显的增长，无论是人均可支配收入还是人均储蓄存款都增长到超过原来的 2 倍。与此同时，城镇居民的平均受教育水平和养老保险覆盖率都有了全面的提升。

---

① 把重庆市剔除而不是采取第四章中用四川省 1995 年和 1996 年相关数据替代的做法，主要是考虑到本章涉及的变量较多，全部用四川省数据替代重庆市有可能造成估计结果的偏差。

表 5 - 1　　　　　　　　　城镇样本变量的描述性统计

变量	符号	1995 年		2012 年		1995—2012 年	
		均值	标准差	均值	标准差	均值	标准差
居民平均消费倾向（%）	cp	82. 67	2. 63	68. 71	4. 78	76. 07	5. 60
少儿抚养比（%）	yd	30. 83	4. 10	19. 12	4. 86	23. 55	5. 99
老年扶养比（%）	od	8. 80	2. 49	10. 65	1. 74	10. 80	2. 55
女性比重（%）	gender	51. 73	0. 60	48. 98	1. 08	49. 92	1. 08
人均可支配收入（元）	inc	4763. 71	1404. 60	17812. 17	5159. 18	9539. 97	5082. 64
人均储蓄存款余额（万元）	ck	0. 74	0. 41	3. 49	1. 97	1. 90	1. 46
通货膨胀率（%）	p	17. 08	2. 05	2. 73	0. 38	3. 16	4. 40
平均受教育年限（年）	edu	8. 42	0. 60	10. 11	0. 64	9. 17	0. 82
养老保险覆盖率（%）	odbx	28. 52	15. 34	39. 38	15. 98	32. 36	12. 07

资料来源：《中国统计年鉴》、《中国金融年鉴》、《中国人口和就业统计年鉴》、《中国劳动统计年鉴》（1996—2013）。

二　模型的估计及结果分析

（一）数据的平稳性检验

与第四章类似，为了避免"伪回归"问题的出现，在对面板数据模型进行估计前，应检验各变量的平稳性。

表 5 - 2　　　　　　　　城镇样本变量的平稳性检验结果

变量	LLC	Breitung	IPS	ADF - Fisher	PP - Fisher	平稳性
uyd	- 6. 090 ***	- 10. 357 ***	- 4. 941 ***	135. 990 ***	184. 749 ***	平稳
uod	- 7. 641 ***	- 4. 529 ***	- 5. 976 ***	132. 914 ***	153. 429 ***	平稳
ucp	- 5. 175 ***	- 2. 056 **	- 3. 983 ***	103. 789 ***	98. 542 ***	平稳
up	- 7. 698 ***	- 2. 374 ***	- 11. 299 ***	225. 882 ***	629. 730 ***	平稳
odbx	- 1. 723 **	- 1. 382 *	- 1. 916 **	83. 534 **	161. 684 ***	平稳
uedu	- 10. 409 ***	- 2. 127 **	- 4. 704 ***	111. 811 ***	117. 681 ***	平稳
ugender	- 11. 165 ***	- 4. 261 ***	- 9. 537 ***	188. 634 ***	267. 163 ***	平稳
uinc	2. 519	14. 726	11. 015	6. 638	17. 625	不平稳
Δuinc	- 8. 574 ***	- 9. 422 ***	- 9. 009 ***	177. 706 ***	216. 818 ***	平稳

续表

变量	LLC	Breitung	IPS	ADF – Fisher	PP – Fisher	平稳性
uck	− 1. 466	8. 688	2. 546	61. 137	70. 811	不平稳
Δuck	− 18. 103 ***	− 8. 998 ***	− 15. 330 ***	284. 066 ***	399. 215 ***	平稳

注: ***、** 分别表示1%和5%的显著性水平。检验的原假设为: 变量存在单位根。变量前加"Δ"表示对变量做一阶差分。检验形式为: 包括截距项和趋势项。

表 5 - 2 报告了城镇样本变量的平稳性检验结果, 从中可以看到, 除了人均可支配收入 (uinc) 和人均储蓄存款余额 (uck) 这两个变量为 I (1) 序列外, 其余变量均为平稳序列。进一步对 uinc 和 uck 进行协整检验, 结果如表 5 - 3 所示, 除了 Panel ν 检验以外, 其余 6 个检验拒绝了"变量间不存在协整关系"的原假设, 可以认为变量 uinc 和 uck 之间存在协整关系, 于是进一步加入其余平稳的变量进行面板模型的估计不会出现"伪回归"现象。

表 5 - 3 城镇样本变量的协整检验

统计量	检验结果
Panel ν	− 2. 001
Panel ρ	− 7. 320 ***
Panel PP	− 15. 902 ***
Panel ADF	− 9. 875 ***
Group ρ	− 2. 059 **
Group PP	− 8. 801 ***
Group ADF	− 7. 888 ***

注: ***、** 分别表示在 1% 和 5% 的显著性水平下拒绝不存在协整关系的原假设。

(二) 对模型的估计

在对模型 (5.21) 进行估计时, 可能面临两个问题: 首先, 为了兼顾居民消费行为的惯性, 我们在模型中加入了被解释变量的一期滞后项作为解释变量, 这可能使被解释变量受其一期滞后值影响而造成自相关, 此外, 由于居民消费行为会受到一些观察不到的各地区特征

（如文化习俗）的影响，这在模型中将导致居民平均消费倾向的一期滞后值 cp_{it-1} 与残差项 ε_{it} 存在相关性，带来内生性问题；其次，模型（5.21）解释变量中的人均可支配收入以及人均储蓄存款等变量和居民平均消费倾向之间可能存在双向因果关系，进而产生联立内生性问题，根据前文的介绍，为了克服这些问题，本书将在计量分析中使用 GMM 方法进行估计。

本书将平均消费倾向的一期滞后值、人均可支配收入和人均储蓄存款作为内生变量；而少儿抚养比、老年扶养比、女性比重由于受到人口惯性和国家政策的影响较大，其外生性较强，故将这三个变量视为外生变量，此外我们还将地区虚拟变量也设为外生变量；而其他解释变量均设置为前定变量，允许其弱外生性存在，并将其滞后值作为系统内部的工具变量来解决联立内生性问题。

表 5-4 和表 5-5 给出了基本模型、扩展模型和动态模型的估计结果。从基本模型的估计结果来看，少儿抚养比和女性比重的上升对居民平均消费倾向产生的是正影响，但少儿抚养比并未通过显著性检验，而老年扶养比产生的是负影响。扩展模型在基本模型中进一步加入人均可支配收入、人均储蓄存款、通货膨胀率、平均受教育年限、养老保险覆盖率等潜在解释变量以检验基本模型识别的稳健性，在扩展模型中，少儿抚养比的估计系数仍为正并通过了显著性检验，老年扶养比和女性比重系数估计的符号以及显著性并未发生改变，但少儿抚养比和女性比重的系数估计值比基本模型要显著减小，扩展模型的组内 R^2 比基本模型显著提高，说明仅考虑人口结构变量并不能完整反映少儿抚养比和老年扶养比对居民消费行为的影响，必须加入其他控制变量进行估计。

表 5-4　　　　　　　　城镇样本静态模型估计结果

解释变量	被解释变量：城镇居民平均消费倾向			
	基本模型（固定效应）	基本模型（随机效应）	扩展模型（固定效应）	扩展模型（随机效应）
少儿抚养比	0.665	0.597	0.005 ***	0.020 ***

续表

解释变量	被解释变量：城镇居民平均消费倾向			
	基本模型（固定效应）	基本模型（随机效应）	扩展模型（固定效应）	扩展模型（随机效应）
老年扶养比	− 0.131 **	− 0.114 ***	− 0.232 ***	− 0.206 ***
女性比重	1.133 ***	1.317 ***	0.539 ***	0.570 ***
人均可支配收入		− 0.001 ***	− 0.001 ***	
人均储蓄存款		0.114	0.192	
通货膨胀率		0.031 *	0.040 **	
平均受教育年限		− 0.335 ***	− 0.325 ***	
养老保险覆盖率		0.028 **	0.035 **	
组内 R²	0.53	0.53	0.73	0.72
样本容量	522	522	522	522

注：***、**、*分别表示在1%、5%和10%的显著性水平下通过检验。

表 5 – 5 城镇样本动态模型估计结果

解释变量	被解释变量：城镇居民平均消费倾向			
	差分 GMM 估计（一步）	差分 GMM 估计（两步）	系统 GMM 估计（一步）	系统 GMM 估计（两步）
滞后一期被解释变量	0.669 ***	0.485 ***	0.747 ***	0.502 ***
少儿抚养比	0.031 **	0.071 *	0.076 *	0.095 *
老年扶养比	− 0.179 **	− 0.301 **	− 0.194 **	− 0.293 **
女性比重	0.282 ***	0.247 ***	0.173 ***	0.112 ***
人均可支配收入	− 0.011 **	− 0.009 **	− 0.013 **	− 0.007 **
人均储蓄存款	− 0.147	− 0.084	− 0.062	− 0.067
通货膨胀率	− 0.074 ***	− 0.074 ***	− 0.053 ***	− 0.041 ***
平均受教育年限	− 0.368 ***	− 0.495 ***	− 0.198 ***	− 0.371 ***
养老保险覆盖率	0.011 *	0.020 **	0.014 **	0.025 *
AR（2）检验 p 值	0.177	0.110	0.131	0.132
Sargan 检验 p 值	0.624	0.645	0.674	0.795
样本容量	464	464	493	493

注：***、**、*分别表示在1%、5%和10%的显著性水平下通过检验。

为了进一步地体现居民消费行为的惯性，在扩展模型的基础上加入平均消费倾向的一期滞后项作为解释变量进行动态模型的估计，在表5-5中，分别运用差分GMM和系统GMM进行了估计。通常而言，Sargan统计量对应的P值越大，越能说明工具变量的有效性，Sargan检验的原假设为：工具变量组合是外生的。在差分GMM估计下，Sargan检验的P值虽然远大于0.05，因此不能拒绝工具变量联合有效性的原假设，但与系统GMM相比，差分GMM估计下Sargan检验的P值明显较小，说明系统GMM使估计效果得到了大大改进，在系统GMM估计下，AR（2）的P值也远大于0.05，这说明一阶差分方程中的残差不存在自相关，符合矩条件有效估计的要求，因此，对于本书构建的动态模型，系统GMM估计要优于差分GMM估计，最后，还需要确定是采用一步估计（one step）还是两步估计（two step），在一般情况下，两步估计的标准协方差矩阵能更好地处理自相关和异方差问题，因此，本书最终采用两步系统GMM估计的结果进行分析。

（三）估计结果的分析

1. 人口年龄结构变量的分析

两步系统GMM的估计结果显示（表5-5的最后一列），少儿抚养比在10%的水平上显著为正，表明少儿抚养负担对城镇居民平均消费倾向有显著正影响，根据估计结果，少儿抚养比每下降1%，居民平均消费倾向就下降0.095%左右，在样本期内，各地区的少儿抚养比都呈现出逐年递减的趋势，这说明少儿抚养比的下降是导致我国城镇居民平均消费倾向下降的重要因素之一，这一结论支持了生命周期假说，并与袁志刚（2000）、王德文（2004）等的研究结论大致吻合。那么为什么少儿抚养比的下降会导致城镇居民平均消费倾向降低呢？本书认为主要有以下几个方面的原因：

一是正如第四章所提到的，家庭抚养孩子的消费支出具有"刚性"。家庭的总消费开支可以近似地被看作是抚养子女数量的正函数，生育孩子数量的减少大大节约了家庭的消费开支，而孩子数量的减少有利于父母从繁重的照顾子女的任务中解脱出来，将更多的时间和精力用于社会再生产过程，为家庭争取更高的收入，因此，少儿抚养比的下降不但使家庭的消费支出减少，还有可能使家庭的收入增加，这种双向作用使居民的平均消费倾向降低了。在中国，少儿抚养比对居民平均消费倾向的作用更有其现实背景，中国实行严格的计划生育政策以来，对中国家庭尤其是城镇家庭的生育决策产生了剧烈的冲击，城镇家庭生育孩子的数量明显下降，城镇家庭用于抚养孩子的即期费用相应减少，这是少儿抚养比的下降导致城镇居民平均消费倾向降低的原因之一。

二是"养儿防老"传统思想的影响仍然存在。萨缪尔森（1958）的家庭储蓄需求模型指出，孩子是家庭储蓄的替代品，家庭中子女数量越多，父母对未来的生活保障就越持乐观态度，家庭的预防性储蓄动机就越弱，家庭收入中用于即期消费的比例也就越高；反之，子女数量越少，父母的储蓄动机就越强，消费倾向就越低。虽然"养儿防老"的传统思想在城镇地区已经大大弱化，但子女仍是家庭中的重要投资品，家庭中子女数量的减少，增加了父母对未来预期的不确定性，在中国人口政策下出现的越来越多的"失独家庭"、"失独老人"的社会现象，更加加重了父母对未来风险的预期。为了使自己老有所养，或者为了减轻子女成年后的养老负担，在家庭子女数量减少的情况下，父母会从当期收入中储蓄更多的钱来为未来提供保障，因此平均消费倾向会降低。

三是在中国，子女向来在家庭中处于至高无上的地位，子女数量的减少，使家庭养育子女的观念由"数量导向"转变为"质量导向"，随着社会竞争加剧，父母更加注重对子女的投资。为了提升子女将来在就业市场和婚姻市场上的竞争力，中国的大多数父母都会在子女刚出生时就做出为将来孩子的发展进行储蓄的准备，这会抑制现期消费，造成消费倾向的降低。在中国，由于实行特殊的人口政策，居民未来的养老问题必须依靠数量较少的劳动年龄人口来解决，为了使有限的劳动力足以支撑庞大的老龄化人口，必须要求未来的劳动生产率实现显著提高，这对未来劳动力的人力资本水平提出了新的挑战，因此，在少儿抚养比下降时，居民只能选择限制消费行为，为将来子女人力资本水平的提高装备更多的资本。

四是根据前文表 5 – 1 提供的信息，我国城镇居民的受教育年限不断延长，子女受教育时间的延长意味着他们参加工作的时间往后推迟了，这相应地增加了子女的"被抚养年限"，在城镇地区，虽然很多年轻人按照年龄划分已经归入劳动年龄人口的队列，但父母仍旧需要为其生活、教育的费用提供经济支持，导致家庭的消费行为更为谨慎，这也是少儿抚养比下降导致居民平均消费倾向下降的一个原因。

本书关注的另外一个人口年龄结构变量老年扶养比（od）对居民平均消费倾向的影响为负，且在 5% 的水平上通过了显著性检验，老年扶养比每上升 1 个百分点，将引起居民平均消费倾向下降 0.293 个百分点，从系数的估计值比较，老年扶养比对城镇居民消费倾向的影响要强于少儿抚养比。老年扶养比对城镇居民平均消费倾向产生的是负向的影响，这与生命周期理论并不相符，这需要结合中国的现实背景，从我国居民的预防性储蓄动机和战略性馈赠动机等方面进行剖析。

一方面，在样本期内，虽然城镇地区的养老保险覆盖率有了显著提高，但不可否认的是，我国社会保障仍处于不完善和不健全的状态，养老保障范围狭窄，保障水平十分有限，这增强了大量即将步入老年人行列的劳动年龄人口的预防性养老储蓄动机，事实上，表 5 – 5 中养老保险覆盖率的显著性以及正向性为此提供了很好的证明：养老保障程度的提高有利于激发居民的消费倾向。由于居民的消费倾向与预防性储蓄动机紧密相连，在目前中国养老保障水平较落后的现实背景下，老年人的物质生活、文化娱乐、医疗保健等消费支出的主要来源仍旧是家庭而不是社会。为了应付未来可能发生的各种支出，老年人会选择压缩消费，增加储蓄为日后的养老提供保障，而少儿抚养比的下降意味着将来子女养老负担的加重，为了维持退休后的生活水平，劳动年龄人口会选择在工作期内有节制地消费。由此可见，由于社会保障的缺失，居民的预防性储蓄动机强烈，这是老年扶养比对平均消费倾向产生负向影响的主要原因之一。

另一方面，在代际关系十分密切的中国，居民具有很强的战略性馈赠动机。居民进行储蓄不仅仅是出于预防性养老储蓄动机，很大程度上还是为了遗赠，战略性馈赠动机的存在也会影响居民的消费行为。当人们的财富超过退休后所需要的消费时，会更加倾向于为子孙后代提供遗产而降低其即期的消费。在我国，父母省吃俭用为子女留下遗产的现象更为普遍，在城镇地区，居民的收入水平相对较高，很多高收入群体的储蓄目的是为了遗赠，因为他们的财富足以满足退休后的养老，不存在预防性养老动机，他们有较强的能力进行馈赠性储蓄，其消费倾向也不会太高。因此，在中国，除了预防性储蓄动机，战略性馈赠动机也是老年扶养比对城镇居民平均消费倾向产生负影响的重要原因。

最后，从全社会产品供给的角度分析，我国的消费品市场主要以儿童和年轻人作为目标群体，设计的产品以满足儿童和年轻人的需求为主，我国的老年消费市场还处于"卖方市场"的初级阶段，其成熟度远远落后于其他年龄段的消费市场，无论是物质产品还是精神文化产品，市场上可供老年人选择的余地有限，而且品种单一、结构简单，这都不利于释放老年人的消费需求，老年人在市场中始终处于相对较低的消费层次，因此，老龄化程度的加深，使城镇居民收入提高所带来的消费水平提高的幅度减小，抑制了居民平均消费倾向的提高。

2. 其他解释变量的分析

在动态模型的估计中，滞后一期的居民平均消费倾向的估计系数大约在 0.5—0.7，并且均在 1% 水平上显著，这反映出城镇居民消费习惯的长期效应远大于短期效应，消费习惯对于居民的消费行为具有重要的解释作用。在基本模型、扩展模型和动态模型的估计结果中，女性比重的估计系数始终为显著的正值，显示出随着社会经济的发展和文明的进步，女性的社会和经济地位得到了不断的提高，女性已经悄然成为消费大军中的主力，由于女性兼具母亲、妻子、女儿等多重角色，她们在家庭消费中有主要的发言权，女性在消费领域占据了巨大的市场，居民的平均消费倾向会随着女性比重的上升而升高。人均可支配收入的系数为显著的负值，符合边际消费倾向递减的经济理论。人均储蓄存款的系数没有通过检验，原因可能在于随着近年来中国城镇房地产市场的迅速发展，房产已经成为城镇居民财富的重要持有形式，居民的储蓄存款已经不能完全代表居民的财富水平，因此对居民平均消费倾向的影响并不显著。通货膨胀率的估计系数为显著的负值，通货膨胀会促使城镇居民平均消费倾向下降，这说明通货膨胀主要给城镇居民带来了收入效应，通货膨胀加大了城镇居民未来收入的不确定性，消费者不得不增加储蓄以避免将来的生活质量下降，从而导致消费倾向的走低。平均受教育年限的估计系数也为显著的负值，受教育程度的提高意味着较高的人力资本水平，从而较高的收入水平，因此其系数估计值的符号与人均可支配收入一致。养老保险覆盖率的系数为显著正值，说明社会保障水平的提高有利于增强城镇居民抵抗风险的能力，降低不确定性预期，从而有利于释放城镇居民的消费需求。

第三节　人口年龄结构变动对农村居民消费倾向的影响研究

在上一节中，我们使用 1995—2012 年的省际动态面板数据研究了人口年龄结构变动对城镇居民消费倾向的影响。由于中国长期处于城乡分割的二元经济体系，农村地区的社会经济条件与城镇地区存在巨大差异，因此人口年龄结构变动对农村居民消费倾向的影响也有可能与城镇居民不同。本节同样使用 1995—2012 年的省际动态面板数据对农村居民进行研究，以全面考察人口年龄结构变动对中国居民消费倾向的影响。

一　模型设定与变量选择

借鉴模型（5.19），本节将研究人口结构变动对农村居民消费倾向的影响基本模型设定如下：

$$rcp_{it} = \beta_0 + \beta_1 ryd_{it} + \beta_2 rod_{it} + \beta_3 rgender_{it} + u_i + \varepsilon_{it} \tag{5.22}$$

类似地，其中下标 i 表示地区，t 代表时间，u_i 表示不可观测的地区个体效应，rcp_{it} 表示 i 地区农村居民在时期 t 的平均消费倾向，用农村居民人均消费支出与人均纯收入之比计算得到。ryd 表示农村地区的少儿抚养比；rod 表示农村地区的老年扶养比；rgender 表示农村地区的女性人口比重。

扩展模型设定如下：

$$rcp_{it} = \beta_0 + \beta_1 ryd_{it} + \beta_2 rod_{it} + \beta_3 rgender_{it} + \gamma X_{it} + u_i + \varepsilon_{it} \quad (5.23)$$

其中，X_{it} 是影响农村居民平均消费倾向的另外一组控制变量，其中大部分变量的选择与城镇居民的扩展模型（5.20）相同，例如，人均纯收入、人均储蓄存款、通货膨胀率、平均受教育年限。考虑到城乡之间的二元社会经济差异，农村居民和城镇居民计量模型的变量选择也存在一些不同。

由于政府每年有用于农业发展的专项支出，该项支出可能会对农业生产以及农民的收入和消费产生影响，因此在农村的扩展模型（5.23）中，增加了财政支出中农林水事务的比重（nlsz）这一变量。中国农村的社会保障事业要远远落后于城镇，特别是农村的社会养老保险在 2008 年之前处于特别落后的状态，其分省的统计数据较为匮乏，因此在扩展模型（5.23）中并未包括养老保险覆盖率这一变量。

最后，同样考虑到农村居民的消费习惯，通过被解释变量（农村居民平均消费倾向）的一阶滞后项来反映消费惯性，构建的农村居民的动态面板数据模型如下：

$$rcp_{it} = \delta rcp_{it-1} + X'_{it}\beta + \mu_i + \varepsilon_{it} \quad (5.24)$$

式中，rcp_{it-1} 为地区 i 的农村居民在 $t-1$ 期的平均消费倾向。

二　数据来源与描述性统计

本节的数据来源与第二节基本相同，其中农林水占财政支出的比重（nlsz）来自 1995—2013 年《中国统计年鉴》。表 5 - 6 显示了所有变量的描述性统计结果。

表 5 - 6　　　　　　　　农村样本变量的描述性统计

变量	符号	1995 年		2012 年		1995—2012 年	
		均值	标准差	均值	标准差	均值	标准差
农村居民平均消费倾向(%)	rcp	83.84	9.11	76.03	9.61	74.97	10.37
少儿抚养比（%）	ryd	44.87	8.72	25.45	7.78	33.29	10.60

续表

变量	符号	1995 年		2012 年		1995—2012 年	
		均值	标准差	均值	标准差	均值	标准差
老年扶养比（%）	rod	9.88	2.15	13.66	3.38	11.74	3.17
女性比重（%）	rgender	51.95	0.83	48.43	0.79	48.98	1.20
人均收入（元）	rinc	1828.60	973.80	6220.59	2868.99	3427.95	2089.32
人均储蓄存款余额（万元）	rck	0.11	0.11	1.17	1.09	0.44	0.66
通货膨胀率（%）	rp	17.63	2.56	2.69	0.59	3.46	4.53
平均受教育年限（年）	redu	6.02	0.73	7.72	0.64	6.86	0.87
农林水事务占财政支出比重(%)	nlsz	8.61	2.58	11.16	2.72	8.44	2.93

资料来源：《中国统计年鉴》、《中国金融年鉴》、《中国人口和就业统计年鉴》、《中国劳动统计年鉴》（1996—2013）。

从表 5 - 6 可以看到，农村居民的平均消费倾向从 1995 年的 83.84% 下降到 2012 年的 76.03%，中国农村居民的平均消费倾向与城镇居民类似，均呈现出下降的趋势，但农村居民下降的幅度并要小于城镇居民。

农村地区的少儿抚养比在 1995—2012 年大约下降了 20 个百分点，而老年扶养比上升了 4 个百分点，无论是少儿抚养比的下降程度还是老年扶养比的上升程度，农村地区都要明显高于城镇地区，说明人口政策的实施中，农村人口转向"少子化"、"老龄化"发展的步伐要比城镇迈得更大。在 1995—2012 年，农村居民的收入水平、财富水平和受教育水平都有了较明显的提高，但与城镇居民还存在着显著的差距。农林水事务支出占财政支出的比重在样本期也有了明显提升，说明国家对"三农"问题的重视日益加强。

三　计量结果分析

（一）变量的平稳性检验

表 5 - 7 报告了农村样本变量的平稳性检验结果，从中可以看到，少儿抚养比（ryd）、人均纯收入（rinc）、人均储蓄存款余额（rck）和农林水占财政支出比重（nlsz）这四个变量为 I（1）序列，其余变量为平稳序列。进一步对变量 ryd、rinc、rck 和 nlsz 进行协整检验，

结果如表 5 - 8 所示，除了 Group ρ 检验以外，其余 6 个检验拒绝了"变量间不存在协整关系"的原假设，可以认为这四个变量之间存在着协整关系，于是进一步加入其余平稳的变量进行面板模型的估计不会出现"伪回归"现象。

表 5 - 7　　　　　　　　　农村样本变量的平稳性检验结果

变量	LLC	Breitung	IPS	ADF - Fisher	PP - Fisher	平稳性
rod	- 6. 725 ***	- 3. 268 ***	- 5. 165 ***	127. 206 ***	134. 345 ***	平稳
rcp	- 5. 128 ***	- 11. 017 ***	- 2. 866 ***	86. 172 ***	107. 268 ***	平稳
rp	- 6. 200 ***	- 3. 138 ***	- 9. 427 ***	196. 471 ***	620. 063 ***	平稳
redu	- 11. 301 ***	- 7. 300 ***	- 7. 803 ***	159. 711 ***	171. 492 ***	平稳
rgender	- 20. 042 ***	- 3. 030 ***	- 19. 363 ***	355. 669 ***	430. 069 ***	平稳
ryd	0. 998	- 2. 145	1. 318	81. 104	70. 136	不平稳
Δryd	- 23. 454 ***	- 11. 034 ***	- 19. 587 ***	348. 438 ***	432. 606 ***	平稳
rinc	14. 740	14. 635	19. 686	9. 118	8. 318	不平稳
Δrinc	- 15. 066 ***	- 2. 815 ***	- 7. 718 ***	156. 027 ***	181. 974 ***	平稳
rck	17. 654	18. 455	20. 187	16. 352	17. 800	不平稳
Δrck	- 7. 794 ***	- 2. 079 **	- 5. 765 ***	151. 282 ***	215. 416 ***	平稳
nlsz	- 3. 501 ***	1. 186	- 0. 364	62. 593	54. 614	不平稳
Δnlsz	- 19. 079 ***	- 13. 545 ***	- 15. 154 ***	278. 553 ***	323. 670 ***	平稳

注：＊＊＊、＊＊分别表示1%和5%的显著性水平。检验的原假设为：变量存在单位根。变量前加"Δ"表示对变量做一阶差分。检验形式为：包括截距项和趋势项。

表 5 - 8　　　　　　　　　农村样本变量的协整检验

统计量	检验结果
Panel ν	10. 235 ***
Panel ρ	- 2. 945 **
Panel PP	- 7. 874 ***
Panel ADF	- 3. 282 ***
Group ρ	- 0. 924
Group PP	- 10. 808 ***
Group ADF	- 2. 456 ***

注：＊＊＊、＊＊分别表示在1%和5%的显著性水平下拒绝不存在协整关系的原假设。

（二）估计结果及分析

与第二节类似，我们同样对农村样本的基本模型、扩展模型和动态模型进行了估计。结果如表5-9和表5-10所示。

表5-9　　　　　　　　　　农村样本静态模型估计结果

解释变量	被解释变量：农村居民平均消费倾向			
	基本模型（固定效应）	基本模型（随机效应）	扩展模型（固定效应）	扩展模型（随机效应）
少儿抚养比	-0.134***	-0.105***	-0.168***	-0.190***
老年扶养比	0.320***	0.302***	0.625**	0.658**
女性比重	2.930***	2.726***	1.031***	0.865***
人均纯收入			-0.003***	-0.003***
人均储蓄存款			6.233***	6.421**
通货膨胀率			0.473***	0.478***
平均受教育年限			-1.043**	-1.910***
农林水事务占财政支出比重			0.842**	0.963**
组内 R^2	0.17	0.17	0.34	0.34
样本容量	522	522	522	522

注：***、**分别表示在1%、5%的显著性水平下通过检验。

表5-10　　　　　　　　　　农村样本动态模型估计结果

解释变量	被解释变量：农村居民平均消费倾向			
	差分GMM估计（一步）	差分GMM估计（两步）	系统GMM估计（一步）	系统GMM估计（两步）
滞后一期被解释变量	0.582***	0.554***	0.602***	0.777***
少儿抚养比	-0.247**	-0.277**	-0.168**	-0.111*
老年扶养比	0.404*	0.469**	0.540*	0.286*
女性比重	0.910***	0.889**	0.364*	0.216***
人均纯收入	-0.002***	-0.002***	-0.002**	-0.001***
人均储蓄存款	2.610**	4.057**	4.241**	3.080**
通货膨胀率	0.397**	0.396**	0.398**	0.340***
平均受教育年限	-1.038**	-1.783*	-1.390**	-1.016*

续表

解释变量	被解释变量：农村居民平均消费倾向			
	差分 GMM 估计（一步）	差分 GMM 估计（两步）	系统 GMM 估计（一步）	系统 GMM 估计（两步）
农林水事务占财政支出比重	0.240**	0.269**	0.544**	0.239**
AR（2）检验 p 值	0.426	0.284	0.268	0.629
Sargan 检验 p 值	0.688	0.757	0.821	0.915
样本容量	464	464	493	493

注：***、**、*分别表示在1%、5%和10%的显著性水平下通过检验。

在动态模型的估计结果中，Sargan 检验的 P 值均高于0.6，这说明工具变量的整体有效性，AR（2）的 P 值也大于0.1，这说明一阶差分方程中的残差不存在自相关，符合矩条件有效估计的要求，差分 GMM 和系统 GMM 的估计结果差别不大，下面以系统 GMM 两步估计的结果为依据展开分析。

系统 GMM 两步估计的结果（表5-10最后一列）显示，少儿抚养比对农村居民平均消费倾向在10%显著水平下有明显的负影响，随着少儿抚养比的下降，农村居民平均消费倾向反而升高了。这一结论与城镇样本的估计结果相反，城镇样本的估计结果中，少儿抚养比对居民平均消费倾向产生的是正影响，少儿抚养比对居民平均消费倾向的影响在城乡之间出现明显反差，我们认为主要原因在于抚养子女成本的城乡差异。抚养一个孩子的成本包括产前费用、衣食住行、医疗保健费用、教育费用等，我国城乡地区在这些支出项目上存在着明显的差距，城镇家庭抚养孩子的成本要显著高于农村家庭，因此城镇家庭养育子女成本的"刚性"要比农村家庭强烈，当子女数量减少从而少儿抚养比下降时，城镇家庭的消费会大幅下降，而对于消费水平较低的农村居民，这种养育成本的"刚性"则不明显，子女数量的减少并不必然降低家庭的消费支出。少儿抚养比的下降为何会导致农村居民平均消费倾向升高？这可以从中国的实际情况找到答案，改革开放以来，中国的城乡收入比由1985年的2.1上升至2012年的3.1，上升幅度接近50%。① 如果把实物性收入和补贴都算作个人收入的一部分，中国可能属于世界上城乡收入差距最大的国家之列。② 因此农村居民迫切希望自己的子女摆脱落后的现状，能够通过知识改变命运，考上大学进入城市变为"城里人"，人口政策的施行，农村家庭中孩子的数量显著减少，农村父母更加渴望子女能跳出"农门"，随着经济增长，农村居民收入也得到了提高，农村家庭对子女的人力资本投资倾注了无比的热情，农民大大增加了用于子女教育的支出，这部分增加的支出会超过因为子女数量减少而节约下来的储蓄，所以少儿抚养比下降反而使得农村居民平均消费倾向升高，这在中国是有其特殊成因的。

在老年扶养比对居民平均消费倾向的影响上，农村样本的估计结果也与城镇样本的估计结果背道而驰，老年扶养比对农村居民平均消费倾向在10%显著水平下有显著的正影响，这意味着老年扶养比的上升会使农村居民平均消费倾向提高。实际上，老年扶养比对居民消费倾向具有正反"双重效应"，一个是第二节提到的预防性储蓄动机和战略性馈赠动机造成的"储蓄效应"，这会使老年扶养比升高对居民平均消费倾向带来负效应；另一个是老年人作为纯消费群体，不参加社会再生产活动，但必须进行消费以维持生存所产生的"消费效应"，"消费效应"会使老年扶养比升高对居民平均消费倾向带来正效应。老年扶养比的升高对居民平均消费倾向带来何种方向的效应，要取决于"储蓄效应"和"消费效应"的博弈结果。在中国农村地区，至少有两方面的原因使老年扶养比的"消费效应"要大于"储蓄效应"。一个原因是我国"二元"特征的养老保险制度。我国原有的养老保障制度是以城镇为主体设计的，城镇职工实行的是社会养老保障，即由个人、企业和政府三方共同承担的基本养老保险制度，而对于农村居民实行以家庭养老为主的模式，即便城镇的养老保障水平不

① 城乡收入分别为城镇居民人均可支配收入和农村居民人均纯收入。数据来源于《中国统计年鉴》(2013)。
② 李实：《中国个人收入分配研究回顾与展望》，《经济学季刊》2003年第2卷第2期。

高，农村的养老保障水平也要远远落后于城镇，城乡二元结构的保障制度使城镇的老年人每月能保证领到一定数量的养老金，近年来政府又提高了养老金的支付额度，使城镇老年人的保障水平又进一步提升，因此城镇老年人有能力把现实的收入转化为储蓄，而相当数量的农村居民没有社会养老保险，即使参加了社会养老保险，每个月能领到的养老保障金也十分有限，这大大限制了农村老人的储蓄能力。另一个原因在于劳动力年龄结构的老化。人口老龄化促使城镇和农村地区的劳动力年龄结构不断老化，但城乡就业岗位性质是有差异的，城镇地区的岗位中脑力劳动的比重较大，而农村地区多以体力劳动为主，这就使城镇老年人有再就业的机会，退休之后仍有可能获取收入，而农村老年人难以承受繁重的体力活，年老以后收入水平下降。这两方面的原因都使农村老年人虽然也有强烈的预防性储蓄动机和战略性馈赠动机，但却没有现实的能力把这些动机实现为"储蓄效应"，因此在农村地区，老年扶养比的"消费效应"超过了"储蓄效应"，老年扶养比的上升使农村居民平均消费倾向提高。

农村样本中，滞后一期的居民平均消费倾向、女性比重、人均纯收入和平均受教育年限的估计结果与城镇样本一致。人均储蓄存款的估计系数为显著的正值，说明农村居民的消费水平还较低，财富水平的提高有利于刺激其消费，促进平均消费倾向的提高。通货膨胀的系数为显著正值，说明通货膨胀对农村居民主要产生的是替代效应，当物价水平上涨时，农村居民预期价格还会持续上升，为了规避损失，会提前消费，从而促使平均消费倾向走高。农林水事务支出占财政支出比重的估计系数也为显著的正值，显示了国家加强对农业的投入有利于引导农村居民形成良好的预期，增强了消费的信心，从而提升了消费倾向。

本章小结

本章是对第四章研究的拓展，在加入多个重要控制变量的基础上，分城镇和农村两个层面探讨了人口年龄结构变动对居民消费倾向的影响。基于省际面板数据的动态 GMM 研究发现，人口年龄结构变动对城乡居民消费倾向产生了截然相反的影响，少儿抚养比的下降导致了城镇居民平均消费倾向的下降，但却导致了农村居民平均消费倾向的上升；老年扶养比上升会造成城镇居民平均消费倾向下降，但会造成农村居民平均消费倾向提高。本书认为，这种城乡差异产生的原因在于抚养子女成本的城乡差异，以及"消费效应"与"储蓄效应"博弈结果的城乡差异。

第六章　人口年龄分布与居民消费支出

第四章和第五章使用的是宏观和中观层面的数据，从相对量的角度（消费率和消费倾向）探讨了人口年龄结构变动对居民消费的影响。本章将借助于微观调查数据，从绝对量的角度（消费支出）来进行考察，以实现与第四章和第五章的研究互为补充，更为全面地刻画人口年龄结构变动对居民消费的影响。消费支出行为是消费者根据自身收入水平和偏好等决定消费支出的过程，从消费支出的年龄分布中可以分析年龄对消费变动的影响，从而针对特殊年龄群体制定政策以刺激消费。另外，某个家庭在较长时期的跨期消费行为可以被模拟成截面上不同年龄家庭的消费行为，从而将个体或者家庭的跨期消费行为与整个国家的人口年龄结构相结合，分析人口年龄结构变迁对宏观层面消费水平和需求结构的影响，进而制定有针对性的措施。因此，本章对我国居民的消费支出进行分解，分析不同年龄群体消费行为特征和影响因素，揭示我国居民消费的生命周期特征。

本章的具体安排如下：首先给出一个理论模型来解释消费分解工作的经济原理，主要包括组群分析方法的介绍及其理论推导，为后继的计量分析提供理论基础；其次对数据来源进行介绍，并进行描述性统计分析，已达到对我国居民消费水平的基本认识；再次是本章的重点，主要是对消费进行分解并对结果进行解释；最后是对本章的小结。

第一节　理论模型：基于组群分析方法

一　组群分析方法简介

在实证研究中，越来越丰富的微观调查数据为研究个体的经济行为提供了素材，但若对固定的微观个体进行长期的追踪调查，这些被调查者无疑会产生很大的心理压力，从而使调查数据的质量难以保证。因此，对某一固定的微观个体进行终身的观测在实际中是难以实现的，实际调查时，每一次的调查都是旧样本退出、新样本进入，世界上绝大多数国家的微观经济调查采取的都是这种样本轮换的做法，形成的是具有时间序列特征但又互相独立的截面数据。正如 Deaton（1985）指出的"由于统计调查的样本轮换和样本非随机流失问题，绝大多数国家并不存在较长时间跨度的真正面板数据，或者这样的真正面板数据是难以获得的，对于发展中国家的微观经济变量尤其如此"。① 在对某一特定个体进行终身或者长期观测无法实现的情况下，传统面板数据分析方法也就无法付诸实施。然而，Deaton 同时也发现"某变量的统计抽样不能连续调查到各个体的观测数据，但是，如果按照某种属性（例如，年龄、职业和身份等）将各期调查对象分成不同的群（cohort）；对于各个观测期，选择各群内观测数据的均值（中位数或分位数），即可构造以群为'个体'单位的面板数据"。② 于是，尽管我们无法做到对某一特定个体进行终身或者长期观测，但可以通过分析"同一类个体"的平均行为来推测个体的行为特征，这种分析方法称为组群分析（cohort analysis）。组群分析的做法是对基于某种属性把样本分为若干组群，通过跟踪某一特定组群随时间变化的行为可以构造人工面板数据，这种人工面板数据称为"伪面板数据"

---

① 白仲林：《面板数据模型的设定，统计检验和新进展》，《统计与信息论坛》2010 年第 10 期。

② 同上。

（Pseudo Panel Data）或"合成面板数据"（Synthetic Panel）。[①]

为了利用微观调查数据研究居民消费的动态行为，常用的分群标准应该不随时间变化而发生改变，例如个体的出生年份和性别等。对于以家庭为单位的微观数据，组群的划分通常是根据户主或者家庭成员中的受访者。例如，对于1983—1987年出生的人群，在2005年调查时，该群内的家庭是受访者年龄为19—24岁的家庭；在2006年调查时，该群内的家庭是受访者为20—25岁的家庭，以此类推，在2010年调查时，该群内的家庭是受访者为24—29岁的家庭。在各调查年，对该群内的家庭人均消费求均值，就得到了1983—1987年出生的人群的人均消费时间序列数据，不同的群就可以构造出家庭人均消费支出的伪面板数据。

基于伪面板数据的实证研究相比传统面板数据而言具有两个显著的优点：第一，伪面板数据是在每年轮换的新样本的基础上构造的，并不要求样本是面板数据，因此不存在样本损失问题，并且由于样本轮换，不需要每期的调查单位都相同，保证了更长时间跨度数据的获取；第二，为了研究某一类或者某一群人的行为特征，伪面板的做法是对同一类或者同一群的样本求均值来构造数据，这种处理可以削弱奇异值造成的影响，降低测量误差。

伪面板数据是研究某一组群（cohort）在特定年龄阶段消费行为的新工具，但具体到要分析个体消费行为如何随年龄增长而变动时，则不能忽视组群之间的系统性差异对估计结果的干扰，需要进行控制和调整。组群之间的系统性差异定义为出生组效应（cohort effect），在对具有时间序列特征但又互相独立的截面数据进行分析时，如果不控制出生组效应，必将造成组群之间的系统性差异与估计的年龄曲线混杂在一起，从而导致估计结果的不可靠。因此，组群分析的一个重要工作就是在控制估计组群之间系统性差异（即出生组效应）的基础上，估计个体消费行为的年龄曲线。组群分析方法的工作思路是：把

---

① 白仲林、赵亮：《城镇居民收入流动性的实证分析——伪面板数据门限自回归模型的估计与检验》，《21世纪数量经济学》2010年第11卷。

消费变量分解出出生组效应（cohort effect）、年龄效应（age effect）和年份效应（year effect）。

本章的目的是探讨微观个体的年龄和出生年代对消费行为的影响。个体年龄显然与其出生年代完全相关，但二者对个体消费行为的影响却可以分开来看。出生于不同时代的个体，在成长过程中经历了不同的社会环境或者遭受过不同社会变迁事件的影响，消费行为不可避免地打上了时代的烙印，呈现系统的代际异质性，这可由出生组效应（cohort effect）来反映。例如，程令国、张晔（2011）的研究发现：童年时期经历了大饥荒的群体，其储蓄水平明显偏高。无论是否处于同一时代，个体因其生命周期变化而在不同的年龄阶段表现出不同的消费行为，这方面则由年龄效应（age effect）来解释。而年份效应（year effect）可视为短期的冲击，如商业周期的影响（通货膨胀、利率等的影响）。在经验研究中，给定某一调查时间，不同年龄个体的消费差异可能来自生命周期变化，也可能来自不同代际间的固有差异，而非"纯"年龄效应，即消费行为随着年龄的变化应该由年龄效应和出生组效应共同解释。本书选用的组群分析方法正是把消费变动分解为年龄效应和出生组效应的一个十分恰当的研究工具。

二　组群分析的理论推导

尽管组群分析方法为我们利用伪面板数据研究某一组群在特定年龄阶段的消费行为提供了工具，但我们仍然需要一个理论模型来解释把消费分解成年龄效应、出生组效应和年份效应的经济原理，这也为本书后继的计量分析和分解工作提供了理论基础。

在经典消费理论中，消费是未来收入现值的函数，因此在对分解消费的理论模型进行推导时，我们参照周绍杰等（2009）的表述，首先推导收入分解的理论模型，进而获得对消费的分解。

在分解收入的年龄效应和出生组效应时，我们从分析个体的工资出发，传统经济学理论指出，工资是由个体的教育水平、工作经历等人力资本决定的，此外，工资还会随着经济增长或社会生产率的提高而增加。结合这两方面因素，可以定义个体的工资为人力资本和社会生产率的乘积：

$$y_{i,t}(h_{i,t}) = p_t \times g_t(h_{i,t}) \tag{6.1}$$

其中，$y_{i,t}$ 是个体 i 在 t 年的工资，p_t 是 t 年时的社会生产率，$h_{i,t}$ 是衡量个体的人力资本的变量向量，$g_t(h)$ 是 t 年的工资决定方程。

设 t 年时人力资本的概率密度函数为 $f_t(h)$，则 t 年的社会生产率可表示为：

$$p_t = \int_{\Omega_{I,t}} y_t(h) \times f_t(h) dh \tag{6.2}$$

式（6.2）意味着社会生产率为所有劳动力的加权平均工资。

把式（6.1）代入式（6.2）并消去 p_t，可以得到等式：

$$1 = \int_{\Omega_{I,t}} g_t(h) \times f_t(h) dh \tag{6.3}$$

社会生产率的增长可以定义为：

$$p'(t) = p(t) \times r(t) \tag{6.4}$$

$r(t)$ 是社会生产率的增长率，为了简化分析，假定 $r(t)$ 与经济增长率相等。解微分方程（6.4）可以得到社会生产率为：

$$p(t) = p(t_0) \times \exp\left|\int_{t_0}^{t} r(t) dt\right| \tag{6.5}$$

其中，t_0 是起始年份，式（6.5）表明，t 年的社会生产率，可以分解为两个部分：一是 t_0 年时的社会生产率 $p(t_0)$；二是 t_0 年至 t 年的生产率增长 $\exp\left|\int_{t_0}^{t} r(t) dt\right|$。于是根据式（6.5）和式（6.1），工资方程可以改写成个体年龄和出生年份的函数：

$$y(a_i, c_i) = p(c_i) \times \exp\left|\int_{c_i}^{c_i+a_i} r(t) dt\right| \times g[h_i(a_i, c_i)] \tag{6.6}$$

其中，c_i 为个体 i 的出生年份，a_i 为个体 i 的年龄，对式（6.6）两边取对数：

$$\ln y(a_i, c_i) = \ln p(c_i) + \left|\int_{c_i}^{c_i+a_i} r(t) dt\right| + \ln g[h_i(a_i, c_i)] \tag{6.7}$$

由式（6.7）可知，个体的工资可以被分解为两个部分：一部分是不随年龄变动的部分 $\ln p(c_i)$，只与个体的出生年份 c_i 有关，被定义为出生组效应（cohort effect）；另一部分 $\left|\int_{c_i}^{c_i+a_i} r(t) dt\right| + \ln g[h_i(a_i, c_i)]$ 是随年龄变化的部分，被定义为年龄效应（age effect）。

在实际研究中，由于在给定年份中，出生组变量和年龄变量之间存在完全线性关系，并且单一的截面数据提供的信息有限，上述分解工作无法实现，另外，样本是经过多次调查获得的，具有时间序列特征，所以分解工作还必须加入一个随调查年份变化的变量，我们定义其为年份效应（year effect）。因此，进一步把收入的分解方程表示为：

$$\ln y(a_{i(t)}, c_{i(t)}) = \ln p(c_{i(t)}) + \left| \int_{c_{i(t)}}^{ci(t)+a_i} r(t) dt \right| + \ln g[h(a_{i(t)}, c_{i(t)})]$$
$$+ ys_t + \varepsilon_{i(t)} \tag{6.8}$$

其中，下标 $i(t)$ 表示个体 i 在 t 年出现在样本中，ys_t 是年份效应，$\varepsilon_{i(t)}$ 是随机误差项。这样，收入可以被分解为出生组效应、年龄效应以及年份效应。在此基础上，消费也可以分解为包括出生组效应、年龄效应以及年份效应的若干部分。

个体的终身资源可以表示为收入的现值：

$$w(c_i) = \sum_{t=c_i}^{T} \frac{y_i(t)}{(1+r)^{t-c_i}} \tag{6.9}$$

其中，r 为利率，把式（6.6）代入式（6.9）有：

$$w(c_i) = p(c_i) \sum_{t=c_i}^{T} \frac{\exp \left| \int_{c_i}^{c_i+a_i} r(t) dt \right| \times g[h_i(a_i, c_i)]}{(1+r)^{t-c_i}} \tag{6.10}$$

式（6.10）中的 $w(c_i)$ 是关于 $p(c_i)$ 的一个函数，因此我们可以判断，个体的终身资源也可以分解出出生组效应。

根据生命周期理论，消费相对于终身资源存在一个生命周期模式，那么消费可以表示为：

$$c(a_i, c_i) = w(c_i) \times f(a_i, c_i) \tag{6.11}$$

$f(a_i, c_i)$ 为消费的年龄变化曲线，与收入的分解类似，我们也可以对式（6.11）两边取对数，并添加一个随年份变化的短期冲击变量 cs_t［与式（6.8）中的 ys_t 类似］，以及随机误差项 $u_{i(t)}$，这样，消费方程可以表示为：

$$\ln c(a_{i(t)}, c_{i(t)}) = \ln w(c_{i(t)}) + \ln f(a_{i(t)}, c_{i(t)}) + cs_t + u_{i(t)} \tag{6.12}$$

这样，消费也可以被分解为三个部分：与出生组变量相关的部分［$\ln w(c_{i(t)})$，定义为出生组效应］、随年龄变化的部分［$\ln f(a_{i(t)},$

$c_{i(t)}$）〕定义为年龄效应以及与年份有关的部分（cs_t，定义为年份效应）。

第二节　数据的基本描述

一　数据来源

中国社会状况综合调查（Chinese Social Survey，CSS），是中国社会科学院社会学研究所发起的一项全国范围内的大型连续性抽样调查项目，调查范围覆盖了全国大多数省区，对于整个中国而言具有较强的代表性，调查内容涉及个人及家庭收入、消费、就业、教育、医疗、社会保障等方面的丰富信息，是不可多得的开放式微观数据资料。调查采用概率抽样的入户访问方式，在全国的 128 个县（区），256 个街道（乡、镇），512 个居（村）民委员会开展调查。CSS 目前开展了 2006 年、2008 年和 2011 年总共三期的调查，本书采用的即为 CSS 这三期的数据。每次调查全国样本量为 7000—8000 个家庭。

二　数据说明

中国社会状况综合调查详细地询问了家庭的收入、消费和财产状况。由于生命周期理论中年龄与收入、消费的关系是基于个人来研究的，本书的研究也以个人作为分析单位，而不是以家庭为分析单位。具体而言，CSS 调查了家庭的总收入，包括工资收入、经营收入、投资于股票及债券等有价证券的收入、利息收入、房租收入、各种社会福利补贴等，在把家庭收入换算为个人收入时，采用的是家庭人均收入，即家庭总收入除以家庭人口数来作为个人收入的替代。CSS 还调查了家庭的财富状况，包括房产、储蓄余额、有价证券价值、各类家庭动产价值以及债务等，我们以各项总资产减去总负责衡量家庭的财富水平，在转化为个人的财富水平时，处理方法与个人收入一样，以家庭人均财富水平代替个人财富水平。在消费支出方面，CSS 收集了家庭在食物、衣着、居住、交通通信、日常用品、教育、医疗保健等方面的支出。显而易见的是，家庭消费支出的多少受到家庭规模的影响，在获得个人消费支出水平时，最直接的做法是将家庭的总消费支出除以家庭人口数量，但这种做法没有考虑到消费支出的人口规模效应。例如，两个人用于食品、衣着方面的支出可能是一个人的两倍，但在居住、交通、一些日常用品等上的消费，两个人的支出却可能显著地小于单个人支出的2倍。Fernández‐Villaverde 和 Krueger（2004）建议在将家庭消费支出换算成个人消费支出时，可以采用等价规模换算指数，并给出了6种该指数，本书遵从他们的建议，结合所使用的数据，选用 OECD 平方根规模指数进行换算①：将家庭总消费支出除以家庭人口规模的平方根即可得到家庭人均消费支出。

由于我国各地区间价格水平存在差异，同一消费水平在不同地区的实际购买力是不同的，如果不考虑价格的影响，则不能真实地反映消费水平，为此，我们采用各地区城乡居民消费价格指数对所有的消费指标进行了以 2006 年为基期的调整。经过数据的筛选和处理，包括去掉消费数据中 1% 最高和 1% 最低的异常值后，最终的样本只保留了家庭消费支出为正，并且被访问者年龄以及其他关键变量不缺失的 12751 个样本。

三 数据的基本描述

（一）样本的主要经济状况

表6－1给出了中国城乡居民收入、消费以及财富水平的均值。从表6－1可以看到，2005年以来，中国城乡居民的经济状况有明显的改善，无论是收入、消费还是财富水平都有显著的增长，但中国居民经济状况的城乡差距也是显著的，农村居民各年的收入、消费以及财富水平都远落后于城镇居民，凸显出我国二元经济的特点。表6－1还显示出城镇居民和农村居民各年的消费均高于收入，这与国内很多学者，如曲兆鹏（2008）、周绍杰（2009）等的研究结果不同，他们的研究显示我国农村家庭和城镇家庭的消费是低于支出的。原因就在于曲兆鹏（2008）、周绍杰（2009）等是以家庭为分析单位，而本书的收入和消费都是以个人为分析单位，这就要求家庭收入和消费分别

---

① 具体参见 http://www.oecd.org/dataoecd/61/52/35411111.pdf。

按照家庭规模进行不同的处理，处理后形成的个人收入和消费虽然与直观感受不符，但本书的目的不在于比较消费和收入之间的关系，这并不影响后续的分析。在财富方面，表6-1显示我国城镇居民在2005—2010年实现了财富水平大幅度的提升，而农村居民的财富增长相对而言则表现得幅度较小且变化平稳，这与中国的现实是相符的：中国城镇的住房价格在这期间出现了飞速的上涨，使家庭住房的财富效应得到了极大的提升，从而使城镇居民财富水平表现出快速增长。

表6-1　　　　　　　　　城乡居民主要经济状况　　　　　　　单位：元

		2005 年	2007 年	2010 年
全体居民	消费	8663.33	9587.44	14837.44
	收入	5587.69	6434.64	11617.67
	财富	30686.61	40101.09	93886.28
	样本量	4828	4135	3788
城镇居民	消费	10958.77	12339.39	18032.10
	收入	7815.86	8879.08	15095.96
	财富	49022.81	65899.74	140252.38
	样本量	2456	1991	2308
农村居民	消费	6286.61	7031.88	9855.49
	收入	3280.61	4164.72	6193.42
	财富	11701.07	16143.47	21580.24
	样本量	2372	2144	1480

表6-2报告了中国居民的收入、消费以及财富的分布情况。可以看出，中国各个收入阶层的居民经济状况随着时间的推移都得到了不同程度的改善，但中国居民的经济状况存在较大的差距。就收入而言，2005年、2007年以及2010年收入最高的10%的居民收入水平分别是收入最低的10%居民收入水平的12.7倍、9.8倍和11.8倍；在消费方面，2005年、2007年以及2010年消费最高的10%的居民消费水平分别是消费最低的10%居民消费水平的7倍、7.5倍和8.3倍；而财富方面的差距尤为明显，这三年财富最多的10%的居民财富水平

分别是财富最少的 10% 居民财富水平的 226.9 倍、113.5 倍和 3323 倍。以消费衡量的差距要低于以收入尤其是财富衡量的差距，在消费水平更能真实反映居民福利水平的现实情况下，仅用收入或者财富水平来衡量福利差距有可能造成福利差距的高估。由表 6-2 还可以发现，2010 年，中国居民的财富水平差距异常巨大，其成因同样来自中国城镇住房财富效应的提升，日益膨胀的房产财富效应造成了有房阶层与无房阶层巨大的财富差距。

表 6-2　　　　　　　中国居民收入、消费以及财富的分布　　　　　　单位：元

分位数	2005 年			2007 年			2010 年		
	收入	消费	财富	收入	消费	财富	收入	消费	财富
10%	936.68	2412.93	344.39	1313.65	2518.71	838.68	2091.11	3648.31	74.31
25%	1809.70	3829.66	2512.10	2242.46	4141.86	4488.05	4086.67	6050.70	4129.24
50%	3507.77	6455.02	9614.11	4340.99	6949.12	15209.21	7718.85	10816.26	21597.99
75%	6629.91	10769.66	29147.27	8027.32	11676.70	44679.40	14279.90	18546.19	79836.21
90%	11899.56	16847.51	78165.73	12934.72	18894.86	95244.60	24735.19	30458.05	246930.41

（二）消费随年龄变动的横截面分析

表 6-3 提供了样本的人口学特征以及其他相关的信息。具体解释如下，"年龄"指被访问者的年龄。"性别"为被访问者的性别，"1"代表男性，"0"代表女性。"教育水平"指被访问者的受教育程度，其中"1"表示未受过正式教育；"2"表示受教育程度为"小学"；"3"表示受教育程度为"初中"；"4"表示受教育程度为"高中"；"5"表示受教育程度为"职高、技校或中专"；"6"表示受教育程度为"大专"；"7"表示受教育程度为"本科"；"8"表示受教育程度为"研究生及以上"。"家庭规模"指家庭人口数量。"养老保险"指被访问者的养老保障情况，"1"代表有相关的社会保障，"0"代表无相关的社会保障。

从表 6-3 可以发现，样本的平均年龄在增加，就全体居民而言，样本的平均年龄从 2005 年的 44.79 岁增长到 2007 年的 44.91 岁再增

表6-3   样本的人口学特征以及相关信息

		全体居民		城镇居民		农村居民	
		样本量	均值	样本量	均值	样本量	均值
2005年	年龄	4828	44.79	2456	44.05	2372	45.56
	性别	4828	0.47	2456	0.46	2372	0.49
	教育水平	4828	2.75	2456	3.44	2372	2.03
	家庭规模	4828	3.61	2456	3.56	2372	3.65
	养老保险	4828	0.26	2456	0.44	2372	0.07
2007年	年龄	4135	44.91	1991	44.07	2144	45.69
	性别	4135	0.47	1991	0.45	2144	0.49
	教育水平	4135	3.04	1991	3.69	2144	2.44
	家庭规模	4135	3.96	1991	3.54	2144	4.35
	养老保险	4135	0.28	1991	0.49	2144	0.08
2010年	年龄	3788	45.84	2308	45.34	1480	46.62
	性别	3788	0.47	2308	0.47	1480	0.48
	教育水平	3788	3.28	2308	3.83	1480	2.43
	家庭规模	3788	3.84	2308	3.60	1480	4.20
	养老保险	3788	0.46	2308	0.57	1480	0.29

长到2010年的45.84岁，分城乡的样本平均年龄也表现出同样的增长特点，说明我国人口年龄的确有老化的趋势。表6-3显示，我国居民的受教育程度逐年提升，显现出随着我国经济的发展，人们观念的转变，对教育越发重视，义务教育不断普及，高等教育发展迅速，居民的受教育水平得到了显著的提高，但我国城乡人口受教育程度仍存在明显差异，农村居民的受教育水平远远落后于城镇居民，城乡的教育不平等甚至有扩大的趋势。在家庭规模方面，城镇居民的家庭规模基本维持在3.5的稳定水平，而农村居民的家庭规模显然要大于城镇居民家庭，其原因也容易理解：我国农村居民的传统观念比较深刻，大多数老人还是和子女居住在一起，加上我国在城乡间实行的是不同的人口政策，城镇实行的是严格的独生子女政策，而农村地区则相对宽松，这些都造成了农村居民家庭规模相对城镇居民而言较大。

　　另外一个具有显著城乡差异特征的变量是养老保险，一方面，可以观察到的是随着我国社会保障制度的不断完善，城乡居民的养老保险参保率都不断扩大，特别是在 2010 年，样本中农村居民的养老保险参保率跃升到 29%，这是因为在党的十七大和十七届三中全会精神指导下，我国从 2009 年起开展新型农村社会养老保险的试点工作，从而显著地扩大了农村居民养老保险的受益面；另一方面，城乡居民的养老保障水平还存在着巨大的差距，样本中，在城镇居民养老保险参保率向 50% 挺近的 2005 年和 2007 年，农村居民养老保险参保率还不到 10%，即使农村养老保障水平在 2010 年实现了质的提升，农村居民养老保险参保率也还不足 30%，远落后于城镇居民 57% 的水平。

　　图 6 - 1 至图 6 - 3 分别给出了 2005 年、2007 年以及 2010 年城乡居民消费支出的均值随年龄的横截面变化情况。容易发现的是各年城镇居民的消费水平均高于农村居民，消费在城乡层面的差距明显。城镇居民的消费水平并没有表现出随年龄变化而有规律的变动，而比较这三个年份农村居民的消费水平，大概在 47—50 岁以后表现出程度不一的下降趋势，原因可能在于农村居民年老以后，面临着比城镇居民更大的收入不确定性，导致其预防性储蓄动机增强从而压缩了消费。

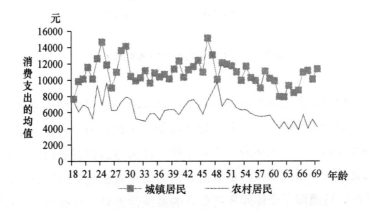

图 6 - 1　2005 年城乡居民消费水平

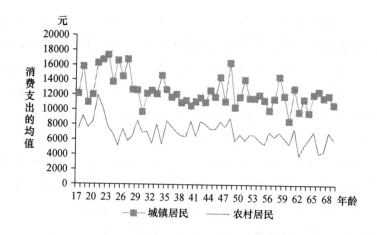

图 6 – 2　2007 年城乡居民消费水平

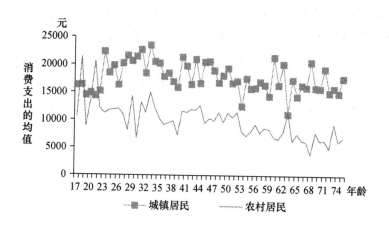

图 6 – 3　2010 年城乡居民消费水平

概括而言，我国城乡居民的消费并没有表现出明显的生命周期特征，造成这种现象的一个重要的原因可能在于此处的分析是基于横截面数据展开的。正如很多研究所指出的，使用截面数据来研究时间序列变化会导致一系列偏误。横截面分析的简单做法是假设所有个体是无差异的，这遗漏了个体间客观存在的系统性差异，从而错失不少信息导致结果的偏异性。例如，由于技术进步，出生于较晚年代的个体在收入、消费水平等方面要高于较早年代出生的个体，这种技术进步导致的个体间的系统性差异我们可称之为"生产率效应"，由于忽略了生产率效应，利用横截面数据估计个体的消费和年龄关系会产生有偏误的结果。

　　为了解决截面数据估计的偏误问题，King 和 Dicks‑Mireaux（1982）在估计财富—年龄关系时的做法是，先利用横截面数据估计个体的持久收入，然后用估计的持久收入调整个体的财富水平。另外一种做法是预先设定一个生产进步率，然后对财富水平进行调整，如假设生产进步率为3%，为了消除技术进步对较早年代出生个体的影响，相对于25岁的个体，26岁的财富水平就要在原来调查数据的基础上增加3%。Jianakoplos（1989）等使用面板数据的对比分析发现，上述对横截面数据进行的调整虽然一定程度上减轻了估计的偏误，但消除这种偏误最有效的途径还在于使用面板数据进行分析。然而，对于微观调查数据，获取面板数据是十分困难的，由 Deaton（1985）开创的组群分析方法则为我们解决这一难题提供了有益的工具。

第三节　中国居民消费支出的分解

一　分解的框架

　　Deaton（1997）指出："大多数经济变量与微观个体密切相关，因而具有生命周期特征，表现出'驼峰'形态的分布特征。他还指出，即使某一出生组的年龄曲线形状不变，随着经济的发展，该年龄曲线会发生位移。因此在分解消费的年龄效应、出生组效应以及年份效应的过程中，首先，应给出某一特定的年龄曲线；其次，不同出生组的年龄曲线处于不同的位置；最后，假定年龄效应、出生组效应以及年份效应之间没有交互作用，即假定这三种效应是对称的，年龄曲线的形状不受其所处位置的影响。"[1] 参考 Deaton（1997）的分解框

---

　　① 魏下海、董志强、张建武:《人口年龄分布与中国居民劳动收入变动研究》，《中国人口科学》2012年第3期。

架，模型设定为：

模型1：$C_{ct} = \varphi + \alpha_a + \beta_c + \gamma_t + \theta_t Z_{ct} + u_{ct}$　　　　　　　　(6.13)

其中，C_{ct} 表示被解释变量，即个体的消费支出；φ 为常数项，下标 a、c、t 分别表示个体年龄、出生年份和调查时的年份；α_a、β_c 和 γ_t 分别表示年龄效应、出生组效应和年份效应；Z_{ct} 为控制变量，包括：个体的收入、财富水平、受教育水平。

通过模型1开展组群分析，即可测量消费支出的年龄效应与出生组效应等。建立健全社会保障体系是我国实现以消费促民生、增进居民福祉的一个重要方面，养老保障对个体消费支出的分解是否会产生影响以及产生什么样的影响？如果养老保障因素对年龄效应有显著的影响作用，则意味着对于同一时代的人，在他们的不同年龄阶段上，养老保障水平的差异会导致消费支出变化。如果养老保障因素对出生组效应有显著的影响作用，那么就表明了个体即使年纪相同，但由于出生于不同的时代，养老保障因素对消费的影响存在系统性差异。因此，本书在模型1中添加核心控制变量：养老保险（odbx），该变量为虚拟变量，"1"代表有养老保险，"0"代表无养老保险。相应地，构建了拓展模型2：

$C_{ct} = \varphi + \alpha_a + \beta_c + \gamma_t + \delta_t odbx + \theta_t Z_{ct} + u_{ct}$　　　　(6.14)

因此，我们分别估计两个模型，模型1不包括养老保险变量，模型2在模型1的基础上加入养老保险变量。如果养老保障确实对消费支出的年龄效应与出生组效应产生影响，那么加入和未加入养老保险变量时估计出来的年龄效应与出生组效应便会有显著差异。因此，可以通过比较模型1和模型2的估计结果来检验养老保障的作用。具体而言，模型2与模型1的年龄效应（或出生组效应）之差即为养老保障对消费支出的年龄效应（或出生组效应）的影响。

在实际估计过程中，由于个体的年龄、出生年份和调查年份之间是完全的共线性关系（年龄＝调查年份－出生年份），因此不能简单地利用统计上的回归分析把三种效应分解出来，估计上述模型面临着模型的识别问题（identification problem）。Deaton（1997）给出的识别问题的约束条件为：假定年份效应的总和为零，并且年份效应与时间趋势正交。由于本书仅有三个调查年份的数据，把各年的年份效用加总为零显然不合适，而 Deaton 给 Chamon 和 Prasad（2010）建议的另外一种做法是假定出生组效应的总和为零，并且与其趋势正交，Marcos 和 Prasad（2010）也认为这种处理方法并不影响年龄效应和出生组效应的估计，并且由于未对年份效应进行约束，避免了遗漏宏观经济波动的作用，模型的解释力更强。因此，本书借鉴 Deaton 给 Marcos 和 Prasad（2010）的建议，做出的约束为：假定出生组效应的总和为零，并且出生组效应与时间趋势正交，可表示为：

$$\sum_{c=1}^{n} \beta_c \times c \times d_c = 0, \sum_{c=1}^{n} \beta_c \times d_c = 0 \tag{6.15}$$

其中，d_c 为虚拟变量，当出生组为 c 时取 1，否则为 0。计算得到 β_1 和 β_2 的解为：

$$\beta_1 = \sum_{c=3}^{n} (c-2) \times d_c \times \beta_c, \beta_2 = \sum_{c=3}^{n} (1-c) \times d_c \times \beta_c \tag{6.16}$$

把 β_1 和 β_2 代入式（6.15），可重新获得出生组效应的系数 β_c（$c = 3$，4，…，n），进而得到转换之后的出生组虚拟变量（从第 3 年开始）：

$$d_c^* = d_c - [(c-1)d_2 - (c-2)d_1]; c = 3, 4, \cdots, n \tag{6.17}$$

其中，d_c^* 为转换后的出生组虚拟变量，其系数是第 c 组的出生组效应（$c = 3$，4，…，n），第 1、第 2 组的出生组效应可由式（6.16）得到。

二　出生组的构造

通常的做法是根据微观个体的出生年代来划分"出生组"。在样本总量一定的条件下，划分的出生组数量越多，则出生组的平均规模越小，从而难以用出生组的样本均值对出生组的总体均值进行精确估计；若划分的出生组数量过少，则每个出生组内部单位数量过多，出生组内可能存在较大的差异性，导致每个出生组的年龄曲线（age profile）表现出很大的波动性，偏离该实际的年龄曲线。因此，Deaton（1997）建议在构造伪面板时，对出生组个数和出生组内单位个数进行权衡：每个出生组内部的个体尽可能同质，从而降低测量误差的方差；同时，出生组间的差异尽可能地大，从而充分体现截面数据的变化，以提高估计的精确性。本书根据样本的数据特征，选择 10 年作为出生组间距计算每个出生组的年龄曲线（曲兆鹏，2008），在所有样本中，最早出生的个体出生于 1935 年，最晚出生的个体出生于 1993 年，为保持出生组划分的对称性，将 1985—1993 年归于同一出生组，其余年份均以 10 年作为组距构造出生组。表 6 - 4 给出了"出生组—年份"的伪面板数据的每一个单元内的观察样本数。

表 6 - 4 　　　　　　　　　　"出生组—年份"样本数

调查年份	出生组（出生年份）						
	1935—1944	1945—1954	1955—1964	1965—1974	1975—1984	1985—1993	合计
2005	590	1049	1308	1253	546	82	4828
2007	300	796	1101	1226	502	210	4135
2010	366	691	847	941	614	329	3788
合计	1256	2536	3256	3420	1662	621	12751

在进行消费支出的分解时，需要考虑样本年龄分布特征。本章中的样本年龄分布在 17—75 岁。在三个调查年份中，最老的样本出生于 1935 年，在 2010 年的调查中为 75 岁；年龄最小的样本出生于 1993 年，在 2010 年的调查中为 17 岁。故而共有 59 个出生组（出生于 1935—1993 年），59 个年龄组（17—75 岁）。在分解过程中，共有 57 个被转换的出生组虚拟变量、58 个年龄虚拟变量和 2 个年份虚拟变量。

三 分解的结果

（一）各出生组的年龄—消费曲线

图 6 - 4 是各出生组消费支出的年龄曲线，其中明显的一个规律是：随着年龄的增长，年龄—消费曲线会由左向右发生位移，即最左侧的年龄—消费曲线表征最年轻出生组的消费行为，而最年老出生组的年龄—消费曲线位于最右侧。由图 6 - 4 可以有两点发现：（1）不同出生组的年龄—消费曲线呈不同的分布特征，其中 1975 年之后出生的年轻出生组的消费支出随年龄上升而增加的趋势比较明显，只有

1955—1964 年出生的出生组的年龄—消费曲线呈"驼峰"形态。而 Attanasio 等（1999）对美国的研究、Attanasio 和 Browning（1995）对英国的研究、Jappelli（1999）对意大利的研究以及 Deaton 和 Paxson（2000）对中国台湾地区的研究中，收入和消费的年龄曲线均呈现出鲜明的"驼峰"形状，与这些地区相比，中国的模式明显不同。（2）即便处于相同的年龄阶段，年龄—消费曲线的分布都保持了相似的规律，即年轻出生组都分布于年老出生组的上方，而且不同出生组之间的消费不平等在各个年龄上保持了较高的水平，特别是 1975—1984 年出生的出生组和 1965—1974 年出生的出生组间，消费不平等尤为显著，这表明中国的经济增长使年轻一代享受到了更多的实惠。

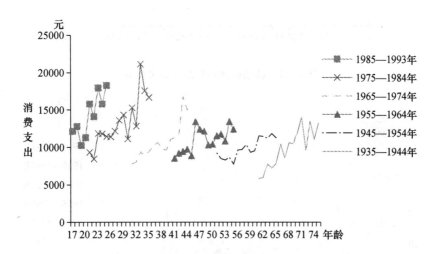

图 6-4　全样本的年龄—消费曲线

图 6-5 与图 6-6 分别给出了城镇样本和农村样本的年龄—消费曲线，二者的相似之处在于年轻出生组的年龄—消费曲线都位于年老出生组的上方。然而，城镇样本和农村样本的年龄—消费曲线也存在显著的差异，城镇居民的年龄—消费曲线中，各个出生组的变化趋势都大体相同，即各个出生组的消费随着年龄的增加而增加，即便在年老的出生组也是如此，而在农村居民的年龄—消费曲线中，1955 年以后出生的出生组，其消费并没有随着年龄的增加而显著增加，只是在

较低的水平上波动，这一定程度上揭示了城镇和农村的年老群体可能由于在社会保障方面的差距，导致在消费行为上具有异质性。

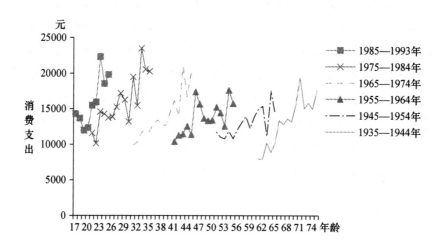

图 6 - 5　城镇样本的年龄—消费曲线

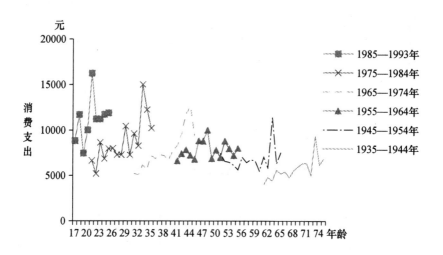

图 6 - 6　农村样本的年龄—消费曲线

　　图 6 - 4 至图 6 - 6 均显示出即便是相邻的出生组，其年龄—消费曲线也互相独立，并未连接在一起，不同出生组的年龄—消费曲线之间有明确的界限。因此，一条单一的个体年龄—消费曲线，并不是简

单地通过把各出生组的年龄曲线连接在一起来获得，必须对出生组间的系统性差异进行控制和调整，才能估计出一个完整的、反映个体消费生命周期特征的个体年龄—消费曲线。

（二）对消费支出的分解

1. 基本分解结果

结合模型 1 和模型 2 进行组群分析，从年龄和代际角度解读消费支出的变动模式，并揭示年龄效应和出生组效应背后是哪些角色在发挥作用（见图 6 – 7 至图 6 – 12 和表 6 – 5）。

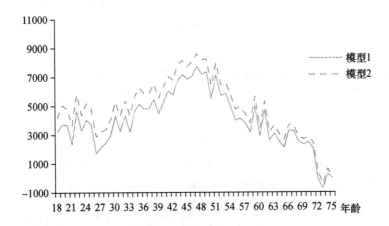

图 6 – 7　全样本的年龄效应

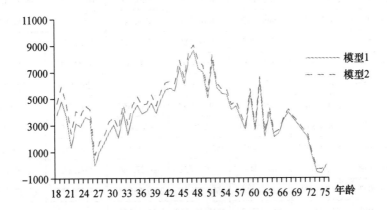

图 6 – 8　城镇样本的年龄效应

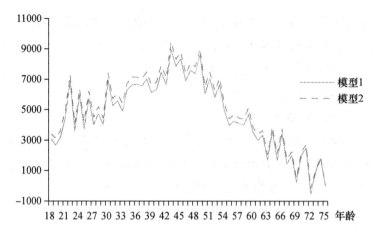

图 6 - 9　农村样本的年龄效应

表 6 - 5　　　　　组群分析结果（被解释变量：消费支出）

	全样本		城镇样本		农村样本	
	模型 1	模型 2	模型 1	模型 2	模型 1	模型 2
age = 20	3685. 623	4806. 053 **	3659. 997	4588. 334	3204. 515	3622. 094
age = 30	4320. 198 *	5277. 006 **	3027. 262	3596. 578	6929. 180 **	7392. 207 **
age = 35	5123. 119 **	6220. 099 **	4520. 498	5139. 015	6646. 296 **	7168. 337 **
age = 40	5259. 045 **	6324. 306 ***	4870. 468	5520. 096	6329. 899 **	6819. 374 **
age = 45	6830. 325 ***	7727. 207 ***	6120. 186 *	6608. 896 *	8350. 626 ***	8790. 015 ***
age = 50	5479. 613 **	6379. 045 **	5036. 283	5497. 009	6049. 308 **	6535. 366 **
age = 55	4002. 112 **	4765. 773 **	4146. 595	4526. 748	3980. 163 *	4399. 962 *
age = 60	2930. 594	3460. 619	2618. 714	2884. 947	3517. 982	3836. 137
age = 70	2487. 644	2814. 745	2557. 222	2736. 621	2022. 494	2248. 948
cohort = 1940	148. 586	447. 753	382. 330	527. 030	− 131. 831	− 24. 259
cohort = 1950	45. 600	− 73. 638	− 3. 354	− 62. 671	202. 532	122. 349
cohort = 1960	− 2535. 216 **	− 2682. 170	− 3065. 387 **	− 3113. 763 ***	− 2105. 754 **	− 2156. 921 **
cohort = 1970	− 864. 831	− 1045. 411	7. 750	− 73. 442	− 2213. 590 **	− 2258. 636 **
cohort = 1980	1998. 395 ***	2027. 495	3521. 780 ***	3595. 534 ***	− 508. 613	− 558. 751
cohort = 1990	565. 202	886. 242	− 373. 852	− 227. 144	2087. 845	2239. 674
year = 2007	165. 516 ***	2300. 744 ***	2666. 375 ***	2639. 265 ***	78. 178 ***	67. 270 ***
year = 2010	2469. 086 ***	2494. 277 ***	3251. 766 ***	3197. 353 ***	1607. 891 ***	1494. 966 ***

续表

	全样本		城镇样本		农村样本	
	模型1	模型2	模型1	模型2	模型1	模型2
收入水平	0.439 ***	0.431 ***	0.406 ***	0.403 ***	0.575 ***	0.570 ***
财富水平	0.007 ***	0.007 ***	0.007 ***	0.006 ***	0.021 ***	0.020 ***
教育水平	1075.363 ***	889.427 ***	944.798 ***	810.093 ***	562.929 ***	539.335 ***
养老保险		1592.824 ***		1225.200 ***		703.381 ***
样本数	12751	12751	6755	6755	5996	5996

注：***、**和*分别表示1%、5%和10%的显著性水平。由于年龄和出生组变量较多，表中只汇报了部分年龄和出生年代虚拟变量的估计结果。

第一，年龄效应。图6-7至图6-9分别基于全样本、城镇样本和农村样本绘制了模型1和模型2中各个年龄虚拟变量的估计系数。这里的年龄效应代表的是个体与年龄为17岁时相比较在消费支出上的差异。由于在表6-5中，城镇居民的年龄效应系数大多数都没有通过显著性检验，并且全样本、城镇样本和农村样本的年龄效应表现出相似的变动特征，因此，我们以全样本为对象，分析消费支出的年龄效应。

图6-7显示，年龄效应呈现出明显的"驼峰特征"，并且驼峰大概出现于45—50岁，这与很多西方学者的研究结论一致[1]：个体的消费支出在生命的早期随年龄增长而有增加的态势，在45—55岁达到最高点，之后则随着年龄的增加而递减。消费支出的这一特征有悖于传统的生命周期理论，按照生命周期理论，消费者在跨时预算约束下，为了实现效用最大化，会合理安排其一生的收入，把一生中的总资源在生命周期中进行均匀的分配，从而平滑了生命的各个时期的消费，因此消费支出在人的一生中不应该随着年龄的增长而出现显著的变化，消费支出的形态应该大致呈一条水平线或者随着年龄的增加有

---

[1] Thurow（1969）较早地发现了消费支出的这一特征。类似的研究结论还有 Attanasio 等（1995）对英国的研究；Attanasio 等（1999）对美国的研究；Gourinchas 和 Parker（2002）；Fernández - Villaverde 和 Krueger（2002）；Aguiar 和 Hurt（2004）等的研究。

轻微的波动。事实上，生命周期理论的假定前提并不符合我国的实际，该理论假定居民具有稳定的预期，而我国的现实情况是：居民并没有能力实现对未来的确定性的预期，况且我国的消费信贷处于落后低下的水平，居民受到很大的流动性约束，无法通过借贷来实现资源在一生中的均匀分配，因此生命周期理论在我国当前阶段尚未具备普适性，难以完整解释我国居民消费的生命周期特征。生命周期理论的一个重要观点是：个体随着年龄增长越接近于消亡，其边际消费倾向越大。这一论断与我国居民的消费习惯存在着较大的落差：我国居民不单单为了自己的一生而进行储蓄，另一个很大的储蓄动机还在于给子女馈赠遗产，往往是年纪越大的老人越勤俭节约；另外，长期被忽略的一个重要事实是：我国居民的消费并不是与未来的预期相联系，而是由人生中要经历的几件重大事情所决定的。因此，既然西方消费理论难以解释我国居民消费年龄效应的"驼峰特征"，那么立足于我国的现实状况，从新的角度进行全面的诠释是十分必要的。

随着改革开放的深入，我国与西方国家在经济、文化等领域的交流越来越畅通，中国居民的消费行为无疑融入了一些西方国家的元素，然而与发达国家的消费行为相比，中国居民的消费还保持着自己特有的规律和特征，主要表现在以下几个方面：（1）中国居民并不会按照西方消费理论所论述的为了实现效用的最大化来安排其一生的消费，中国居民在其生命的不同年龄阶段有特定的刚需，形成阶段性的消费高峰，这些刚需包括：结婚、买房、子女教育投资、医疗和养老等。为了应付每个年龄阶段要面对的刚需，人们会阶段性地安排自己的消费和储蓄，居民消费表现出储蓄—消费—再储蓄—再消费的周期特征。（2）由于传统"崇俭黜奢"的思想影响久远深刻，中国的普通民众在消费行为上还十分内敛，日常生活消费通常是参照收入量力而行，借贷消费的观念虽然逐渐为人们熟知，但像西方发达国家那样靠信贷来"透支消费"的习惯由于主客观等方面的原因还难以形成。（3）当前的中国还处在经济转轨阶段，与传统的计划经济时代相比，中国居民的收入虽然实现了质的提升，但要面对的消费支出项目也明显增多，原来由政府包揽的住房、医疗、养老等服务变为由居民、企业和政府共同负担，中国居民为应付这些支出项目，必须提前做出恰当的安排。

中国居民的以上消费特征，有助于理解其消费的年龄效应，我们可以把中国居民的消费安排分为四个阶段：第一阶段，18—26岁，在这一阶段，居民处于职业生涯的初期，一方面收入有限，另一方面面临着结婚成家的大事，大多数年轻人为满足筹划婚事的支出而储蓄，因此，这一阶段的消费在低水平的范围内波动，没有明显的变动趋势。第二阶段，27—50岁，这一阶段的时间跨度较长，消费支出显现出增长的态势。在这段生命历程中，年轻人成长为中年人，也完成了几项重要的消费。在此阶段，年轻人经过几年的工作，收入逐渐稳步上升，自己的终身大事也提上议事议程，结婚是人生之大事，结婚的开销是人生中一笔大开销，《解放日报》的一项调查显示，在经济发达的上海，中等消费者用于结婚的支出居然要达到200万！① 结婚成家后，紧接着就是生儿育女的问题，中国人向来对子女的花费十分慷慨，人口政策的实施，使养育的孩子数量有限，子女在家庭中的地位更为重要，父母对孩子的营养、照料以及最重要的教育投资等方面的支出节节攀升。同时，购买大房子和购车也是这一阶段的现实需求。因此，第二阶段是满足以上几项重大消费的主要时期，消费支出呈现出明显的上升趋势，在这一阶段，居民的消费支出将攀升到人生中的最高峰。第三阶段，大概处于50—60岁，处于这个年龄阶段的居民，收入已经基本稳定，职业生涯也度过了最辉煌的时期逐渐转向终止阶段，这个阶段的人们开始比较重视自己的养老、医疗问题，也有能力为之少消费多储蓄，另外，受传统习俗的影响，为了日后馈赠给子女更多的财富，人们也会为此专门增加储蓄，用于自身的消费逐渐减少。第四阶段，大约在60岁之后，这一阶段的消费支出也呈下降的趋势：一是因为此阶段人们离开工作岗位，开始进入退休生活，其与工作相关的衣物、交通、通信等支出在退休后不再必要，相应地减少了消费支出；二是因为中国的老人崇尚节俭，同时上一阶段的防老动

---

① 《走进婚礼殿堂期盼一生幸福》，《解放日报》2011年11月30日第11版。

机和馈赠动机仍然得到延续，因此这一阶段的老人，除基本生活消费之外，大部分收入都用于储蓄，消费支出较少；三是因为退休的老年人有大量空闲时间可以用于家庭生产，如自己做饭、自己打扫卫生等，也有大量时间可以货比三家，搜寻物美价廉的商品，从而节约消费支出。由图 6-7 可以看到，大约在 72 岁之后，由于不可避免地要发生医疗等方面的花费，消费支出又呈反弹增加的特征。

比较模型 1 和模型 2，模型 2 在模型 1 的基础上增加了养老保险变量，结果发现，模型 2 的各个年龄效应的估计系数有所增大，这表明养老保险因素对年龄效应有明显的贡献，养老保障实现与否会带来年龄效应的显著差异。

第二，出生组效应。图 6-10、图 6-11 和图 6-12 分别基于全样本、城镇样本和农村样本绘制了模型 1 和模型 2 中各个出生组虚拟变量的估计系数。这里的出生组效应代表的是，与出生于 1935 年的出生组相比，其他出生组在消费支出上的差异。出生组效应的形态与年龄效应相反，大致呈 "U" 形的特征，但出生组虚拟变量的估计系数很多都没有通过显著性检验，说明消费的出生组效应不如年龄效应明显，无论是全样本、城镇样本还是农村样本，出生于 1955—1965 年的出生组效应较为显著，由图 6-10 至图 6-12 可以看到，样本的消费—出生组效应在 1957—1965 年达到了最低值，其原因可能在于，出生于这些年代的个体，童年时期遭受了大饥荒，在大饥荒中生存下来的儿童，大多都遭遇了忍饥挨饿的生活，经历了仅能维持基本生存所需的消费水平，形成了非常节俭的消费习惯。Becker（1992）指出，个体成长过程中，偏好和信念的形成深刻地受到外部环境的影响，成年后的欲望和选择具有很强的童年的影子。因此，在大饥荒的洗礼中幸存下来的儿童，即使成年后生活环境有了显著改善，收入或者财富状况处于较高水平，童年时期养成的节俭习惯仍然难以改变，持续地对其消费行为产生影响。出生于 1957—1965 年的群体，消费支出大多仅满足基本生活所需，往往将收入的大部分用于储蓄，相对于其他出生年代的群体，其消费支出较低。

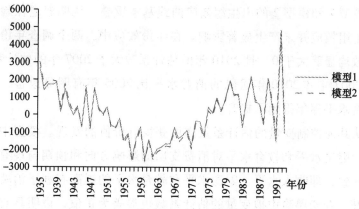

图6-10　全样本的出生组效应

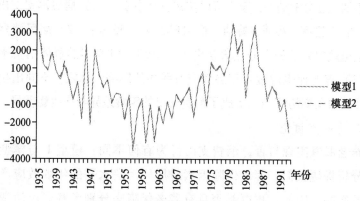

图6-11　城镇样本的出生组效应

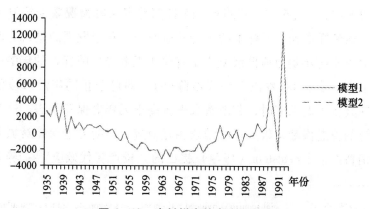

图6-12　农村样本的出生组效应

模型 1 和模型 2 的出生组效应曲线基本重叠，说明养老保险因素对出生组效应并未产生显著影响。在年份效应中，两个调查年份的估计系数均显著大于 0，且 2010 年的估计系数大于 2007 年的估计系数，表明 2007 年和 2010 年居民的消费水平比 2005 年有明显改善，居民的消费水平逐年得到了提升。

从其他控制变量的估计系数亦可获得有价值的发现。模型中收入水平、财富水平和教育水平对消费支出的影响方向和预期与现有经验研究一致，即收入水平、财富水平和教育水平的提高有利于消费水平的提升。养老保险虚拟变量的估计系数也显著为正值，说明具有养老保障的实现，对提升消费水平产生的是积极的作用。

根据上述分解结果，至少可以获知三个事实：（1）居民消费支出的年龄效应呈"驼峰"特征，峰值大概出现在 45—50 岁；（2）居民消费支出的出生组效应并不是十分显著，出生于 1957—1965 年的群体消费水平最低；（3）养老保险因素对年龄效应有明显的影响。总之，不同出生组的个体在生命周期历程中，形成了消费支出的年龄差异与出生组差异。

2. 进一步讨论

养老保障实现与否，消费支出行为有何不同？模型 1 与模型 2 的对比分析提醒我们，养老保险因素对居民消费水平的年龄效应产生了明显的影响。因此，根据是否具有养老保障来分别考察居民消费水平的年龄效应可以获得更深入的认识。

图 6 – 13、图 6 – 14 和图 6 – 15 按照养老保障情况重新绘制了全样本、城镇样本和农村样本的年龄效应曲线。易于发现的是，有养老保障的样本的年龄效应曲线基本上都位于无养老保障样本的年龄效应曲线上方（农村 60 岁以上的样本除外），即对于相同年龄阶段的个体，在具备养老保障时，其消费水平要高于无养老保障状态。这与前文估计的养老保障系数为正的结果相互对应，表明养老保障对城乡居民的消费产生了 Feldstein（1974）提出的"资产替代效应"[1]：养老保

① Feldstein M.，"Social security，induced retirement，and aggregate capital accumulation"，*The Journal of Political Economy*，1974：905 – 926.

障增加了家庭的财富，使得人们退休之后仍有收入，这将导致人们较少储蓄，增加消费。对我国居民而言，养老保障的加入，至少从两个方面对消费产生影响：一方面是养老保障的收入增长作用，养老保障的实现有利于提高居民的消费水平。影响消费的最根本的因素还在于收入，养老保障的实现，相当于提高了居民收入，从而提升了居民的消费能力，这是养老保障对消费最直接的影响。另一方面是养老保障可以通过改变预期刺激居民消费。养老保障的实现，减少了收入的不确定性，使人们对未来的预期更为乐观，削减了预防性储蓄意愿，居民平滑生命周期消费的能力得到提升，刺激了当期消费。

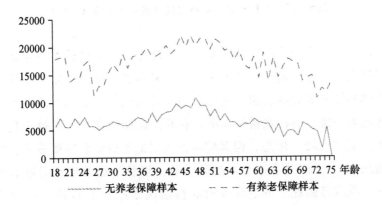

图 6－13 全样本的年龄效应（按养老保障情况分）

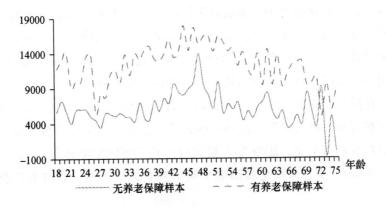

图 6－14 城镇样本的年龄效应（按养老保障情况分）

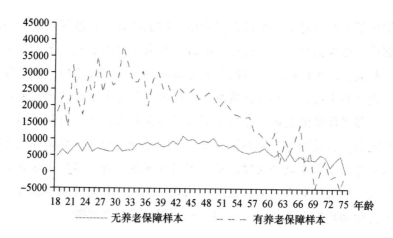

图 6 - 15　农村样本的年龄效应（按养老保障情况分）

　　在区分了是否具备养老保障后，城镇样本和农村样本的年龄效应曲线产生了显著的差异。城镇样本中，有养老保障的个体和无养老保障个体的年龄效应曲线的"驼峰"形态没有改变，驼峰出现的年龄阶段也基本一致，而在农村样本中，有养老保障个体的年龄效应曲线虽然保持了"驼峰"形态，但其驼峰值出现的年龄却明显提前了，大约提前到 31 岁，即过了这个年龄阶段后，消费是随着年龄的增加而下降的，原因可能在于养老保障对农村居民还产生了 Feldstein（1974）提出的另外一种效应——"引致退休效应"：相比城镇居民，农村居民并没有明确的退休年龄界限，他们习惯下地劳动直到生命终止以养活自己，养老保障的加入使农村居民在年老的时候不需要辛苦地劳动也可以获取收入，于是那些本来愿意劳动更长时间的农村居民会选择提前退休，这就意味着有劳动收入的时间比没有养老保障时缩短了，因而他们需要在从事劳动的期间增加储蓄，减少消费。

　　在图 6 - 15 中，值得注意的是，过了大概 60 岁以后，养老保障对农村居民消费的提升功能逐渐消失了，这应该和我国"新农保"制度的特点紧密相关，2009 年开始试行的新农保制度规定了一个捆绑条件：年满 60 岁、未享受城镇职工基本养老保险待遇、农村有户籍的老年人，可以按月领取养老金，但其符合参保条件的子女应当参保缴费。① 这意味着，在我们的样本期内（2005 年、2007 年和 2010 年），大多数 60 岁以上农村老年人的养老保障，是由子女缴费负担的，这一捆绑条件实际上强化了家庭养老的义务，养老保障第一层次的普惠功能没有得到实现。在老年人的养老还是强调主要依靠家庭赡养的前提下，养老保障形同虚设，养老保险的"资产替代功能"丧失殆尽，农村老年人的消费支出随着年龄的增加陷入更低层次的水平。

本章小结

本章基于 Deaton（1985）提出的组群分析方法，在对消费分解进行理论推导的基础上，利用中国社会状况综合调查（CSS）2006 年、2008 年和 2011 年的数据，对我国居民的消费支出进行了分解，得到的基本结论有：（1）消费支出的年龄效应呈现出明显的"驼峰特征"，并且驼峰大概出现于 45—50 岁，这表明我国居民消费支出并不符合传统的生命周期理论，原因在于中国居民的消费还保持着自己特有的规律和特征，由于传统文化及现实国情的影响，中国居民在其生命的不同年龄阶段有特定的刚需，因此难以在生命周期中平滑其一生的消费。（2）居民消费支出的出生组效应并不是十分显著，出生于 1957—1965 年的群体消费水平最低。（3）养老保险因素对年龄效应有明显的影响，但在城乡之间有显著差异，养老保障对城镇居民主要产生的是"资产替代效应"，而对农村居民还产生了"引致退休效应"，"新农保"制度中的捆绑条件使得养老保障第一层次的普惠功能难以实现，我国农村居民在更高的年龄阶段将陷入更低的消费水平。（4）其他因素，如收入水平、财富水平和教育水平的提高有利于消费水平的提升。

---

① 引自百度文库：http：//wenku. baidu. c 国发〔2009〕32 号。

第七章　人口年龄结构与居民消费结构

随着人口年龄的变动，人的生理、心理、消费观、价值观会发生变化，其对食品、衣着、医疗保健、教育文化娱乐服务等产品的消费会具有年龄变动特征。随着老年人这一年龄段的消费主体占中国总消费主体的比重不断增加，这种年龄结构的改变将对消费结构产生深远的影响，消费结构因人口年龄结构而改变。本章试图建立起包含人口年龄结构变量的居民消费结构的理论框架与计量模型，考察人口年龄结构对居民消费结构的影响。本章包括三节内容，第一节构建一个关于消费结构的理论框架，从理论上探寻人口年龄结构对消费结构的影响作用，并对所需要使用到的实证分析方法进行介绍；第二节继续使用 CSS 调查数据，从微观层面估计居民消费结构的年龄效应以及考察家庭内人口结构对消费结构的影响；第三节基于宏观视角，用少儿抚养比和老年扶养比两个变量来表征人口年龄结构，收集并整理国家统计局公布的 1995—2012 年反映我国居民消费情况的相关数据，分城乡两个层面，具体和量化地研究年龄结构的变化对居民家庭消费结构的影响。

第一节　理论分析及方法介绍

一　人口年龄结构影响消费结构的理论分析

要分析人口年龄结构影响消费结构的理论机制，必须从微观机制入手来分析决定消费的因素。传统的微观经济理论认为，不存在无穷无尽的资源，经济资源是有限的，正是人类的无限欲望造成了物质的稀缺性，这需要某种配给制度来分配资源。在商品经济中，这种配给制度即为价格。在现代经济中，通常而言，正常商品都具有正的效用，所以人类对正常商品都具有欲望或者偏好，但最终可消费的商品数量要受限于自身的收入。上述经济逻辑可以归纳如下：首先，居民是正常的理性的人，每种正常商品都会引发居民的偏好并为其带来效用，不同的居民对每种商品的主观评价并不完全一致；其次，商品的最终分配取决于某种具体的价格机制；再次，居民的消费并不是无限地易于实现，要受到收入约束；最后，居民对某种商品的选择是在一定的价格下，在一定的收入预算下能够给其带来效用最大化的商品。

因此，基于微观机制的分析可以认为，决定个体消费的因素来自偏好、价格和收入这三个方面。当研究的范围扩大到整个社会的消费结构时，结论并不是单个个体的简单加总，因为个体年龄的分布区间并不小，年龄的差异会导致偏好和收入产生差异。下面将用一个数理模型来阐述人口年龄结构影响消费结构的理论机制。

把经济中的人口按年龄划分为三类：少儿人口、劳动力人口和老年人口，对应的人口数量分别为 N_1、N_2 和 N_3，经济中有 m 种价格分别为 $p_k(k=1, 2, \cdots, m)$ 的商品 $x^{(k)}$，$i(i=1, 2, 3)$ 类型的人拥有相同的收入 y_i 和偏好 $u_i(x_i^{(1)}, x_i^{(2)}, \cdots, x_i^{(m)})$，$x_i^{(k)}$ 表示第 i 类人口在商品 k 上的消费量。经济学理论中，通常认为个体的偏好具有对数可加的性质，即 $u_i(x_i^{(1)}, x_i^{(2)}, \cdots, x_i^{(m)}) = \sum_{k=1}^{m} a_{ki} \ln x_i^{(k)}, a_{ki} > 0$。因为偏好的形式相同，并具有对数可加的性质，总偏好实际上是对 m 种商品偏好的加权平均数，可以令 $\sum_{k=1}^{m} a_{ki} = 1$，即对系数进行标准化处理，那么，个体的消费选择问题可以转化为以下最优化问题：

$$\max \left\{ \sum_{k=1}^{m} a_{ki} \ln x_i^{(k)} \right\},$$

$$s.t. \sum_{k=1}^{m} p_k \ln x_i^{(k)} \leqslant y_i \tag{7.1}$$

构建拉格朗日函数：

$$L = \sum_{k=1}^{m} a_{ki} x_i^{(k)} + \lambda \left(y_i - \sum_{k=1}^{m} p_k x_i^{(k)} \right) \tag{7.2}$$

一阶条件为：

$$\frac{\partial L}{\partial x_i^{(k)}} = \frac{a_{ki}}{x_i^{(k)}} - \lambda p_k = 0 \tag{7.3}$$

可以解得：

$$x_i^{(k)} = \frac{a_{ki} y_i}{p_k} \tag{7.4}$$

由此，由于商品 k 的消费支出为：

$$c^{(k)} = N_1 p_k x_1^{(k)} + N_2 p_k x_2^{(k)} + N_3 p_k x_3^{(k)} \tag{7.5}$$

若用 $s^{(k)}$ 表示第 k 种消费支出占总消费支出的比重，则有：

$$s^{(k)} = \frac{c^{(k)}}{\sum_{k=1}^{m} c^{(k)}} = \frac{N_1 p_k x_1^{(k)} + N_2 p_k x_2^{(k)} + N_3 p_k x_3^{(k)}}{N_1 y_1 + N_2 y_2 + N_3 y_3}$$

$$= \frac{N_1 a_{k1} x_1^{(k)} + N_2 a_{k2} x_2^{(k)} + N_3 a_{k3} x_3^{(k)}}{N_1 y_1 + N_2 y_2 + N_3 y_3} \tag{7.6}$$

式（7.6）的分子分母分别除以 $N_2 y_2$，同时由于少儿人口没有收入，$y_1 = 0$，可以得到：

$$s^{(k)} = \frac{a_{k2} + a_{k3} \frac{N_3}{N_2} \cdot \frac{y_3}{y_2}}{1 + \frac{N_3}{N_2} \cdot \frac{y_3}{y_2}} \tag{7.7}$$

令 $\alpha = y_3/y_2$，$\beta = N_3/N_2$，则 α 可以表示老年人和劳动力人口的收入差距，而 β 则表示老年人口与劳动力人口数量之比，即老年扶养比，因此 β 反映了人口的年龄结构。将 α 和 β 代入式（7.7）可得：

$$s^{(k)} = \frac{a_{k2} + a_{k3} \cdot \alpha\beta}{1 + \alpha\beta} \tag{7.8}$$

从式（7.8）可以看出，居民消费结构与人口年龄结构有直接的关系，为了求出人口年龄结构对消费结构的影响作用，我们对式（7.8）关于 β 求偏导，从而得到：

$$\frac{\partial s^{(k)}}{\partial \beta} = \frac{\alpha(a_{k3} - a_{k2})}{(1 + \alpha\beta)^2} \tag{7.9}$$

从式（7.9）可以看出，人口年龄结构对消费结构的影响方向取决于 $(a_{k3} - a_{k2})$ 的取值，因为 α 和 β 均为正值，故在符号上，$\partial s^{(k)}/$

$\partial\beta$ 与 $(a_{k3} - a_{k2})$ 相同。

以上的理论推导可以总结为：居民的消费结构与人口年龄结构有直接关系。人口年龄结构影响消费结构的机理在于，不同年龄段居民对消费产品的偏好具有异质性，如果老年人对某类商品 k 的偏好要强于劳动年龄人口（$a_{k3} > a_{k2}$），则老年人口比例的提高或者老龄化程度的加深（β 变大）则对商品 k 的消费支出比重有正向的影响；反之则产生负向的影响。

我国各类统计年鉴中，把居民的消费结构划分为食品、衣着、居住、家庭设备用品及服务、交通和通信、教育文化娱乐服务、医疗保健、其他商品和服务八类，可以预见的是，不同年龄层次的居民，对这八大类消费品的偏好是存在差异的，因此从理论上可以得到一个认识：人口年龄结构变动对居民消费必然会产生显著的影响。

二　方法介绍

上文从理论上已经推导出居民的消费结构与人口年龄结构有直接关系，但具体而言，不同的年龄结构对各类消费品结构会产生何种的影响方向和作用？对这一问题的回答，则必须通过经验研究来得到。经验研究中选用合适的计量方法是至关重要的，它决定了计量结果的准确性和可靠性，得益于现代计量经济学的快速发展，我们将利用近几十年来发展较快、应用广泛的分位数回归方法进行实证研究。接下来将对这一方法进行简要的介绍。

1. 分位数回归模型的优点

分位数回归方法最早由 Koenker 和 Basset（1978）提出，是对传统最小二乘法（OLS）的一个拓展。在实际的建模分析中，研究者不仅仅关注因变量的均值情况（这通常由 OLS 可以估计得出），对因变量在不同分位点的分布也非常感兴趣，分位数回归正好提供了这一研究的工具。分位数回归与传统 OLS 回归相比，具备以下优势：（1）分位数回归方法不需要对随机误差项的分布做任何限制，当模型中的随机误差项不服从正态分布时，分位数回归估计比最小二乘法估计更为有效，特别适用于模型存在异方差的场合；（2）分位数回归利用因变量的条件分布来建模，参数估计通过加权残差绝对值之和的最小化来实现，与最小二乘法通过残差平方和最小化来得到参数估计相比，分位数回归方法对奇异值的敏感性要远远低于最小二乘法，因此其参数估计量更为稳健；（3）在回归系数反映的内容方面，最小二乘法回归仅能估计出因变量在给定自变量条件下的均值分布，而分位数回归能够提供因变量在不同分位点的估计结果，因此可以对因变量的整个条件分布情况做出更为细致的描述。

2. 分位数回归的基本原理

假设连续性随机变量 Y 有概率分布：

$$F(y) = prob(Y \leq y) \tag{7.10}$$

如果 $Y \leq q(\tau)$ 的概率是 τ，那么我们就说 Y 的 τ 分位值是 $q(\tau)$，或者说 $q(\tau)$ 就是 Y 的第 τ 分位数，即有：

$$q(\tau) = \inf\{y: F(y) \geq \tau\}, \ 0 < \tau < 1 \tag{7.11}$$

当 $\tau = 0.5$ 时，即为中位数。

对于 Y 的一组随机样本 y_1，y_2，…，y_n，样本均值 $\bar{y}$ 是 $\min \frac{1}{n} \sum_{i=1}^{n} (y_i - \beta)^2$ 的最优解。

因为 $\frac{1}{n} \sum_{i=1}^{n} (y_i - \beta)^2 = \frac{1}{n} \sum_{i=1}^{n} (\beta - \bar{y})^2 + \frac{1}{n} \sum_{i=1}^{n} (y_i - \bar{y})^2 = (\beta - \bar{y})^2 + s_y^2$，而 s_y^2 为常数，所以当 $\beta = \bar{y}$ 时，$\frac{1}{n} \sum_{i=1}^{n} (y_i - \beta)^2$ 取得最小值。

残差绝对值之和最小化的最优解为样本的中位数，即：

$$q(1/2) = \operatorname*{argmin}_{\substack{i=1 \\ \beta \in R}} \sum_{i=1}^{n} |y_i - m| \tag{7.12}$$

考察：

$$E(|Y - m|) = \int_{-\infty}^{+\infty} |y - m| f(y) \, dy$$

$$= \int_{-\infty}^{m} |y - m| f(y) \, dy + \int_{m}^{+\infty} |y - m| f(y) \, dy$$

$$= \int_{-\infty}^{m} (m - y) f(y) \, dy + \int_{m}^{+\infty} (y - m) f(y) \, dy \tag{7.13}$$

式（7.13）对 m 求一阶偏导，其中

$$\frac{\partial}{\partial m}\int_{-\infty}^{m}(m-y)f(y)\,\mathrm{d}y$$

$$= (m-y)f(y)\,|_{y=m}+\int_{y=-\infty}^{m}\frac{\partial}{\partial m}(m-y)f(y)\,\mathrm{d}y$$

$$= \int_{y=-\infty}^{m}f(y)\,\mathrm{d}y = F(m) \tag{7.14}$$

因此有：

$$\frac{\partial}{\partial m}\int_{m}^{+\infty}(y-m)f(y)\,\mathrm{d}y = -\int_{y=m}^{+\infty}f(y)\,\mathrm{d}y = -(1-F(m)) \tag{7.15}$$

从而有：

$$\frac{\partial E(|y-m|)}{\partial m} = \frac{\partial}{\partial m}\int_{-\infty}^{+\infty}|y-m|f(y)\,\mathrm{d}y = 2F(m)-1 \tag{7.16}$$

根据极值的求解条件，当式（7.16）取值为 0 时，得到中位数：

$$F(m) = \frac{1}{2}。$$

通过对两端定义不同的权重可以把中位数扩展到分位数：

$$d_p(Y,\ q) = \begin{cases} (1-p)|Y-q|, & Y<q \\ p|Y-q|, & Y<q \end{cases} \tag{7.17}$$

$$\frac{\partial}{\partial q}E[d_p(Y,\ q)] = (1-p)F(q)-p(1-F(q)) = F(q)-p \tag{7.18}$$

令式（7.18）为 0，可得到 $F(q)=p$。

随机样本 $y_1,\ y_2,\ \cdots,\ y_n$ 的 τ 分位数与下面的极值问题等价：

$$\min_{\beta}\left[\sum_{y_i\geqslant\beta}\tau|y_i-\beta|+\sum_{y_i<\beta}(1-\tau)|y_i-\beta|\right] \tag{7.19}$$

定义损失函数 $\rho_\tau(u) = u(\tau-I(u<0))$，即：

$$\rho_\tau(u) = \begin{cases} \tau u & u\geqslant 0 \\ (\tau-1)u & u<0 \end{cases} \tag{7.20}$$

因此，

$$\min_{\beta}\left[\sum_{y_i\geqslant\beta}\tau|y_i-\beta|+\sum_{y_i<\beta}(1-\tau)|y_i-\beta|\right] = \min_{\beta}\sum_{i=1}^{n}\rho_\tau(y_i-\beta) \tag{7.21}$$

在线性模型 $y_i = x_i\beta+\varepsilon$ 中，ε 的分布函数为 F，则分位数回归

$\beta(\tau)$ 的值等价于以下问题的解：

$$\min_{\beta} \sum_{i=1}^{n} \rho_{\tau}(y_i - x'_i \beta(\tau)) \tag{7.22}$$

可以求得参数：

$$\hat{\beta}(\tau) = \operatorname*{argmin}_{\beta} \sum_{i=1}^{n} \rho_{\tau}(y_i - x'_i \beta(\tau)) \tag{7.23}$$

从而得到 Y 的条件 τ 分位数的估计为：

$$\hat{Q}_Y(\tau \mid x_i) = x'_i \hat{\beta}(\tau) \tag{7.24}$$

3. 面板分位数回归模型

在对截面数据的分析中，分位数回归技术已经实现普及，但对于面板分位数回归模型，无论是理论还是应用方面，相关的文献都还较少。Koenker 等首先尝试将分位数回归方法拓展到面板数据模型中。Koenker（2004）考虑了含有固定效应的纵向数据的分位数回归，随后其学生 Lamache（2006，2010）对这一方法进行了较为系统的探讨。

假设含固定效应的面板数据模型为：

$$y_{it} = \alpha_i + \beta x_{it} + u_{it}, \ i = 1, 2, \cdots, N, \ t = 1, 2, \cdots, T \tag{7.25}$$

因为 u_{it} 为独立同分布的误差项，所以在条件均值下有：

$$E(y_{it} \mid x_{it}, \beta_i) = x'_{it} \beta + \alpha_i \tag{7.26}$$

同样地，考虑如下条件分位数回归模型：

$$Q_{Y_{it}}(\tau_j \mid x_{it}, \alpha_i) = x'_{it} \beta(\tau_j) + \alpha_i \tag{7.27}$$

式（7.27）中，α_i 控制了模型中不可观测的个体异质性。Koenker（2004）指出，当观测值不大时，针对每个 τ，估计 $\alpha_i(\tau)$ 将是很困难的。[①] 因此，这里假定 α_i 不随 τ 变化。

为了对 α_i 和 q 个分位点 $\{\tau_1, \tau_2, \cdots, t_q\}$ 同时进行估计，设定如下目标函数：

$$\min_{(\alpha, \beta)} \sum_{j=1}^{q} \sum_{t=1}^{T} \sum_{i=1}^{N} w_j \rho_{\tau_j}(y_{it} - \alpha_i - x'_{it} \beta(\tau_j)) \tag{7.28}$$

式（7.28）中，$\rho_{\tau_j}(u) = u(\tau_j - I(u < 0))$ 为损失函数。$I(u < 0)$

---

① Koenker R., "Quantile regression for longitudinal data", *Journal of Multivariate Analysis*, 2004, 91 (1): 74-89.

为示性函数，w_j 用于控制各分位点权重。当 q、T 和 N 很大时，使用直接估计的方法估计式（7.28），权重定义为 $w = 1/J$，即 Lamache（2011）采用的等权的形式。

Koenker（2004）把普通面板数据中固定效应的惩罚 OLS 估计扩展到分位数回归模型中，重新考虑目标函数：

$$\{\{\hat{\beta}(\tau_j,\lambda)\}_{j=1}^q, \{\hat{\alpha}_i(\lambda)\}_{i=1}^N\} \min_{(\alpha,\beta)} \sum_{j=1}^q \sum_{t=1}^T \sum_{i=1}^N w_j \rho_{\tau_j}(y_{it} - \alpha_i$$

$$- x'_{it}\beta(\tau_j)) + \lambda \sum_{i=1}^N |\alpha_i| \tag{7.29}$$

其中，λ 为收缩参数（Shrinkage Parameter），当 $\lambda = 0$ 时为固定效应模型估计，当 $0 < \lambda < \infty$ 时为固定效应模型的惩罚估计，当 $\lambda \to \infty$ 时，消除了固定效应。Koenker（2004）证明了式（7.29）所得的 $\hat{\beta}(\tau_j, \lambda)$ 的渐进性，Lamache（2010）证明了 $\hat{\beta}(\tau_j, \lambda)$ 对于任意正的 λ 都具有渐进无偏性，从而推导出 λ 的一个最优值。

第二节　人口年龄结构与居民消费结构：基于微观数据

一　居民消费结构随年龄的变化

（一）数据的基本描述

本部分内容将继续沿用 CSS 调查数据，探究影响居民消费结构的人口年龄因素。按照国家统计局对居民消费的分类，把 CSS 调查数据中消费支出经过整理，分为相应的八大类：食品支出、衣着支出、居住支出、家庭设备用品及服务、交通和通信支出、教育文化娱乐服务、医疗保健支出、其他商品和服务。调查年度内各项支出占总消费支出比重如表 7-1 所示。

食物是人类最基本的生存需要，因此食品消费是居民最基本的消费项目。由表 7-1 可以看到，食品支出占据了居民消费支出的最主要部分，无论在城镇还是农村皆是如此。城镇居民的食品支出比重基

表7-1　　　　　　　　城乡居民的消费结构　　　　　　　　单位:%

消费结构（%）		城镇样本					农村样本			
		观测量	均值	标准差	最小值	最大值	观测量	均值	标准差	最小值	最大值
2005年	食品支出	2456	40.44	17.21	0.00	87.72	2372	35.59	17.74	0.00	94.34
	衣着支出	2456	6.09	5.56	0.00	47.24	2372	5.72	5.20	0.00	50.00
	居住支出	2456	4.46	11.79	0.00	88.65	2372	1.12	7.19	0.00	90.41
	家庭设备用品及服务	2456	4.35	3.66	0.09	37.21	2372	3.67	3.99	0.07	63.83
	交通和通信支出	2456	7.33	6.73	0.00	81.05	2372	6.92	7.09	0.00	83.96
	教育文化娱乐服务	2456	11.13	15.15	0.00	86.71	2372	10.84	16.26	0.00	89.53
	医疗保健支出	2456	10.67	14.51	0.00	91.83	2372	13.55	16.38	0.00	96.79
	其他商品和服务	2456	15.53	13.13	0.00	90.80	2372	22.59	16.80	0.00	91.96
2007年	食品支出	1991	39.12	17.16	0.00	91.22	2144	34.76	18.04	0.00	95.24
	衣着支出	1991	6.26	5.81	0.00	76.30	2144	5.96	5.71	0.00	48.09
	居住支出	1991	11.83	11.40	0.00	90.44	2144	6.72	8.49	0.00	92.87
	家庭设备用品及服务	1991	3.88	6.17	0.00	73.83	2144	4.82	8.11	0.00	100.00
	交通和通信支出	1991	8.55	7.16	0.00	56.27	2144	9.98	8.58	0.00	74.33
	教育文化娱乐服务	1991	11.76	15.12	0.00	94.52	2144	11.01	16.81	0.00	88.89
	医疗保健支出	1991	9.30	13.26	0.00	93.71	2144	11.99	15.65	0.00	93.63
	其他商品和服务	1991	9.29	10.56	0.00	94.25	2144	14.76	15.52	0.00	99.09
2010年	食品支出	2308	40.53	19.51	0.00	100.00	1480	39.13	20.66	0.00	100.00
	衣着支出	2308	6.43	6.10	0.00	55.56	1480	6.23	6.07	0.00	47.12
	居住支出	2308	14.77	15.89	0.00	95.67	1480	10.87	16.70	0.00	94.82
	家庭设备用品及服务	2308	2.68	8.98	0.00	84.66	1480	2.30	7.69	0.00	76.20
	交通和通信支出	2308	8.88	8.15	0.00	66.67	1480	8.63	7.91	0.00	61.50
	教育文化娱乐服务	2308	8.05	12.08	0.00	85.11	1480	7.86	13.60	0.00	91.73
	医疗保健支出	2308	9.66	15.62	0.00	93.46	1480	13.56	19.26	0.00	96.90
	其他商品和服务	2308	9.00	9.66	0.00	76.92	1480	11.41	11.72	0.00	70.52

本稳定在40%左右，而农村的食品支出比重则要低于城镇，作为贫困的衡量标准之一，食品支出比重即恩格尔系数越大则代表越贫困，表7-1中农村地区恩格尔系数要低于城镇，是否意味着农村地区更为富裕？本书认为由于农村食品很大部分是自给自足，所以调查得到的恩

格尔系数实际上是偏低的，并不能由此判断农村地区比城镇更为富裕。但城镇和农村地区的恩格尔系数与美国低于 10% 的水平相比，仍反映了我国居民的生活质量还处于较低水平。

城乡居民的衣着支出比重在 2005—2010 年具有轻微上升的趋势，表明城乡居民对衣着不仅仅局限于满足最原始的保暖和遮蔽的需要，对品牌、质量、款式等产生了需求，但作为基本生存必需品，衣着支出不降反升也说明了我国城乡居民生活水平较低。

在居住项目上，城乡居民均表现出迅猛的上升势头。城镇居民的居住消费支出从 2007 年起跃升为各项消费支出的第二位，随着我国取消城镇地区福利房分配制度，房地产行业蓬勃发展，城镇居民的置业消费行为受到极大刺激，购买房产已经成为城镇居民消费支出的重要部分。而农村居民进城务工迁移到城镇，需要租房或者购房，房价的飞速上升也使得农村居民的住房支出相应地被拉升。

城镇居民家庭设备用品支出比重呈下降趋势，原因可能在于城镇家庭大多都已拥有基本的家用电器，对耐用消费品需求的上升空间有限。农村居民家庭设备用品支出比重仍处在较低水平，可能是由于我国农村地区的基础设施、交通运输较落后，使得居民难以实现购买，或者由于收入水平较低，为了避免相应的水、电费用而减少对许多耐用电器的消费支出。

交通通信支出比重在城乡居民间也有轻微上升趋势，网络、手机的普及，以及汽车成为主要的交通工具，使得居民的交流、出行方式发生了根本性的变化，交通通信成为居民消费增长的项目之一。

城乡居民消费支出中占据重要地位的一项支出是教育文化娱乐服务支出，并且城镇居民在此项支出的比重要高于农村居民，这可能与城镇地区的消费观念有关，在城镇地区的消费的大环境中，教育文化娱乐占据不可或缺的地位，城镇居民的精神文化生活也远比农村丰富多彩。教育文化娱乐服务成为消费热点体现了社会进步、居民素质得到了提高。

在医疗保健支出方面，农村居民的占比要高于城镇居民，这是因为城镇居民享有比农村居民更为完善的医疗保障体系，虽然农村地区新型医疗合作制度正在全面推广，但医疗保障的城乡差距仍较为巨大，这导致了农村居民在医疗保健上的个人负担更为沉重。

（二）居民消费结构的年龄效应

沿用第六章中的组群分析方法，构造八大类消费支出比重的伪面板数据，构建居民消费结构模型：

$$C_{ct}^{(i)} = \varphi^{(i)} + \alpha_a^{(i)} + \beta_c^{(i)} + \gamma_t^{(i)} + \theta_t^{(i)} Z_{ct}^{(i)} + u_{ct}^{(i)} \tag{7.30}$$

其中，$C_{ct}^{(i)}$ 表示被解释变量，本章中即为八大类消费支出的比重，（i）表示各类消费支出（$i = 1, 2, \cdots, 8$）；$\varphi^{(i)}$ 为常数项，下标 a、c、t 分别表示个体年龄、出生年份和调查时的年份；$\alpha_a^{(i)}$、$\beta_c^{(i)}$ 和 $\gamma_t^{(i)}$ 分别表示第 i 项支出比重的年龄效应、代际效应和年份效应；$Z_{ct}^{(i)}$ 为控制变量，包括：个体的收入、财富水平、受教育水平。

分别对城乡居民八大类消费支出比重进行估计，即可得到城乡居民消费结构的年龄效应，为了便于比较，把城镇和农村居民的估计结果绘制在同一个图形中，如图 7-1 所示。这里的年龄效应衡量的是居民与年龄为 17 岁时相比较在各项消费支出上的差异。

由图 7-1 可以看到，不同年龄居民的消费结构存在明显的差别，我国城镇居民和农村居民各项消费支出的年龄效应保持了较为一致的趋势，在衣着、居住、交通通信、教育文化娱乐服务、医疗保健还有其他商品和服务项目上，城镇居民的年龄效应相对较强，而在食品、家庭设备用品及服务项目上，农村居民的年龄效应要大于城镇居民。

在食品支出项目上，食品支出比重的年龄效应表现出随着年龄的增长先下降然后上升的"U"形特征。食品支出占消费总支出比重即恩格尔系数，是衡量生活水平的一项重要指标，和收入水平密切相关。通常而言，收入水平越高则恩格尔系数越低，因为高收入者会把更多的支出用于非食品方面的消费，而低收入者必须把消费中的大部分先用于满足生存需要的食品支出后才有可能实现其他商品的消费。对于个体的收入变动，在其生命周期中大致有倒"U"形的特征，即年轻的时候收入较低，随着经验和资历的积累，收入随着年龄的增长而增加，达到职业生涯的顶峰时期时，即在 40—50 岁时，收入上升到最高水平，而后又会随着年岁的增长而逐步降低。我国居民食物消

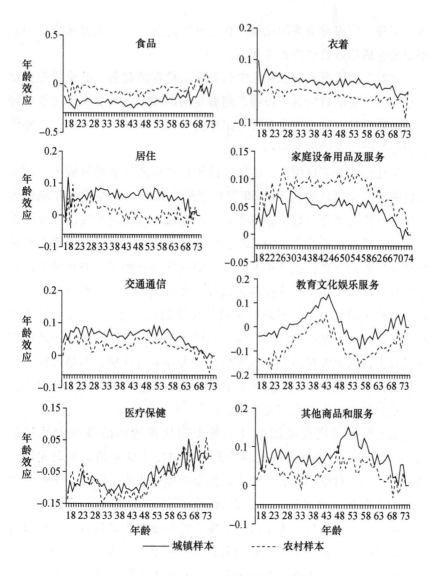

图 7 - 1　城乡居民消费结构的年龄效应

费支出比重的"U"形特征是符合其收入变动的规律的。此外，我国居民在 60 岁左右时食物消费支出比重随年龄增加的趋势更为明显，这显示出食品支出在我国老年人的消费支出中占据了更为重要的地位，虽然老年人口的生理机能下降，消化能力减弱，减少了对食品的摄取，但老年人的消费渠道过于狭窄，虽然食品支出的绝对数额有可能在下降，但占总消费的比重却在上升，这从一个方面反映出我国老年居民生活质量有待改善的问题。

衣着支出比重在城乡居民中都表现出稳定的趋势，其受年龄变动的影响在所有消费项目中最弱，随着年龄的增长，衣着支出比重有轻微的下降趋势。这说明了衣着支出作为居民基本生活需求之一，整体而言受年龄因素的影响很小。

与其他消费项目相比，居住项目年龄效应的城乡差异较大。城镇居民的居住支出比重在30—60岁处于较高位置，这是因为在城镇地区，房产作为重要的财富表现形式，已经成为居民消费支出的重要部分，城镇居民在青壮年时为了改善生活而需要购房，城镇老年人有离开孩子独居的习惯，因此年老时又需要购房或者租房，并且城镇地区的房价长期处于高位，这使得居住支出在城镇居民的消费支出中长期占据着稳定的高位。农村地区居民居住支出比重在40岁之前处于较高水平，此后则基本稳定在低位，农村老年人养老还是以传统的居家养老为主，因此农村居民在成家后较少另外购买住房，而是选择一直跟子女住在一起，农村相应的养老设施及服务还比较匮乏，住房支出并不是农村老年人的主要支出项目。

城乡居民家庭设备用品及服务支出比重的年龄效应大致呈倒"U"形，即居民家庭设备用品及服务支出比重随年龄增长呈先增加而后下降的一种变动趋势。刚步入社会的年轻人由于收入水平的原因在耐用消费品或者其他家庭设备方面的支出受到限制，等到成家立业，收入逐步提高后，为了改善居住条件和提高生活质量，会相应增加装修房屋、添置家具以及聘请家政服务的消费需求，等到退休年老时这些需求又有所降低，在我国，退休后的老人帮忙照顾孙辈、自己从事家务劳动的现象十分普遍，这都减轻了家庭在家庭设备用品及服务支出方面的负担。

在交通通信支出比重方面，城乡居民在60岁之前变动不大，60岁以后交通通信支出比重则稳步下降。老年人对交通通信消费的需求要低于年轻人，这是符合常理的，年轻人由于学习和工作的需要，具有稳定和较高的交通通信需求，老年人出行较少，花费的交通路费也较小，在城镇地区，老年人乘坐公共交通设施还有减免的政策，在通信方面，老年人不需要像年轻人那样频繁更换手机等通信设备，对网络的使用也十分有限，也不需要像上班族那样因工作需要经常打电话联系客户等，因此总体而言，老年人在交通通信方面的花费在其消费支出中并不占据主导地位。

城乡居民在教育文化娱乐服务支出比重上的年龄效应也表现出一些特点：教育文化娱乐服务支出比重随着年龄增长而不断提高，在45岁左右达到最高水平，之后则持续下跌，等到了60岁左右又呈反弹增长的趋势。一方面，这反映出中国的父母对子女的教育投资非常慷慨，从子女出生起，教育方面的支出就占据着家庭支出的重要位置，即便到了子女应该经济独立的年龄，在就业的压力下，很多年轻人会选择继续求学，父母们也毫无怨言地为他们继续支付学费，这就延长了在教育文化方面消费的持续时间；另一方面，45岁之前教育文化娱乐服务支出比重的变动特点也是和收入变动特征相匹配的，从刚参加工作到事业稳定成熟期，居民的收入随着年龄增加而上涨，也会拉动文化娱乐方面的需求比重上升，过了45岁左右，子女已经完成学业，教育支出减少，父母还要考虑为孩子购房等支出，相应地会使教育文化娱乐服务支出比重下降；最后到了60岁左右，教育文化娱乐服务支出比重又开始上升，原因可能在于步入老年后，闲暇时间大量增加，辛苦了一辈子的老年人有追求精神文化方面的需求，虽然老年人不像年轻人那样有学习和掌握某些文化知识和工作技能的压力，但他们会弥补年轻时的各种遗憾，老年人对教育文化娱乐的需求纯粹源于自身的兴趣爱好，比如琴棋书画、摄影、旅游等，这些都使老年人在文化娱乐方面的消费支出占比增加。

在医疗保健支出上，我国居民的年龄效应曲线很符合现实情况，即随着年龄的增长，居民在医疗保健项目上的支出比重显著增加。老年群体最显著的特征就是身体机能逐渐老化弱化，患慢性病的概率较大，患有糖尿病、心血管、脑中风等慢性疾病的人群中，老年人占了大多数，所以无论是主观上还是客观上老年人对医疗保健方面都具有巨大的需求。另外老年人比其他年龄群体更加偏好养生保健，在保健药品和保健器材方面的支出也比较大。

二 人口结构对居民消费结构的影响

利用组群分析方法，我们可以分解出消费结构的年龄效应，从而可以分析各项消费支出比重随着年龄而变动的特征，但由于分解出来的年龄效应只反映了 18 岁以后的消费情况，遗漏了家庭中有未成年人时对居民消费的影响作用，为了更为全面地考察人口年龄对居民消费结构的影响，本部分将整合家庭中具有被抚养者的信息，从人口结构的角度探究居民消费结构的差异。

（一）计量模型与数据说明

为研究人口结构对我国居民消费结构的影响，首先定义人口结构的相关指标，本章以户内少儿比重与老年比重来表示：少儿比重为户内 0—14 岁的人口比重；老年比重为户内 65 岁以上人口比重。

解释变量在参考其他学者研究的基础上，还包括了除人口年龄结构以外的其他影响居民消费的指标，具体计量模型如式（7.31）所示：

$$y_i = c + \beta_1 ydp + \beta_2 odp + \beta_3 income + \beta_4 age + \beta_5 edu + \varepsilon_i \qquad (7.31)$$

其中，y_i 分别为 8 大类消费支出占总消费的比重（$i = 1, 2, \cdots, 8$），c 为常数项，ydp 和 odp 分别表示少儿比重和老年比重，$income$ 为总收入，age 为被访者年龄，edu 为被访者受教育水平，ε_i 为随机误差项。

计量模型所用数据来自 CSS 2011 年的调查数据。数据的描述性统计见表 7 - 2，从中可以看出，我国城镇和农村居民 2010 年的消费支出中，排在第一位和第二位的分别为食品支出和居住支出，显示出吃和住是居民最大的民生需求。在抚养负担方面，城镇和农村地区的抚养负担均较为沉重，城镇地区的少儿比重和老年比重分别达到了 13.74% 和 19.29%，而农村地区的少儿比重和老年比重分别达到了 15.77% 和 16.14%，农村地区的少儿抚养负担比城镇地区要高，而城镇地区则比农村地区背负着更为沉重的养老负担。

（二）计量结果分析

对于模型（7.31），普通最小二乘法的估计结果如表 7 - 3 所示，

表 7 - 2　　　　　　　　　　　　变量描述性统计

变量名	城镇样本					农村样本				
	观测量	均值	标准差	最小值	最大值	观测量	均值	标准差	最小值	最大值
总消费（万元）	2308	5.04	5.03	0.26	35.34	1480	3.01	3.44	0.26	34.13
1. 食品支出	2308	1.59	1.22	0.00	15.00	1480	0.87	0.74	0.00	6.00
2. 衣着支出	2308	0.30	0.51	0.00	10.00	1480	0.16	0.27	0.00	7.20
3. 居住支出	2308	0.94	2.42	0.00	30.96	1480	0.62	2.25	0.00	24.17
4. 家庭设备用品及服务	2308	0.31	1.69	0.00	26.00	1480	0.11	0.88	0.00	20.00
5. 交通和通信支出	2308	0.44	0.73	0.00	12.60	1480	0.23	0.48	0.00	14.00
6. 教育文化娱乐服务	2308	0.44	1.03	0.00	20.00	1480	0.23	0.50	0.00	5.50
7. 医疗保健支出	2308	0.49	1.35	0.00	20.00	1480	0.37	0.89	0.00	12.00
8. 其他商品和服务	2308	0.53	1.43	0.00	31.00	1480	0.41	0.92	0.00	19.70
总收入（万元）	2308	5.87	6.37	0.00	100.00	1480	3.28	3.14	0.02	45.00
少儿比重（%）	2308	13.74	17.38	0.00	50.00	1480	15.77	17.31	0.00	66.67
老年比重（%）	2308	19.29	32.08	0.00	100.00	1480	16.14	28.06	0.00	100.00
年龄	2308	45.34	15.72	18.00	75.00	1480	46.62	14.91	18.00	75.00
教育水平	2308	3.83	1.74	1.00	8.00	1480	2.43	1.13	1.00	7.00

在城镇和农村地区，少儿比重仅对食品支出和衣着支出比重有显著影响，对其他消费支出比重均无显著影响。而老年比重在城镇和农村地区也表现出相似性，除了居住和家庭设备用品及服务以外，老年比重对其他消费项目的比重产生显著的影响，并且产生影响的作用方向基本相同。OLS 的结果表明，影响城乡居民消费结构的人口因素主要来自老年扶养负担，而少儿抚养负担的影响则比较小。

少儿比重对食品支出比重有较显著的正向影响，少年儿童处于生长发育的黄金时期，对热量和营养的需求巨大，尤其大多数城镇儿童，进口配方奶的消费加大了用于食品的支出，另外随着物质生活的丰富，有儿童的家庭还会相应增加对水果以及零食的消费。老年比重也对食品支出产生显著的正影响，显示出食品消费在我国城乡老年人消费中的重要地位。少儿比重对衣着支出比重产生的是显著的促进作用，这比较容易理解，随着我国人口政策的实施，子女数量严格受到控制，子女在家庭中的重要性日益增强，父母们除了让孩子们吃好，对孩子们的穿着也颇为重视，从衣服的质量、款式等方面都提高了要求，加上幼儿生长发育迅速，衣服更替比较频繁，这都会相应增加对衣着方面的支出。老年比重对衣着支出比重产生的作用则相反，老年比重越高，衣着支出比重越低，这一方面是因为老年群体对衣着的美观、潮流的需求没有年轻群体那么旺盛，另一方面也是因为市场上服装的供给多是为年轻人设计，老年人即使有现实的需求也不易得到满足。家庭设备用品及服务支出比重受到的少儿比重和老年比重的影响并不显著，原因可能在于家庭对于耐用消费品的购买具有一次性，因此对于家庭人口的变动反应不敏感。少儿比重对交通和通信支出比重无显著影响，而老年比重对交通通信支出比重则有显著的负向影响，这是因为老年人行动不大便利，需要从事的社交活动也较少，所以大多情况是待在家里很少出门，使用通信工具与他人联系的频率也较低，这会减少交通和通信支出。在医疗保健项目上，少儿比重的影响不显著，而老年比重的增加则会使医疗保健支出比重上升，这也比较容易理解：老年人患病的概率较大，对医疗保健的需求较多，对于已经患病的老人，医疗保健方面的花费则更为巨大。老年比重对教育文化娱乐服务的影响表现出了明显的城乡差别，在城镇地区，老年比重的上升会导致教育文化娱乐服务支出比重上升，而在农村地区，老年比重对教育文化娱乐服务支出比重产生显著的负向影响，这在一定程度上反映出城乡老年人生活质量的差异，城镇居民由于有退休机制的安排，年老时可以更有条件丰富自己的文化娱乐活动，并且城镇地区老年服务设施相对农村而言较发达，这都刺激了城镇老年人的文化娱乐消费，而农村老年人更多地只能选择待在家里，文化娱乐活动匮乏，相应的消费支出也较少。

比较难以解释的是居住项目，人口年龄结构变动对其无显著影响，事实上表7-2提供的数据表明，居住支出是居民日常开支的"大头"，尤其对于城镇居民而言更是如此，为了给提供子女更好的居住条件，少儿比重的上升应该会加大父母对居住的支出，但是OLS的估计结果并不支持这个规律。另外一个比较难以解释的是少儿比重对教育文化娱乐项目的影响不显著，通常而言，少儿教育是家庭消费中比重较大的一块，中国的父母一向对子女的教育十分重视，似乎少儿比重的增加应该加大对教育支出的比重，但鉴于少儿的年龄区间定义在 0—14 岁，这个阶段儿童受到的教育为义务教育，因此教育的支出并未发生显著的上升，并且由于家中有少儿需要照顾，父母要花费大量的时间陪同孩子的生活、学习等，会相应地减少外出娱乐的机会，娱乐方面的消费也相应地减少。

表 7-3　　　　　　　　　普通最小二乘法回归（OLS）结果

变量名	食品支出	衣着支出	居住支出	家庭设备用品及服务	交通和通信支出	教育文化娱乐服务	医疗保健支出	其他商品和服务
城镇样本								
收入	-0.1073***	0.0474***	-0.0033	0.0254	0.0852***	0.0212	-0.0331	-0.0355
年龄	0.1305***	-0.0672***	-0.1114***	-0.0167	-0.0533***	0.0054	0.0723***	0.0404
教育水平	-1.1346***	0.4286***	-0.0642	0.5144***	0.2041**	0.9862***	-1.0560***	0.1216
少儿比重	2.3637*	0.4976*	2.5467	0.6599	-0.3552	-0.6718	-2.7642	-2.2768
老年比重	4.6181***	-2.1176***	1.5078	-0.3915	-3.4783***	0.7545**	7.7801***	-2.1641**
常数项	37.2403***	7.8223***	19.6368***	1.4833	10.5896***	4.9023***	9.5306***	8.7947***
观测量	2308	2308	2308	2308	2308	2308	2308	2308
农村样本								
收入	-0.5754***	0.1557***	0.3694**	0.2331***	0.2617***	-0.0623	-0.3715**	-0.0107
年龄	0.0436	-0.0182	-0.0180	-0.0491**	-0.0360**	0.0268	0.0033	0.0476
教育水平	-1.0134**	0.5276***	0.4689	-0.1593	0.3468*	1.7837***	-1.8073***	-0.1471
少儿比重	5.7064*	1.8197**	-0.9844	-0.7444	-0.9051	0.5625	-4.8154	-0.6393
老年比重	4.3867*	-2.3733***	-1.7079	0.4470	-2.7732***	-7.3504***	16.4733***	-7.1022***
常数项	37.9589***	5.1042***	9.7753***	4.2324***	8.8327***	3.1668*	16.8494***	14.0802***
观测量	1480	1480	1480	1480	1480	1480	1480	1480

注：***、**和*分别表示1%、5%和10%的显著性水平。

其他控制变量对消费结构的影响如下：在城镇地区，收入对食品支出比重产生显著的负向影响，对衣着、交通通信支出比重产生显著的正向影响，被访者年龄对食品和医疗保健支出比重有显著正向影

响，对衣着、居住和交通通信支出比重有显著负向影响，受教育水平
对食品和医疗保健支出比重有显著负向影响，对衣着、家庭设备用品
及服务、交通通信、教育文化娱乐支出比重有显著正向影响；在农村
地区，收入对食品、衣着、医疗保健支出比重产生显著的负向影响，
对居住、家庭设备用品及服务、交通通信支出比重有显著正向影响，
被访者年龄对家庭设备用品及服务、交通通信支出比重有显著负向影
响，教育水平对食品和医疗保健支出比重有显著负向影响，对衣着、
交通通信、教育文化娱乐支出比重有显著正向影响。

由于微观调查数据具有大样本特征，我们选取 Jarque – Bera 统计量
检验样本是否服从正态分布。表 7 - 4 的检验结果显示，所有变量均不
服从正态分布的假设，因此使用 OLS 估计是有偏的。在此情况下，分
位数回归技术是克服 OLS 估计缺陷的有效工具，分位数回归克服了传
统 OLS 回归对于数据的异常值过于敏感的局限，参数的估计具有大样
本的渐进性，估计结果比 OLS 估计更为稳健。因此接下来采用分位数
回归技术进行分析，所选择的分位点为 0.1、0.25、0.5、0.75 和 0.9。

表 7 - 4　　　　　　　　　　Jarque – Bera 检验结果

变量名	JB 检验 P 值	
	城镇样本	农村样本
食品支出比重	0.000	0.000
衣着支出比重	0.000	0.000
居住支出比重	0.000	0.000
家庭设备用品及服务支出比重	0.000	0.000
交通和通信支出比重	0.000	0.000
教育文化娱乐服务支出比重	0.000	0.000
医疗保健支出比重	0.000	0.000
其他商品和服务支出比重	0.000	0.000

表 7 - 5 和表 7 - 6 分别报告了少儿比重和老年比重对各项消费支
出比重的影响。如表 7 - 5 所示，只有在较低的分位点处，少儿比重
对食品和衣着支出比重的影响才为显著的正效应，这可能是因为作为

表7-5　　　　　　少儿比重对消费结构的影响（分位数回归）

变量名	城镇样本					农村样本				
	q(0.1)	q(0.25)	q(0.5)	q(0.75)	q(0.9)	q(0.1)	q(0.25)	q(0.5)	q(0.75)	q(0.9)
食品支出	5.529	5.982**	3.037	-0.335	-4.349**	7.853**	11.895**	5.744	3.284	5.781
衣着支出	0.904**	1.817**	2.522**	0.148	-0.920	0.265	2.809**	2.242**	0.762	1.074
居住支出	1.609	2.413**	2.643*	6.174*	2.760	0.805	0.673	-0.643	-0.403	2.920
家庭设备用品及服务	0.234	0.361	-0.305	0.509	0.834	-0.777	-0.003	0.365	-0.402	-0.222
交通和通信支出	0.320	0.650	-0.372	-2.311*	-0.706	-0.063	0.328	-0.644	-1.774	-2.270
教育文化娱乐服务	0.989	1.594	8.794	0.290	10.111**	-1.042	-0.240	10.600***	8.414**	13.904**
医疗保健支出	-0.129	1.765	1.471**	-2.013	-12.823**	0.298	0.236	0.699	-5.509	-17.638
其他商品和服务	1.185	0.725	-1.102	-3.839*	-2.158	-0.058	0.428	-1.268	2.341	-1.028

注：***、**和*分别表示1%、5%和10%的显著性水平。

表7-6　　　　老年比重对消费结构的影响（分位数回归）

变量名	城镇样本					农村样本				
	q(0.1)	q(0.25)	q(0.5)	q(0.75)	q(0.9)	q(0.1)	q(0.25)	q(0.5)	q(0.75)	q(0.9)
食品支出	0.231	2.545	4.629*	5.669*	5.587*	3.225	4.297	4.399	6.614	1.808
衣着支出	0.171**	-0.694**	-1.566**	-3.517**	-4.259**	-0.026	-0.516	-1.980***	-3.668***	-5.314***
居住支出	0.187	0.360	1.116	4.295**	3.099*	-0.342	0.275	-0.640	-0.127	-0.211
家庭设备用品及服务	-0.333	-0.164	-0.238	-0.569	-0.444	0.218	0.487	0.366	0.759	0.247
交通和通信支出	-0.959**	-1.632**	-2.732**	-4.104**	-5.164**	-1.094***	-2.002***	-2.724***	-3.196***	-5.457**
教育文化娱乐服务	-0.009	-0.001	-0.109	0.935**	1.025**	-0.006	-0.001	-1.549	-6.127**	-30.827**
医疗保健支出	1.672	1.818**	5.502**	16.939**	18.862**	2.836	6.024***	14.674***	33.689***	30.908***
其他商品和服务	0.003	-2.347**	-2.571**	-2.718**	-1.721	-0.664	-5.410**	-5.435**	-9.713***	-9.867*

注：***、**和*分别表示1%、5%和10%的显著性水平。

基本生活必需品，食品和衣着支出的低比重往往出现于较富裕的家庭，当家庭中孩子数量增加时，更有能力增加在每一个孩子食物和衣着方面的支出。在居住项目上，只有对于城镇居民，少儿比重的增加对居住支出比重的影响在 0.25、0.5 和 0.75 分位点处为正显著，即对于城镇居民，孩子数量的增加会使居住支出比重处于分布中间位置的居民增加居住的支出，少儿比重对居住支出比重的影响在农村地区则不显著。少儿比重对教育文化娱乐支出比重的影响比较复杂，对城镇居民的影响仅在 0.9 分位点处为显著的正值，对农村居民的影响从 0.5 分位点开始为显著的正值，整体而言，少儿比重对家庭设备用品服务、交通通信以及医疗保健的影响在绝大多数分位点均不显著。

如表 7-6 所示，老年比重对食品支出比重的影响只有在城镇地区的较高分位点才显著，而对农村居民的影响不显著。老年比重增加对衣着比重的负向影响随着分位点的上升而增强，显示出越贫穷的家庭（衣着支出比重越高），其衣着支出比重对老年人口变动越敏感。在交通和通信项目上，老年比重增加对交通通信比重的负向影响也是随着分位点的提高而加强。在医疗保健项目上，老年比重增加对医疗保健支出比重的正向影响随着分位点的提高而加强。在教育文化娱乐服务上，老年比重的影响同样表现出城乡背道而驰的特征，对于城镇居民，老年比重在较高的分位点上对教育文化娱乐服务支出比重产生显著的正影响，而对于农村居民，老年比重在较高的分位点上对教育文化娱乐服务支出比重产生的则是显著的负影响。老年比重仅在较高的分位点处对城镇居民的居住支出比重产生正的影响，对城乡居民家庭设备用品服务的影响不显著。

在分位数回归中，我们发现少儿比重对城乡居民教育文化娱乐支出比重的影响较为复杂，其对城镇居民的影响仅在 0.9 分位点处为正，对农村居民的影响由 0.5 分位点开始为正向影响。原因可能在于教育文化娱乐支出比重较高分位点的居民，对孩子的教育尤其重视，随着孩子数量的增加，家庭会增加对教育的投资。

分位数回归发现少儿比重对居住支出的影响在农村地区并不显著，这可能与居住支出存在两个统计口径有关，第一个统计口径中，居住支出主要包括房租、水电费、取暖费、物业管理费以及装修材料费等，农村地区最普遍的构建房屋的支出和自有住房的虚拟房租并不包括在内，这是微观调查中使用的居住支出口径，用来反映居民生活消费中用于居住的现金支出情况；第二个统计口径则包括了虚拟房租，是 GDP 支出法核算的居住支出口径。在自有住房消费的分摊或虚拟房租的计算上的差异是区分这两种统计口径的关键。如果在调查时已经购房，那么其报告的消费支出可能会缺失这些部分的花费，另外，在城镇地区，购房者多采用分期付款的方式贷款买房，那么"首付"如何计入居住支出也成为一个难题，这些都使对居住支出进行分析受到局限。老年比重对城镇居民居住支出的影响从 0.75 分位点开始显著为正，有可能是因为父母对子女赠予的原因，在城镇地区，很多老人对子女有"经济再哺"的习惯，这种"经济再哺"很重要的一种表现方式是为子女购房提供经济支持。

第三节　人口年龄结构与居民消费结构：基于宏观数据

　　基于微观数据的研究表明，人口年龄结构变动会对城乡居民消费结构产生影响，其中老年扶养负担的影响更为显著，这有助于我们把握老龄化对不同消费品需求的影响。但利用分位数回归进行实证分析时，仅仅利用到了 2011 年的调查数据，只基于截面数据的分析遗漏了时间变化的特征，为了更为全面地考察人口年龄结构变动对城乡居民消费结构的影响作用，必须结合宏观面板数据进行分析，以充实截面数据的研究结果。

　　本节探讨的重点问题是人口年龄结构对满足居民不同层次需求的消费品的影响是否存在差异，绝大多数现有研究都是利用居民分项消费的数据与人口年龄结构变量进行均值回归（即 OLS 回归），通过比较回归系数得出结论。但采取普通的均值回归很可能会损失重要的信息，使估计的可靠性大打折扣，因为居民消费行为差异性大，消费数据的离散程度较高，并且消费分布的尾部信息十分重要，因此，采用面板分位数回归的方法进行分析是一个合适的选择，通过观察各类消费的整个分布中人口年龄结构变量的变化，可以判断人口年龄结构对消费结构的影响。

一　变量和数据来源

（一）消费结构的界定

很多研究中利用恩格尔系数来评价消费结构的合理性，认为恩格尔系数越小则消费结构越优，然而，消费结构的合理性仅仅依靠恩格尔系数来刻画，对现实的反映并不准确。恩格尔系数即为食品消费比重，当食品消费比重下降时，并不一定意味着居民消费水平的提升。恩格尔指出："在人人都有必须劳动的条件下，生活资料、享受资料、发展资料和表现一切体力和智力所需的资料，都将同等地、愈益充分地交归社会全体成员支配。"[①] 因此，"在马克思消费理论下，根据消费需求的不同层次，可以把消费分为生存型消费、享受型消费和发展型消费，生存型消费是满足基本生存需要的消费，享受型消费是满足人们享受舒适、快乐需要所进行的消费，发展型消费是为了增强人们的体力和智力所需要的消费。"[②] 在《中国统计年鉴》中，城乡居民的消费分为八大项：食品、衣着、居住、家庭设备用品及服务、交通和通信、教育文化娱乐服务、医疗保健、其他商品和服务。根据上述三种消费类型的含义，参照陈建宝（2013）的做法，我们界定生存型消费包括食品、衣着、居住、交通和通信；享受型消费包括家庭设备用品及服务、医疗保健以及其他商品和服务；发展型消费为教育文化娱乐服务。本部分基于宏观数据的分析中，消费结构即为生存型消费、享受型消费和发展型消费占总消费支出的比重。图 7-2 给出了我国 1995—2012 年城乡居民恩格尔系数和三类消费结构的趋势图。由图 7-2 可以看出，我国城乡居民的恩格尔系数呈下降趋势，一定

---

① 马克思、恩格斯：《马克思恩格斯选集》第 1 卷，人民出版社 1972 年版，第 349 页。

② 陈建宝、李坤明：《收入分配，人口结构与消费结构：理论与实证研究》，《上海经济研究》2013 年第 4 期。

程度上反映出我国居民消费结构逐年得到了优化，而由三种消费结构的变动趋势，则发现我国居民消费结构出现了反复和波动，这是仅使用恩格尔系数观察不到的。由图 7 - 2 还可以看到，我国农村居民的生存型消费比重曲线始终处于城镇居民上方，而享受型和发展型消费比重曲线则始终处于城镇居民的下方，这反映出农村居民的消费主要还是以满足低层次的生存需要为主，消费结构的合理性要弱于城镇居民。

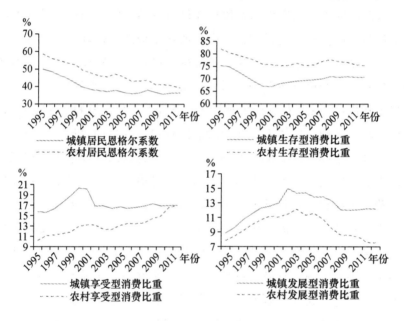

图 7 - 2　我国恩格尔系数及三种类型消费结构的变动趋势

（二）变量及描述性统计

被解释变量为城乡居民消费结构，用前文界定的生存型消费比重、享受型消费比重和发展型消费比重来衡量消费结构。

本部分关注的解释变量为人口年龄结构，采用少儿抚养比（即 0—14 岁人口与 15—64 岁人口之比）和老年扶养比（65 岁以上人口与 15—64 岁人口之比）来刻画。

其他控制变量包括以下影响消费结构的因素：

（1）收入水平。采用城镇居民人均可支配收入和农村居民人均纯收入来表示，在参与分析前换算成 2000 年的不变价。

（2）财富状况。由于我国金融市场还处于比较落后水平，储蓄存款仍是居民持有财富的主要形式，因此使用城镇居民人均储蓄存款余额来衡量城镇居民财富水平。为了保证可比，人均储蓄存款余额换算成了 2000 年的不变价。

（3）居民平均受教育年限。平均受教育年限（edu）计算公式为：$edu = x_1 \times 6 + x_2 \times 9 + x_3 \times 12 + x_4 \times 16$。其中 x_1、x_2、x_3、x_4 分别为小学、初中、高中和大专以上教育程度人口占 6 岁及以上人口的比重。

（4）人口性别分布。采用女性人口占总人口比重来表示。

（5）通货膨胀。采用城乡居民消费价格环比指数减 1 来计算城乡通货膨胀率。

由于各地区分城乡的人口年龄结构数据从 1995 年开始才有较为连续、完整的数据资料，因此本节研究选取的数据为 1995—2012 年全国 30 个省、市、自治区的面板数据（由于西藏数据缺失严重，没有参与分析）。相关数据来自历年《中国统计年鉴》、《中国人口与就业统计年鉴》、《中国金融年鉴》以及各地区的统计年鉴。数据的描述性统计如表 7 - 7 所示。

表 7 - 7　　　　　　　　变量的描述性统计

变量名	城镇居民					农村居民				
	观测量	均值	标准差	最小值	最大值	观测量	均值	标准差	最小值	最大值
生存型消费（%）	540	70.53	3.49	59.23	83.57	540	77.13	3.74	64.05	87.60
享受型消费（%）	540	17.34	2.37	10.25	25.66	540	13.21	2.59	7.22	21.46
发展型消费（%）	540	12.13	2.17	5.77	17.66	540	9.66	2.57	3.38	18.41
少儿抚养比（%）	540	23.52	5.91	9.34	39.35	540	33.32	10.44	10.96	60.17
老年扶养比（%）	540	10.89	2.57	4.33	22.54	540	11.88	3.35	0.71	25.82
人均收入（万元/年）	540	0.95	0.50	0.32	3.15	540	0.34	0.21	0.10	1.40
人均储蓄余额（万元）	540	1.88	1.44	0.10	11.13	540	0.44	0.65	0.02	4.91
平均受教育年限（年）	540	9.14	0.92	0.00	12.23	540	6.84	0.91	0.00	9.40
女性比重（%）	540	49.84	2.40	0.00	52.62	540	48.88	2.42	0.00	54.12
通货膨胀率（%）	540	3.15	4.43	-3.60	20.30	540	3.44	4.55	-3.70	24.70

二　实证分析结果

（一）数据的平稳性检验

结合本节的研究目的，建立的实证研究模型为：

$$c_{it}^{(k)} = \alpha + \beta_1 yd_{it} + \beta_2 od_{it} + \beta_3 pin_{it} + \beta_4 ps_{it} +$$
$$\beta_5 edu_{it} + \beta_6 gender_{it} + \beta_7 p_{it} + \varepsilon_{it} \qquad (7.32)$$

模型（7.32）中，下标 i 和 t 分别表示地区和时间，c 为消费结构，$k=1$，2，3 分别代表生存型、享受型和发展型消费比重；yd 为少儿抚养比；od 为老年扶养比；pin 为城乡居民收入水平；ps 为城乡居民人均储蓄存款余额；edu 为平均受教育年限；$gender$ 为女性比重；p 为通货膨胀率。

为避免数据非平稳造成的"伪回归"问题，需要检验数据的平稳性，因此首先进行面板单位根检验，如果变量为非平稳序列，则进一步考察变量间是否存在协整关系。

1. 面板数据的单位根检验

普通 ADF 的单位根检验是针对时间序列数据的，面板数据单位根检验的早期版由 Levin 和 Lin（1993）所建立，改进后的 LLC 法和 IPS 法来自 Levin、Lin 和 Chu（2002）以及 Im、Pesaran 和 Shin（2003）等人的工作。Breitung（2001）进一步完善为 Breitung 法。此外，Maddala 和 Wu（1999）还提出了影响较大的 ADF – Fisher 和 PP – Fisher 法。本书采用这 5 种方法检验面板数据的平稳性并进行比较，以保证检验的稳健性。表 7 – 8 报告了检验的结果。

表 7 – 8　　　　　　　　城乡样本面板单位根检验结果

	变量	LLC	Bewitung	IPS	ADF – Fisher	PP – Fisher	平稳性
城镇样本	$c^{(1)}$	– 7.649 ***	0.466	– 6.239 ***	140.113 ***	120.939 ***	平稳
	$c^{(2)}$	– 5.078 ***	– 6.848 ***	– 4.887 ***	116.145 ***	92.575 ***	平稳
	$c^{(3)}$	– 5.636 ***	3.743	– 3.617 ***	92.987 ***	107.435 ***	平稳
	yd	– 6.234 ***	– 10.389 ***	– 4.903 ***	137.913 ***	186.679 ***	平稳
	od	– 8.177 ***	– 4.731 ***	– 6.305 ***	141.311 ***	162.098 ***	平稳
	edu	– 14.090 ***	– 2.080 **	– 6.500 ***	134.267 ***	140.136 ***	平稳
	gender	– 136.007 ***	– 3.938 ***	– 34.529 ***	207.054 ***	285.583 ***	平稳
	p	– 8.144 ***	– 2.252 ***	– 11.571 ***	234.786 ***	651.106 ***	平稳
	pin	2.695	15.063	11.413	6.639	17.625	不平稳
	Δpin	– 8.823 ***	– 1.342 *	– 9.093 ***	182.399 ***	220.977 ***	平稳
	ps	– 1.117	8.810	2.444	62.880	71.804	不平稳
	Δps	– 18.589 ***	– 9.442 ***	– 15.823 ***	297.804 ***	412.953 ***	平稳

续表

	变量	LLC	Bewitung	IPS	ADF – Fisher	PP – Fisher	平稳性
农村样本	$c^{(1)}$	– 9. 270 ***	– 1. 084	– 5. 239 ***	126. 220 ***	129. 820 ***	平稳
	$c^{(2)}$	– 3. 802 ***	0. 989	– 1. 756 **	91. 672 ***	77. 403 *	平稳
	$c^{(3)}$	– 4. 002 ***	4. 868	2. 188	36. 436	38. 642	不平稳
	$\Delta c^{(3)}$	– 14. 285 ***	– 9. 226 ***	– 10. 065 ***	198. 497 ***	245. 123 ***	平稳
	yd	– 6. 534 ***	– 2. 251 *	– 19. 693 ***	84. 800 *	96. 564 ***	平稳
	od	– 6. 988 ***	– 3. 375 ***	– 5. 200 ***	130. 164 ***	136. 936 ***	平稳
	edu	– 8. 530 ***	– 7. 311 ***	– 7. 695 ***	161. 671 ***	189. 913 ***	平稳
	gender	– 81. 875 ***	– 0. 638	– 34. 638 ***	374. 090 ***	448. 490 ***	平稳
	p	– 6. 735 ***	– 2. 969 ***	– 9. 725 ***	205. 375 ***	641. 439 ***	平稳
	pin	16. 339	15. 236	21. 188	0. 299	0. 318	不平稳
	Δpin	– 13. 592 ***	– 2. 896 ***	– 7. 028 ***	149. 780 ***	173. 238 ***	平稳
	ps	– 7. 484 ***	4. 548	– 6. 294 ***	162. 381 ***	230. 844 ***	平稳

注：变量前加"Δ"表示对变量作一阶差分。*** 、** 和 * 分别表示 1% 、5% 和 10% 的显著性水平。各检验的原假设均为存在单位根，检验方程包含常数项和趋势项，检验过程采用 Eviews 6. 0 实现。

由表 7 – 8 可知，城镇样本中，城镇居民人均可支配收入 pin 和城镇居民人均储蓄存款 ps 均为一阶单整序列（Ⅰ（1）），而其余变量为平稳序列；农村样本中，发展型消费比重 $c^{(3)}$ 和农村居民人均纯收入 pin 为一阶单整序列，其余变量为平稳序列。故需要进一步检验非平稳序列间是否存在协整关系。

2. 面板协整检验

分别对城镇样本的 pin 和 ps，农村样本的 $c^{(3)}$ 和 pin 这两组变量进行协整检验，以判断这两组变量是否存在长期均衡关系。表 7 – 9 为面板协整检验的结果，可以看到，除了 Group ρ 统计量不显著外，其他统计量均通过了 5% 的显著性检验。这意味着城镇居民人均可支配收入 pin 和城镇居民人均储蓄存款 ps 之间、发展型消费比重 $c^{(3)}$ 和农村居民人均纯收入 pin 之间都存在着长期协整关系，可以进一步加入其余平稳的变量进行面板模型的估计。

表7-9   面板协整检验结果

统计量	协整关系（i）	协整关系（ii）
Panel ν	3.184***	4.012**
Panel ρ	-3.852***	-0.866**
Panel PP	-4.495***	-3.762***
Panel ADF	-1.434***	-1.430***
Group ρ	-0.936	1.274
Group PP	-4.458***	-5.892***
Group ADF	-4.283***	-2.243**

注：（i）表示对城镇样本变量组合 pin 和 ps 进行面板协整；（ii）表示对农村样本变量组合 $c^{(3)}$ 和 pin 进行面板协整。原假设为：变量间不存在协整关系。***、**和*分别表示1%、5%和10%的显著性水平。检验过程采用 Eviews 6.0 实现。

（二）面板分位数回归估计结果

本部分基于 Stata 12.0 软件中的"sqreg"命令对模型（7.32）进行分位数回归估计，由于"sqreg"命令只可用于针对截面数据或者时序数据资料进行估计，要得到面板分位数回归的结果，必须先在回归方程中加入29个地区虚拟变量，然后再利用"sqreg"命令进行分位数回归估计。表7-10、表7-11分别为城镇和农村样本面板分位数回归的结果，为了便于比较，表中也同时列出了面板固定效应（FE）的估计结果。

1. 城镇样本面板分位数回归估计结果

根据表7-10，在生存型消费比重上，少儿抚养比的系数估计值在各个分位点都为显著的正值，且表现出随着分位点的升高而增大的特点，这表明，在城镇地区，少儿抚养比的上升会提高家庭中生存型消费支出的比重，由于用于抚养孩子的衣食住行方面的消费是刚性支出，随着子女数量的增多，这些项目的花费会随之增长，处于成长期的儿童对于食品、衣着的需求一般相对较旺盛，家庭还可能特别会增加零食、水果等的消费，这些都导致少儿抚养比对城镇居民生存型消费比重产生了正影响。处在生存型消费比重分布越高分位点的居民，收入水平就相对越低，当家庭中子女数量增多时，必须把家庭的有限资源优先安排于维持生活必需的衣食住行等项目，少儿比重的加重对低收入家庭生存型消费的冲击比对高收入家庭更为强烈，这在估计结果中表现为少儿抚养比的影响随着分位点的升高而增大。老年扶养比的估计系数仅在较低的分位点（0.1 分位点和 0.25 分位点）为显著正值，反映出处在生存型消费比重分布较低分位点的居民，由于收入水平相对较高，当家庭中老年人口数量增多时，会更有能力满足提供营养的食品、改善居住条件等方面增长的需求。

　　在享受型消费比重上，少儿抚养比和老年扶养比的影响在绝大多数分位点上均不显著。城镇家庭中少儿人口和老年人口的增加，并没有增加家庭中用于享受型消费的支出比重，这可能和享受型消费中家庭设备用品，以及一些交通通信工具的消费具有规模经济的特点有关，家庭的很多设备用品尤其是耐用消费品表现出规模经济，如一台洗衣机、一辆汽车、一台空调等可供全家使用，即使孩子和老人数量增加，对这些商品的消费支出也不会显著增加。另外，城镇地区的医疗保障程度相对于农村地区也较高，尤其对于城镇职工，孩子生病可以借助统筹医疗，退休职工也有公费医疗，这些都削弱了孩子和老人数量变动对医疗支出的影响。因此，在城镇地区，少儿抚养比和老年扶养比对享受型消费比重的影响并不显著。

表 7-10　　　　　　　　城镇样本面板分位数回归估计结果

被解释变量	解释变量	面板 FE 估计	面板分位数回归估计				
			0.1	0.25	0.5	0.75	0.9
生存型消费比重	少儿抚养比	0.211 ***	0.109 **	0.114 **	0.131 **	0.236 ***	0.265 ***
	老年扶养比	0.181 ***	0.240 ***	0.297 ***	0.135	0.126	0.156
	人均收入	1.477 **	0.629	1.373	1.419 **	2.475 ***	2.396 **
	人均存款余额	0.151	0.342	0.238	0.217	-0.021	-0.107
	平均受教育年限	0.428 *	-0.201	-0.057	0.336	0.798	0.798 ***
	女性比重	-0.092 *	-0.062	-0.055	-0.071	-0.109	-0.102
	通货膨胀率	0.384 ***	0.352 ***	0.347 ***	0.383 ***	0.401 ***	0.331 ***
	常数项	66.633 ***	58.048 ***	60.042 ***	65.781 ***	66.856 ***	73.326 ***
	观测量	540	540	540	540	540	540

续表

被解释变量	解释变量	面板 FE 估计	面板分位数回归估计				
			0.1	0.25	0.5	0.75	0.9
享受型消费比重	少儿抚养比	-0.042	-0.042	-0.030	-0.049	0.008	0.086 *
	老年扶养比	-0.079 *	0.066	0.007	-0.007	-0.173	-0.186 ***
	人均收入	-0.691	-0.256	-0.170	-0.591	-0.529	0.009
	人均存款余额	-0.288 **	-0.054	-0.114	-0.215	-0.340	-0.492 **
	平均受教育年限	0.393 **	0.324 *	0.271	0.543 **	0.543	0.542 *
	女性比重	-0.053	-0.088	-0.052	-0.068	-0.069	-0.026
	通货膨胀率	-0.153 ***	-0.156 ***	-0.113 ***	-0.103 ***	-0.153 ***	-0.220 ***
	常数项	18.329 ***	22.329 ***	15.370 **	16.170 **	16.173 **	22.909 ***
	观测量	540	540	540	540	540	540
发展型消费比重	少儿抚养比	-0.169 ***	-0.212 ***	-0.206 ***	-0.171 ***	-0.166 ***	-0.158 ***
	老年扶养比	-0.103 ***	-0.135 ***	-0.126 ***	-0.058	-0.061	-0.034
	人均收入	-0.786 *	-1.562 **	-0.119	-1.198	-2.653 ***	-3.926 ***
	人均存款余额	0.138	0.245 **	0.167	0.237	0.471 *	0.713 **
	平均受教育年限	0.821 ***	0.593 ***	1.407 ***	0.892 ***	0.318 **	0.137
	女性比重	0.145 ***	0.055	0.204 ***	0.161 *	0.103 **	0.091
	通货膨胀率	-0.230 ***	-0.204 ***	-0.217 ***	-0.224 ***	-0.214 ***	-0.183 ***
	常数项	15.038 ***	18.041 *	23.196 **	19.638 ***	17.312 ***	18.088 ***
	观测量	540	540	540	540	540	540

注：***、**和*分别表示1%、5%和10%的显著性水平。

对于发展型消费比重，少儿抚养比产生的是显著的负影响，且影响的强度随着分位点由低到高而减弱，这似乎与直观不符：因为子女数量越多，家庭用于教育文化的支出也相应越多。但现实情况是，我国城镇地区在人口政策和生育观念的影响下，家庭中孩子的数量显著减少，以孩子"质量"替代孩子"数量"的观念已经深入人心，家庭中子女数量显著降低，甚至出现了许多独生子女家庭，孩子在家庭中的地位就越发显得重要，父母为了保证日后子女在就业市场、婚姻市场上的竞争力，不惜花费巨资用于孩子教育、文化等方面的人力资本投资，因此，在中国城镇地区的情况是：少儿比重的减轻带来了更高的发展型消费比重。少儿抚养比的影响随着分位点的升高而减弱，这也是符合实际的，对于发展型消费比重，越高的分位点代表越富裕的家庭，富裕家庭用于发展型消费的支出，对于孩子数量变动的反应则不如贫穷家庭那么灵敏。老年扶养比的系数虽然在各个分位点也为负值，但仅在较低的分位点处（0.1 分位点、0.25 分位点）才显著，老年人口的增加意味着老年扶养负担的加重，会使较贫穷的家庭（处于发展型消费比重较低分位点的家庭）首先要应付基本生存所需的相关支出，在有限的收入下，只能压缩在教育文化娱乐方面的支出。

2. 农村样本面板分位数回归估计结果

根据表 7 - 11，在生存型消费比重上，少儿抚养比的影响在大部分分位点均不显著，反映出子女数量的改变对农村家庭生存型消费并未产生作用。而老年扶养比在各个分位点上均产生了显著的负影响，并且这种负影响随着分位点的上升而加强。这意味着老年扶养负担的加重抑制了农村家庭生存型消费的需求，这与城镇地区正好相反。在农村地区，虽然食物和居住基本上可以满足自供自给，老年人口的增加对这些项目的消费可能不产生显著的影响，但养成传统节俭习惯的农村老人，必然节约在衣着方面的花费，并且还会减少外出的机会，这使得生存型消费比重随着老年人口的增加而下降。在生存型消费比重越高的分位点，家庭的收入水平就越低，老年人的节约行为就越强烈，因此老年扶养比对生存型消费比重的负影响越显著。

在享受型消费比重上，少儿抚养比的系数在各个分位点均不显著，而老年扶养比在各个分位点上均产生了显著的正影响，但这种正影响随着分位点的上升而减弱，这一特征与城镇地区相比也存在较大的差异，其原因正在于社会保障水平的城乡差异。农村地区的公共医疗机制在整个 20 世纪 90 年代基本处于真空的状态，虽然新型农村合作医疗制度从 2003 年起在全国部分县（市）试点，到 2010 年逐步实现基本覆盖全国农村居民，[1] 但在 2012 年之前，各级财政对新农合的补助标准仅为每人每年 200 元[2]，新型农村合作医疗的保障水平仍属

---

① 第十届全国人民代表大会第三次会议关于 2004 年中央和地方预算执行情况及 2005 年中央和地方预算的决议（2005 年 3 月 14 日第十届全国人民代表大会第三次会议通过），《中华人民共和国国务院公报》，2005 - 04 - 25。

② 资料来源于百度百科（http：//baike.baidu.com/link? url = cDXTvcVKuTsgxQX-Bp1mluRvc G8O2g2y9p95Y5BxXhGQdaJUJfjOOMHw3Un1VKzpisrakKCLOVT2NJlJqvoyBkq）。

于较低的层次。农村家庭中的老人一旦发生较大额的医疗支出，主要还是依靠家庭负担，老年人的增多，无疑会加大家庭用于医疗保健项目的支出，家庭设备及用品具有家庭公共物品的性质，其支出往往不随老年人口增加而有较大变动，因此，老年扶养比上升通过作用于医疗保健支出而对享受型消费产生冲击。老年扶养比对享受型消费的正影响随着分位点的上升而减弱，这反映出在享受型消费比重处于较高分位点的家庭，更有能力承受老年人医疗支出增加的压力，老年扶养负担对这类家庭的冲击影响相对较弱。

表7-11　　　　　　　　农村样本面板分位数回归估计结果

被解释变量	解释变量	面板 FE 估计	面板分位数回归估计				
			0.1	0.25	0.5	0.75	0.9
生存型消费比重	少儿抚养比	0.024	-0.045	0.015	0.076 *	0.056	0.029
	老年扶养比	-0.340 ***	-0.218 **	-0.254 ***	-0.405 ***	-0.497 ***	-0.494 ***
	人均收入	-5.007 **	-7.731	-10.698 **	-5.397	-2.725	-2.568
	人均存款余额	2.475 ***	2.528 **	3.216 ***	2.486 **	2.405 ***	2.202 **
	平均受教育年限	-1.225 ***	-0.180	-0.449	-0.711	-1.536 ***	-1.847 ***
	女性比重	0.113 **	-0.061	-0.011	0.057	0.215	0.257
	通货膨胀率	0.225 ***	0.227 ***	0.255 ***	0.262 ***	0.267 ***	0.229 ***
	常数项	75.621 ***	82.790 ***	82.028 ***	78.942 ***	65.491 ***	76.980 ***
	观测量	540	540	540	540	540	540
享受型消费比重	少儿抚养比	0.015	0.010	0.013	0.032	0.055	0.005
	老年扶养比	0.301 ***	0.369 ***	0.382 ***	0.263 ***	0.220 ***	0.180 **
	人均收入	9.804 ***	8.219 ***	11.051 ***	13.662 ***	12.055 ***	9.483
	人均存款余额	-2.278 ***	-1.707 ***	-2.337 ***	-3.195 ***	-3.081 ***	-2.250 ***
	平均受教育年限	1.384 ***	1.245 ***	1.148 ***	1.465 ***	1.425	1.226 **
	女性比重	-0.143 ***	-0.081	-0.086	-0.170	-0.135	-0.103 *
	通货膨胀率	-0.030 **	-0.050 **	-0.052 **	-0.038	-0.011	0.020
	常数项	-3.347 **	0.515 ***	-3.298 ***	-1.040 ***	-0.367 **	6.796 **
	观测量	540	540	540	540	540	540

续表

被解释变量	解释变量	面板 FE 估计	面板分位数回归估计				
			0.1	0.25	0.5	0.75	0.9
发展型消费比重	少儿抚养比	-0.039	0.009	-0.049	-0.083	-0.056	-0.024
	老年扶养比	0.039	0.024	0.028	0.012	0.022	0.038
	人均收入	-4.797**	-4.366	-7.251**	-3.432	-4.758***	-6.096**
	人均存款余额	-0.197	0.535	0.597	-0.175	-0.263	-0.253
	平均受教育年限	-0.159	0.148	-0.346	-0.725	-0.146	0.070
	女性比重	0.030	-0.039	0.020	0.109	0.055	0.052
	通货膨胀率	-0.195***	-0.171***	-0.232***	-0.234***	-0.219***	-0.183***
	常数项	27.726***	29.104***	30.927***	33.568***	31.117***	30.464***
	观测量	540	540	540	540	540	540

注：***、**和*分别表示1%、5%和10%的显著性水平。

对于发展型消费比重，少儿抚养比的影响在各个分位点仍旧不显著，老年扶养比的影响也不显著。说明在农村地区，人口年龄结构变动对发展型消费比重的影响尚未显现，少儿抚养比和老年扶养比主要是通过影响生存型消费和享受型消费而影响到农村家庭的消费结构。

本章小结

本章构建了一个关于消费结构的理论框架，从理论上探寻人口年龄结构对消费结构的影响作用，在理论框架的指导下，从微观层面和宏观层面分别考察了人口年龄对居民消费结构的影响。（1）基于 CSS 调查数据的微观层面估计结果显示：居民消费结构的年龄效应较为显著，且城乡居民表现出较为一致的趋势，城乡居民食品、医疗保健项目支出比重的年龄效应呈"U"形特征；衣着比重的年龄效应呈较平稳的下降趋势；家庭设备及用品、交通通信项目支出比重的年龄效应呈倒"U"形特征；教育文化娱乐服务支出比重随着年龄增长而不断提高，在45岁左右达到最高水平，之后则持续下跌，等到了60岁左右又呈反弹增长的趋势；年龄效应在居住项目上出现了较大的城乡差异，城镇居民的居住支出比重在 30—60 岁处于较高位置，农村地区居民居住支出比重在 40 岁之前处于较高水平，此后则基本稳定在低位。（2）利用 CSS 2011 年数据的分位数回归分析发现，总体而言少儿人口比重对居民消费结构的影响作用较为微弱；老年人口比重对消费结构的影响较为复杂，城乡表现一致的项目有：衣着、交通通信（老年比重的负向影响随着分位点的上升而增强）、医疗保健（老年比重的正向影响随着分位点的上升而增强）、家庭设备用品及服务（老年比重的影响不显著），表现出城乡差异的项目有：食品（老年人口比重对食品支出比重的影响只有在城镇地区的较高分位点才显著，而对农村居民的影响不显著）、教育文化娱乐服务（老年比重在较高的分位点上分别对城镇和农村居民产生正和负的反向影响）、居住（老年比重仅对城镇产生正的影响）。（3）宏观层面的估计结果显示，在城镇样本中，少儿抚养比的上升提高了生存型消费支出的比重，且少儿比重的加重对低收入家庭生存型消费的冲击更为强烈，老年扶养比上升仅对收入水平较高家庭的生存型消费比重产生正影响；少儿抚养比和老年扶养比对享受型消费比重的影响并不显著；少儿比重的减轻带来了更高的发展型消费比重，越富裕的家庭，子女数量变动对发展型消费比重的影响越小，养老负担的加重使较贫穷家庭降低了发展型消费的比重。在农村样本中，人口年龄结构变动对消费结构的影响主要是通过老年扶养比对生存型消费比重和享受型消费比重的冲击来体现，老年扶养比上升使生存型消费比重下降，并且家庭收入水平越低，老年扶养比对生存型消费的负影响越显著；老年扶养比上升通过作用于医疗保健支出而对享受型消费产生正影响，对于越富裕的家庭，老年扶养比对享受型消费的影响越弱。

第八章　人口年龄结构与居民消费不平等

居民消费需求乏力是困扰中国经济的一大难题，方福前（2009）指出：我国日益扭曲的城乡之间、地区之间、不同群体之间的收入差距和消费差距是居民消费长期低迷的重要原因。与此同时，我国经历了剧烈的人口转变过程，人口老龄化和不平等一起构成了影响未来经济增长的两大因素，这两者之间是否存在着某种因果联系呢？不平等的加剧在多大程度上是由人口老龄化带来的？这种影响是不断恶化还是趋于减轻？这些正是本章需要回答的问题。

鉴于不平等问题的重要性，国外很多学者从不同角度进行了大量分析：从不平等的程度，到变动趋势，到影响因素研究等，都有较详尽的分析。但由于微观收入调查数据比消费数据更易获得，现有研究几乎全部集中于收入不平等的研究（赵人伟等，1999；陈钊等，2010；李实等，2010），而对消费不平等的研究较为缺乏。正如 Slesnick（1991）以及 Cutler 和 Katz（1992）指出的，收入由于容易受到暂时性冲击的影响，波动性较大，且在统计上也容易存在测量误差问题，而消费与收入相比则更为稳定，此外，永久收入假说和生命周期理论也告诉我们，消费能更准确地衡量人们的福利状况。因此，无论是从居民福利角度还是从扩大内需促进经济增长角度而言，研究人口年龄结构变动与消费不平等关系都是十分具有现实意义的。

第一节 理论分析与假说的提出

一 理论分析

本部分将构建一个统计性的框架，来对人口年龄结构变动如何影响消费不平等进行解释。遵循由简单到复杂的原则，我们先分析最简化的情况，然后推广到复杂的情况。

假设经济中人口数量归一化为 1，全部的人口分为互斥的两组：老年组和年轻组。老年组人口总数为 $w \in [0, 1]$，则老年人口比重即为 w，而年轻的总数和比重都为 $(1-w)$。

假设每个组内部用指标 s 衡量消费的差距，s 可以取消费的方差、基尼系数或者其他方式衡量的消费不平等，记老年组内部的消费不平等为 $s_o > 0$，年轻组内部的消费不平等为 $s_y > 0$，假设老年组和年轻组消费不平等程度互相独立[①]，总体的消费不平等可看成是老年组和年轻组消费不平等的加权平均，即：

$$s = w \cdot s_0 + (1-w)s_y = s_y + w(s_0 - s_y) \tag{8.1}$$

从式（8.1）容易看出，w 的上升即老龄化对总体消费不平等的影响，取决于老年组和年轻组各自的消费不平等状况，即 s_o 和 s_y，当 $s_o > s_y$，即老年组的消费不平等更大时，老龄化将扩大总体的消费不平等；当 $s_o < s_y$，即老年组的消费不平等更小时，老龄化将缩小总体的消费不平等；当 $s_o = s_y$，即老年组的消费不平等与年轻组一样时，老龄化对总体的消费不平等没有影响。后文将从理论上和经验上详细说明，更一般的情况是 $s_o > s_y$，这意味着老龄化将使总体的消费不平等恶化。

现在把分析扩展到复杂的情况。仍旧假设总体中总人口为 1，但存在相当多的足够密集的年龄组，则这些不同的年龄组可近似地看作

---

① 我们没有证据证明两组的消费差距是非独立的，故暂且认为该假设是合理的，更为重要的是，实践中需组间相互独立的前提，才可能将总体的消费差距在组间合理分解。

是连续的。以 $a \in A$ 表示年龄，A 为年龄的最小值（0 岁）到最大值之间的实数集合，则密度函数 $f(a)$ 即为年龄为 a 的人口的密度，总人口为 1，因此 $\int_A f(a) = 1$。年龄为 a 的人口的消费不平等可记为年龄的函数 $s(a)$，且有 $s(a) \geq 0$。于是总体的消费不平等可表示为：

$$s = \int_A s(a) f(a) da \tag{8.2}$$

在连续的情况下，人口年龄结构的变动即为年龄密度函数 $f(a)$ 发生变化，假设是从 $f(a)$ 变化到 $\varphi(a)$。老龄化的数学表现为：对于任意 $a^* \in A$，有 $\int_0^{a^*} f(a) da \geq \int_0^{a^*} \varphi(a) da$，即人口年龄变化后，低于任意年龄 a^* 的人口比重下降了，也就是人口结构变得"老化"了。若仅考虑人口年龄结构的变动，总体的消费不平等将变化为：

$$s' = \int_A s(a) \varphi(a) da \tag{8.3}$$

式（8.3）与式（8.2）相减，有：

$$\Delta s = s' - s = \int_A s(a) \varphi(a) da - \int_A s(a) f(a) da \tag{8.4}$$

式（8.4）中 Δs 的取值即为人口年龄结构变动对总体消费不平等的影响。

令累积分布函数 $F(a) = \int_0^{a^*} f(a) da$，$\Phi(a) = \int_0^{a^*} \varphi(a) da$，由前述老龄化的数学表现可知：$F(a) \geq \Phi(a)$。设 $G(a) = F(a) - \Phi(a)$，则 $G(a) \geq 0$。

把 $F(a)$、$\Phi(a)$ 及 $G(a)$ 代入式（8.4）中，有：

$$\Delta s = \int_A s(a) \varphi(a) da - \int_A s(a) f(a) da = \int_A s(a) d\Phi(a) - \int_A s(a) dF(a)$$

$$= - \int_A s(a) dG(a)$$

利用分步积分法有：

$$- \int_A s(a) dG(a) = - [s(a) G(a)]_{a \in A} + \int_A s'(a) G(a) da$$

由于 $G(a) = F(a) - \Phi(a)$ 在年龄集合 A 的下界和上界均为 0，上式右边第一项为 0，从而有：$-\int_A s(a)\,dG(a) = \int_A s'(a)G(a)\,da$，即：

$$\Delta s = \int_A s'(a)G(a)\,da \qquad (8.5)$$

由式（8.5）可知，当 $s'(a) > 0$ 时，有 $\Delta s > 0$；当 $s'(a) < 0$ 时，有 $\Delta s < 0$；当 $s'(a) = 0$ 时，有 $\Delta s = 0$。这意味着，当不同年龄组消费不平等随年龄增加（减小或不变）时，老龄化将相应地导致总体的消费不平等扩大（缩小或不变）。从数理角度而言，$s'(a)$ 也完全可以在不同的 a 值（区间）上交替出现正负值，这暗含着不同年龄组的消费不平等与年龄增长并非是单调的关系，此时老龄化对总体消费不平等的影响将是不确定的。

接下来，本节将从理论解释和经验证据两个方面阐明，在中国真正成立的情况应该是 $s'(a) > 0$，即老龄化将扩大总体的消费不平等。

二 假说的提出

人口结构变化，必然会对诸多经济变量（如收入和消费）与年龄之间的关系产生影响，这些变量与个人的福利水平密切相关，进而影响到整个社会的不平等。根据 Deaton 和 Paxson（1994）的分析，在永久收入假说下，且经济中存在不确定性，那么个人的消费路径应该是一个鞅（martingale）过程，即：

$$c_{i,t+1} = c_{i,t} + \varepsilon_{i,t+1} \qquad (8.6)$$

其中，i 为第 i 个个体，t 和 $t+1$ 分别是第 t 期和第 $t+1$ 期，$\varepsilon_{i,t+1}$ 代表在第 t 期不可预期的随机冲击。对式（8.6）两边分别取方差，并进一步假设本期的消费与下一期的随机冲击不相关，即 $\mathrm{cov}(c_{i,t}, \varepsilon_{i,t+1}) = 0$，得到：

$$\mathrm{var}(c_{t+1}) = \mathrm{var}(c_t) + \sigma_{t+1}^2 \qquad (8.7)$$

其中 σ_{t+1}^2 是随机冲击 $\varepsilon_{i,t+1}$ 的方差。随着时间 t 的增加，可以得到：

$$\mathrm{var}(c_T) = \mathrm{var}(c_0) + \sum_{t=1}^{T} \sigma_t^2 \qquad (8.8)$$

式（8.8）的含义在于：随着时间 t 的推移，消费的方差将越来越大。这意味着在同一时代出生的个体内部，随着个体年龄的增加，该组人的消费不平等也不断扩大。简言之，在其他条件不变的情况下，老年组的消费不平等必然大于年轻组，从而人口老龄化对总体消费不平等产生的是扩大的作用，即前文提出的 $s'(a) > 0$。

因此，我们可以提出待检验的假说：人口老龄化扩大了中国居民的消费不平等。

本章接下来的分析将围绕这一假说的检验展开。

第二节　居民消费不平等的分解

本节继续沿用中国社会状况综合调查（Chinese Social Survey）2006 年、2008 年和 2011 年三期的数据，分析人口年龄结构变动对居民消费不平等的影响。

一　消费不平等与收入不平等的衡量

我们选取对数标准差、变异系数、基尼系数、泰尔指数[①]来衡量消费不平等。不同的衡量指标有各自的特点，衡量消费不平等的角度也存在差异。为了便于比较，我们还给出了衡量收入不平等的对应指标。其中收入指标采用的是家庭人均收入，即家庭总收入除以家庭人口数，而消费指标是选用 OECD 平方根规模指数进行换算而得到的家庭人均消费支出。

表 8 - 1 报告了各年居民的消费不平等与收入不平等情况，从中有以下几点发现：

第一，消费不平等和收入不平等不断扩大。表 8 - 1 的衡量消费

---

① 　它们的计算公式分别为：对数标准差为 $s = \sqrt{\dfrac{1}{n} \sum\limits_{i=1}^{n} (\log c_i - \log \bar{c})^2}$，变异系数为 $v = \dfrac{\sqrt{\dfrac{1}{n} \sum\limits_{i=1}^{n} (c_i - \bar{c})^2}}{\bar{c}}$，基尼系数为 $gini = \dfrac{2}{n^2 \bar{c}} \sum\limits_{i=1}^{n} i \, (c_i - \bar{c})$，泰尔指数为 $theil = \dfrac{1}{n} \sum\limits_{i=1}^{n} \dfrac{c_i}{\bar{c}} \log \left(\dfrac{c_i}{\bar{c}} \right)$，其中，$c_i$ 和 $\bar{c}$ 分别为消费及其均值。

不平等和收入不平等的对数标准差、基尼系数以及泰尔指数等指标中，无论是全样本还是城镇样本和农村样本，都存在着一致的趋势，即随着时间的推移，我国居民的消费不平等和收入不平等均呈不断扩大的趋势。从收入的角度看，我国居民的收入不平等经历了一个明显的上升过程，其中收入的基尼系数从2005年的0.481上升到2007年的0.488再上升到2010年的0.513。从消费的角度看，情况也是高度一致的：消费的基尼系数从2005年的0.416上升到2007年的0.429再上升到2010年的0.432。主要的差别在于，从各个衡量差距的指标来看，收入不平等的上升幅度要高于消费不平等的上升幅度。对于收入不平等的恶化，学界已经予以了高度的重视，而对于消费不平等的扩大，却鲜有研究涉及。2000年以后我国经济增长和收入水平进入了飞速发展时期，城乡居民的消费水平也得到了极大的提升，在消费品中，有一些消费品比如耐用品具有"家庭内部公共物品"的特征，具有规模经济效应，这些消费品的价格相对昂贵，致使居民的购买决策相对离散；随着经济的飞速发展，先富裕起来的高收入阶层首先享受到了经济增长的实惠，他们的消费总是领先于低收入阶层，而且不断优化升级，而低收入阶层相对而言消费滞后并且消费升级的空间狭窄，这些都是我国居民消费不平等不断扩大的一些原因。

表8-1　　　　　　　　　　居民消费不平等与收入不平等

	消费			收入		
	2005年	2007年	2010年	2005年	2007年	2010年
全体居民						
对数标准差	0.762	0.782	0.821	1.009	1.037	1.038
变异系数	0.087	0.088	0.089	0.116	0.124	0.125
基尼系数	0.416	0.429	0.432	0.481	0.488	0.513
泰尔指数	0.301	0.325	0.315	0.426	0.443	0.497
城镇居民						
对数标准差	0.682	0.695	0.744	0.915	1.023	1.026
变异系数	0.075	0.076	0.078	0.107	0.111	0.118

续表

	消费			收入		
	2005 年	2007 年	2010 年	2005 年	2007 年	2010 年
基尼系数	0.373	0.377	0.392	0.444	0.457	0.473
泰尔指数	0.242	0.246	0.255	0.362	0.385	0.418
农村居民						
对数标准差	0.720	0.736	0.775	0.850	0.914	0.918
变异系数	0.085	0.086	0.087	0.101	0.115	0.119
基尼系数	0.410	0.427	0.431	0.411	0.441	0.461
泰尔指数	0.303	0.352	0.338	0.295	0.351	0.397

　　第二，居民的收入不平等要大于消费不平等。在各个年份，无论是全样本、城镇样本还是农村样本，居民的收入不平等均大于消费不平等。这与 Cai 等（2010）针对我国城镇家庭的研究结论不一致，他们发现城镇居民的消费不平等在大多数样本期内要高于收入不平等。根据永久收入假说，消费更多地取决于永久收入而不是暂时收入，因为与收入相比较，消费可以存在一系列平滑机制，使消费的变动没有收入那么激烈，因此，如果消费的平滑机制的确存在的话，消费的波动性则应该小于收入的波动性。表 8－1 的结果暗示着我国居民似乎可以在一定程度上利用某种平滑机制，使消费不平等没有收入不平等那般恶化。由表 8－1 还可以发现的是，就收入而言，城镇居民的收入不平等要大于农村居民，而相反的是，在消费不平等上，却是农村居民要大于城镇居民。对于农村居民而言，城镇居民的收入来源更为多样化，因此容易形成收入阶层的分化，另一个重要的原因是中国城镇房地产市场的蓬勃发展，使房产的财富效应迅速膨胀，导致城镇居民中有房者与无房者收入不平等极为显著，这些都造成了城镇居民的收入不平等大于农村居民。与我国经济的二元特征一样，社会保障也存在着显著的二元特征，城镇居民在退休机制的安排下，养老的压力要明显低于农村居民，城镇地区的医疗保障也比农村地区更为健全，社会保障水平的占优，使城镇居民平滑消费的能力要高

于农村居民，因此在消费上，农村居民表现出比城镇居民更高的消费不平等。

以上对消费不平等和收入不平等的分析仅考察的是横截面的收入或者消费，并没有将出生在不同时代的个体面临的差异进行区别。由于社会、政治、经济条件的时变性，即使是相同年龄的个体，只要出生年代不同，其消费不平等就不具可比性，因此，接下来将构建出生组，讨论出生组内部以及出生组之间的消费不平等状况。

二 各出生组的年龄—消费不平等曲线

本书接下来选用对数消费的方差来作为衡量消费不平等的指标，之所以选择这一指标，是为了对总体消费不平等进行分解的需要，由表8-1可知，对数消费的方差与基尼系数、泰尔指数等衡量消费不平等的指标变动趋势是一致的，它也比较准确地反映了消费不平等的情况。本部分沿用第六章表6-4构造的出生组，即根据被访问者的出生年代每10年构造一个出生组，最老的出生组出生于1935—1944年，最年轻的出生组出生于1985—1993年，总共构造了6个出生组。图8-1至图8-3分别绘制了全样本、城镇样本和农村样本各出生组的年龄—消费不平等曲线。

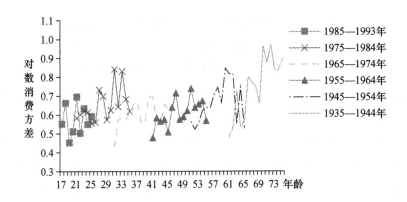

图8-1 全样本年龄—消费不平等曲线

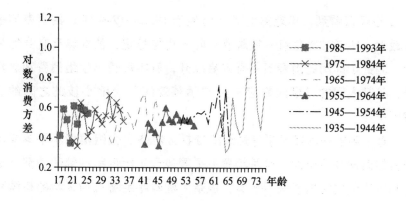

图8-2 城镇样本年龄—消费不平等曲线

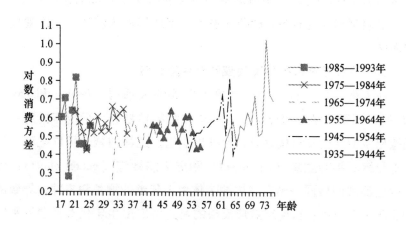

图8-3 农村样本年龄—消费不平等曲线

从图8-1至图8-3可以发现，几乎在每个出生组内，消费不平等都存在一个随年龄增加而上升的趋势，并且从整个消费不平等的分布亦可发现存在着一个随年龄增加而上升的趋势，这充分说明了我国居民消费存在着较显著的组内差距。这一发现与曲兆鹏和赵忠（2008）基于我国农村的研究结论基本一致。

全样本、城镇样本和农村样本的年龄—消费不平等曲线较为曲折，出现了多个波峰并且波峰出现的时间并不确定，原因可能在于居民对消费品的购买和消费是连续的，并且消费在不同的个体间具有较强的异质性，因此消费不平等高峰出现的年龄很难具有规律性。由图

8 –1 还可以看到，年老出生组（出生于 1935—1944 年）的消费不平等较大，年老的出生组一般事业与收入更加稳定，消费具有自身的惯性，因此个体间的消费不平等容易拉开，而年轻的出生组消费观念新颖，年轻人间的"攀比效应"和"示范效应"会缩小彼此之间的消费不平等。

基于年龄—消费不平等曲线的分析，对各出生组消费不平等变化趋势的刻画并不全面，这种消费不平等包含了出生组内部的消费不平等和出生组之间的消费不平等，混杂了随着年龄增长的风险的持续积累，这两种消费不平等混合在一起，难以厘清真实的消费不平等。为了考察真实的出生组之间的消费不平等和出生组内部的消费不平等，我们必须对其进行分解，即把消费不平等的年龄效应和出生组效应分解出来。

三　消费不平等的年龄效应和出生组效应

在考察人口年龄结构与消费不平等的关系时，Deaton 和 Paxson（1994）从两个维度划分组群：一是按照年龄划分，形成年龄组；二是按出生的年代或时代划分，形成出生组。这样的划分可以把消费不平等分解成年龄效应（age effect）和出生组效应（cohort effect）。年龄效应反映的是同一出生组内的个体由于年龄的增长积累冲击导致的消费不平等变化；出生组效应反映的则是特定出生年代对消费不平等的影响。

（一）分解的模型

Ohtake 和 Saito（1998）拓展了 Deaton 和 Paxson（1995）的方法，将消费对数方差分解为出生组效应和年龄效应。在此沿用 Ohtake 和 Saito（1998）的模型：

$$varlnc(j + k) = varlnc(j) + \frac{1}{\gamma^2} \sum_{l=0}^{k-1} \sigma_h(j + l)^2 \qquad (8.9)$$

其中，j 表示出生组所属的年代，k 表示年龄，σ_h 表示个体异质性方差。γ 表示效用函数的相对风险厌恶系数。式（8.9）的 $varlnc(j + k)$ 代表一个可以被分成 j 个出生组和 k 个年龄组的总体人群的消费的对数的方差，表示总体的不平等，右边第一项表示出生组在 j 时刻进入经济系统时面临的消费不平等，即出生组初始的消费不平等；右边第二项衡量了出生组内部的消费不平等，代表了随着年龄增长的未预计到的冲击积累造成的消费不平等。式（8.9）把总的消费不平等分为了两部分，右边第一项即为消费不平等的出生组效应，而第二项为年龄效应。

为便于实证检验，构建虚拟变量，估计以下方程：

$$varlnc(j + k) = \sum_{m = J_0}^{J} \alpha_m cohort_m + \sum_{n = K_0}^{K} \beta_n age_n + e(j,k) \qquad (8.10)$$

其中 $cohort_m$ 是出生组虚拟变量，当 $m = j$ 时取值为 1，否则取值为 0，与之前的分析一致，从 1935 年到 1993 年，每 10 年确定一个出生组，共有 6 个出生组；age_n 是年龄虚拟变量，当 $n = k$ 时取值为 1，否则取值为 0，从 17 岁到 75 岁，每 1 岁确定一个年龄组，共 59 个。系数 α_m 和 β_n 的估计值则分别为消费不平等的出生组效应和年龄效应。

（二）消费不平等的年龄效应

首先对消费不平等的年龄效应 β_n 进行估计，结果如图 8－4 至图 8－6 所示。其中所有的估计系数都是与 17 岁相比较的。

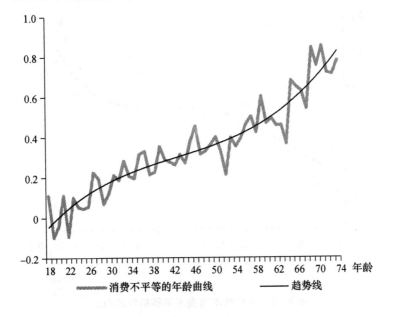

图 8－4　全样本消费不平等的年龄曲线

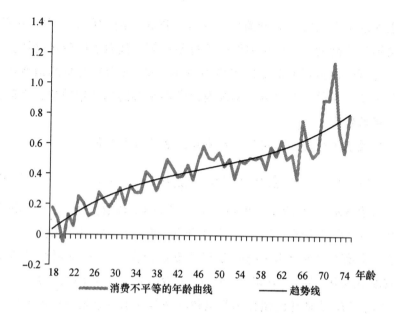

图 8 - 5 城镇样本消费不平等的年龄曲线

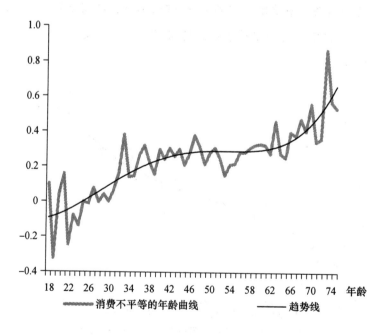

图 8 - 6 农村样本消费不平等的年龄曲线

图8－4至图8－6表明，在控制了出生组效应后，全样本、城镇样本和农村样本的消费不平等随年龄增加而明显扩大，并且在55岁以后，消费不平等扩大的速度有加快的趋势。但农村样本的年龄效应并没有通过显著性检验，因此我们初步判断，只有在城镇居民内部才存在着消费不平等随着年龄增加而扩大的趋势。

根据永久收入假说，在完全的信贷市场条件下，没有流动性约束，个体可以借助消费信贷市场应付未预计到的冲击，从而平滑一生的消费，因此消费不平等的年龄效应不存在。我国由于消费信贷市场比较落后，居民面临着较强的流动性约束，消费不平等的年龄效应显著，信贷约束对城镇居民的消费不平等产生了扩大的作用，因此，完善我国信贷市场应该是缩小居民消费不平等的一个有效手段。

Ohtake 和 Saito（1998）对日本的研究发现，日本同样存在着居民消费不平等随着年龄增加而扩大的这一特征，与本书不同之处在于日本居民大约在40岁以后，消费不平等会以更快的速度增加，Ohtake 和 Saito 认为其原因在于三个方面：其一是40岁左右是日本员工失业率激增的年龄（因为企业若要裁员，偏向于裁掉40岁以上的人员），这种失业的风险对员工收入带来了负的永久性冲击，从而传导到消费上；其二是日本员工在40岁左右面临的升迁机会差异是最大的，这也会影响到消费差异；其三是40岁以后是日本居民获取父母遗赠的普遍年龄，获赠父母遗产的差异也会对消费差异产生冲击。本书的研究发现，我国城镇居民的消费不平等随着年龄的增长而增大，并且在55岁左右消费不平等的扩大有轻微加速的趋势，由于55岁是我国城镇居民退休（女性职工）或者即将退休（男性职工）的年龄，我们认为在这个年龄以后消费不平等的加速扩大可能有三个方面的原因：第一，我国退休的双轨制。我国长期以来实行的是双轨制的退休制度，机关单位或者事业单位的退休人员按照公务员标准领取退休金，退休金的来源是国家财政全额或者部分拨付，而企业职工的养老由社会保障体系负责，退休金由社会保障基金发放。公务员的退休工资基本占退休前工资收入的90%左右，而企业职工退休后有保障拿到的养老金只有退休前的30%左右①，即便近年来我国不断提高企业职工的基本养老金标准，但相对公务员而言，企业职工退休前后的工资收入差异仍然十分显著。公务员不仅退休前后收入水平相差不大，而且在整个工作期间不需要缴纳养老保险，企业职工退休后工资收入显著减少，但却要缴纳十几万元的养老保险，这种"退休金双轨制"对不同群体退休后的消费冲击存在差异性，是城镇居民退休后消费不平等加速扩大的一个重要影响因素。第二，家庭的生产效应。家庭的生产效应是指居民由于退休，有大量空闲的时间可以从事家庭生产活动或者搜寻物美价廉的商品②，即重新最大化了家庭生产函数，使生活消费支出下降的同时保证了生活质量的不下降。我国城镇居民家庭中，有的家庭存在专门从事家务劳动的成员，也有的不存在，如果家庭中原来没有专门的成员从事家务劳动，那么退休后的家庭成员就可以重新最大化家庭生产函数，使生活消费支出减少。这种家庭生产效应的客观存在有可能造成城镇居民退休后消费支出下降，但也会使不同类型的家庭受到的退休冲击存在差异，从而有可能是城镇居民退休后消费不平等扩大的一个原因。第三，健康和医疗保障的差异。居民退休后逐步进入老年人行列，其健康状况也逐渐恶化，老年人患慢性病的概率较高，慢性病使患者承受了巨大的经济压力，根据2008年全国第三次死因回归抽样调查推算："慢性病人住院一次，平均要花费掉我国城镇居民人均年可支配收入的一半以上。"③ 医疗保健支出是居民退休后的一项重要支出。而作用于城镇居民的医疗保障体制发生了明显变化，一些原来能享受公费医疗的群体由于企业改制等的影响而丧失了这项福利，这部分居民即使有迫切的医疗保健需求，也因医疗保障的缺失难以全部实现。本书的数据显示，没有医疗保障的

---

① 部分内容和相关数据引自凤凰网（http://news.ifeng.com/opinion/200812/1224_23_937767.shtml）。

② 比如从事在家自己做饭等家务劳动、比较相同商品在不同地点的价格、多处搜寻打折商品等。

③ 数据来源：《我国慢性病患者数量或"井喷" 专家呼吁将慢性病防治列入社会发展规划》，http://health.people.com.cn/GB/10366017.html，2009-11-12。

城镇居民，其人均年医疗保健支出与有医疗保障的城镇居民相比要低 811 元。由于医疗保健支出在居民退休后的重要性，以及城镇居民医疗保障实现的差异性这两方面的共同作用，城镇居民的医疗保健消费在退休后会有进一步扩大的趋势，从而推动总消费不平等的加速上升。

除了对总消费的差距进行分解，本书还尝试分解非耐用品①的消费不平等，消费中包含的非耐用消费品支出既可以对总消费不平等的结果进行稳健性检验，本身也具有单独的意义。对非耐用品消费不平等的分解结果与总消费不平等的分解结果并不存在显著的差异，即全样本、城镇样本和农村样本的非耐用品消费不平等随年龄增加而明显扩大，但农村样本的年龄效应也没有通过显著性检验，因此本书在此不逐一列出。

（三）消费不平等的出生组效应

某种意义上，出生组效应才是"真实的消费不平等"，因为"剔除了年龄效应所包含的时间风险，代表了出生组本身持久的消费不平等"。② 出生组效应可以比较出生于不同年代的居民之间的消费不平等，但由于宏观经济环境在变动，经济增长的成果与消费不平等的扩大相互交织，难以分辨出真实的福利不平等，只能对消费不平等的大小有个大致的印象。

对式（8.9）中消费不平等的出生组效应 α_m 进行估计，结果如表 8 - 2 所示，其中，对比的基准为出生于 1935—1944 年的出生组，容易看出，出生组效应皆为正值，全样本和城镇样本的大多数系数都通过了显著性检验，这意味着城镇居民的消费不平等存在显著的出生组效应，但农村居民消费不平等的出生组效应并不明显。由表 8 - 2 还

---

① 根据百度百科的定义，非耐用消费品是指消费者消耗较快、需要不断重复购买的产品，典型的非耐用消费品包括食品饮料、食品、服装鞋帽、日用品类等。故本书纳入统计的非耐用消费品支出包括食物支出、衣着支出、水电煤支出、物业费、取暖费、交通通信支出、日用品支出。由于 CSS 缺少 2005 年耐用品支出数据，所以未能对耐用品的消费进行分析。

② 邹红、李奥蕾、喻开志：《消费不平等的度量，出生组分解和形成机制——兼与收入不平等比较》，《经济学》（季刊）2013 年第 3 期。

可以看到的是，随着出生年代的推移，出生组效应呈递增趋势，说明出生年代越晚的出生组，其消费不平等越大，这与第六章中消费支出的出生组效应呈"U"形不同。值得注意的是，出生于1975—1984年的出生组，其出生组效应的估计系数无论是全样本、城镇样本还是农村样本皆显著为正，而且与更老的出生组相比，其出生组效应出现了明显的剧增（全样本中为0.3872，城镇样本中为0.4016、农村样本为0.3693），这表明居民消费不平等从出生于1975—1984年的出生组开始出现了跳跃式的扩大，这与我国的宏观经济背景是密不可分的，出生于1975—1984年的居民，是"生于计划，长于市场"的一代，他们经历了中国巨大的社会变迁，他们出生的时代是从物资短缺和历史压抑向改革开放和价值观重塑过渡和转变的时期，是中国发生了翻天覆地大变化的时期，在这个特殊的蜕变期中，他们经历了中国经济的转折、下海经商热，还受到了多元文化的碰撞，接受了时代潮流的熏陶，形成了属于自身的生活方式与消费习惯。出生于1975—1984年的居民，与更早出生的群体相比，更多地享受到经济增长带来的好处，在样本调查期内，这一代人处于职业生涯的黄金时期，消费能力强劲，这也为消费不平等的扩大提供了现实条件。

表8-2　　　　　　　　　消费不平等的出生组效应

出生组（年）	全样本		城镇样本		农村样本	
	估计系数	t值	估计系数	t值	估计系数	t值
1945—1954	0.1232*	1.84	0.1509**	2.36	0.1081	1.29
1955—1964	0.1411	1.49	0.1042	1.15	0.1013	0.85
1965—1974	0.2219*	1.92	0.2526**	2.28	0.1085	0.75
1975—1984	0.3872**	2.89	0.4016***	3.14	0.3693**	2.20
1984—1993	0.4334**	2.90	0.5066****	3.54	0.4462**	2.38

注：＊＊＊、＊＊、＊分别表示在1%、5%和10%的水平上显著。

第三节　消费不平等变动的分解

基于回归方程（8.10）所做的分析，只是探讨了年龄以及出生组与消费不平等之间的关系，要探究消费不平等变化的成因，还需要对消费不平等变动进行分解。

一　分解的方法以及对分解的改进

为了解释人口年龄结构对消费不平等变动的影响，我们需要对消费不平等在 2005—2010 年的变动进行分解。在具体分解前，先简要介绍 Ohtake 和 Saito（1998）提出的分解的方法及对其的改进。

（一）Ohtake 和 Saito（1998）的分解方法

定义 S_{it} 为每个年龄组占总人口的比重，其中 t 代表调查的年份，i 代表年龄组，$i = 17$，18，$\cdots$，75；σ_{it}^2 为控制了出生组后，每个年龄组消费的对数的方差；X_{it} 为每个年龄组消费的对数的均值。对此，可以把消费对数方差变形，分解如下：

$$Var\mathrm{lnc}_t = V(S_t, \sigma_t^2, X_t) = \sum_{i=17}^{75} S_{it}\sigma_{it}^2 + \sigma_{ht}^2 \tag{8.11}$$

其中，$\sigma_{ht}^2 = \sum_{i=17}^{75} S_{it}X_{it}^2 - (\sum_{i=17}^{75} S_{it}X_{it})^2$，因此可以得到：

$$Var\mathrm{lnc}_t = V(S_{it}, \sigma_{it}^2, X_{it}) = \underbrace{\sum_{i=17}^{75} S_{it}\sigma_{it}^2}_{\text{组内方差}} + \underbrace{\sum_{i=17}^{75} S_{it}X_{it}^2 - (\sum_{i=17}^{75} S_{it}X_{it})^2}_{\text{组间方差}}$$

$$\tag{8.12}$$

$Var\mathrm{lnc}_t$ 衡量了总体的消费不平等，其在 t_0（基期）到 t_1（报告期）的变化可以分解为：

$$Var\mathrm{lnc}_{t_1} - Var\mathrm{lnc}_{t_0} = \underbrace{V(S_{it_1}, \sigma_{it_1}^2, X_{it_1}) - V(S_{it_0}, \sigma_{it_0}^2, X_{it_0})}_{\text{消费差距的总变动}}$$

$$= \underbrace{[V(S_{it_1}, \sigma_{it_0}^2, X_{it_0}) - V(S_{it_0}, \sigma_{it_0}^2, X_{it_0})]}_{\text{人口结构效应}}$$

$$+ \underbrace{[V(S_{it_0}, \sigma_{it_1}^2, X_{it_0}) - V(S_{it_0}, \sigma_{it_0}^2, X_{it_0})]}_{\text{出生组效应}}$$

$$+ \underbrace{[\, V(S_{it_{01}}, \sigma_{it_0}^2, X_{it_1}) - V(S_{it_0}, \sigma_{it_0}^2, X_{it_0})\,]}_{\text{年龄组间效应}}$$

$$+ \text{不可解释部分} \tag{8.13}$$

式（8.13）即为 Ohtake 和 Saito（1998）提出的分解的方法，我们称其为 O&S 分解方法。式（8.13）右边第一项表示 S_{it} 变化带来的总体消费不平等的变动，称之为人口结构效应（demographic effect），在人口结构老龄化的情况下，又称为人口老龄化效应；第二项表示 σ_{it}^2 变化带来的总体消费不平等的变动，称之为出生组效应（cohort effect）；第三项则是由 X_{it} 变化带来的总体消费不平等的变动，称之为年龄组间效应（between – age effect）。

（二）对 Ohtake 和 Saito（1998）分解方法的改进

我们认为 O&S 分解方法仍需要改进。O&S 分解结果中常常会出现这样一种情况：各因素影响作用之和不等于总消费不平等的变动，从而分解结果多出了一个无法解释的部分。O&S 分解还有可能存在过度解释消费不平等变动的现象，因为在计算任何一种效应时，O&S 分解都将其他影响因素固定在基期，各项贡献的加总可能大于实际消费不平等变动的程度。

针对 O&S 分解的缺陷，本书借鉴统计学中因素分析法的基本思想，对 O&S 分解方法进行改进。具体的步骤如下：

第一步，先将式（8.12）写作：

$$Var\ln c_t = \underbrace{\sum_{i=17}^{75} S_{it}\sigma_{it}^2}_{\text{组内方差}} + \underbrace{[\,\sum_{i=17}^{75} S_{it}X_{it}^2 - (\sum_{i=17}^{75} S_{it}X_{it})^2\,]}_{\text{组间方差}}$$

$$= W(S_t, \sigma_t^2) + B(S_t, X_t) \tag{8.14}$$

组内方差受到 S_t 和 σ_t^2 两个因素的影响，简记为 $W(S_t, \sigma_t^2)$；组间方差受到 S_t 和 X_t 两个因素的影响，简记为 $B(S_t, X_t)$。显然，总体消费不平等 $Var\ln c_t$ 受到 S_t、σ_t^2 和 X_t 三个因素的影响。

第二步，对总体消费不平等变动的分解。t_o 到 t_1 时期总体消费不平等的变动可以写为：

$$Var\ln c_{t_1} - Var\ln c_{t_0} = \underbrace{[\, W(S_{t_1}, \sigma_{t_1}^2) + B(S_{t_1}, X_{t_1})\,]}_{\text{报告期的总体消费差距}}$$

$$-\left[\,W(S_{t_0},\ \sigma_{t_0}^2)+B(S_{t_0},\ X_{t_0})\,\right] \qquad (8.15)$$

$$\underbrace{\phantom{-\left[\,W(S_{t_0},\ \sigma_{t_0}^2)+B(S_{t_0},\ X_{t_0})\,\right]}}_{\text{基期的总体消费差距}}$$

借鉴因素分析法的基本思想，由于 S_t 反映的是人口年龄结构的变量，我们把它看作数量指标，从而在考察 S_t 因素的影响时，把同度量因素（σ_t^2）固定在基期；而 σ_t^2 反映的是不同年龄组内的消费不平等状况，从不平等视角而言可以看作是一个质量指标，因而在考察 σ_t^2 因素的影响时，把同度量因素（S_t）控制在报告期；再按照分解人口老龄化效应 S_t 时 σ_t^2 和 X_t 应保持在同一时期的要求，总体消费不平等的变动可以进行如下因素分解：

$$Var\mathrm{lnc}_{t_1}-Var\mathrm{lnc}_{t_0}=\underbrace{\left\{\begin{array}{l}\left[\,W(S_{t_1},\ \sigma_{t_0}^2)-W(S_{t_1},\ \sigma_{t_0}^2)\,\right]+\\[1mm]\left[\,B(S_{t_1},\ X_{t_0})-B(S_{t_0},\ X_{t_0})\,\right]\end{array}\right\}}_{\text{人口老龄化效应}}+$$

$$\underbrace{\left[\,W(S_{t_1},\ \sigma_{t_1}^2)-W(S_{t_1},\ \sigma_{t_0}^2)\,\right]}_{\text{出生组效应}}+\underbrace{\left[\,B(S_{t_1},\ X_{t_1})-B(S_{t_1},\ X_{t_0})\,\right]}_{\text{年龄组间效应}}$$

$$(8.16)$$

改进后的式（8.16）与原 O&S 分解方法式（8.13）的每一项的经济含义都相对应：式（8.16）右边第一项为人口老龄化效应，表示人口年龄结构从 t_0 期变动到 t_1 期带来的总体消费不平等的变动；式（8.16）右边第二项为出生组效应，表示由年龄组内消费不平等变化所导致的总体消费不平等的变动；第三项为年龄组间效应，表示年龄组的平均消费水平变动所导致的总体消费不平等的变动。与原 O&S 分解方法相比，改进后的分解方法优势在于分解结果能够保证总消费不平等的变动绝对量等于各因素影响之和，且通过控制人口年龄结构效应，使分解得到的出生组效应和年龄组间效应避免了干扰，因此，分解结果更为接近现实。

二　分解的结果

由于在前文的分析中，农村样本消费不平等的年龄效应在大多数年龄段都不显著，出生组效应也表现出类似的规律，因此接下来对消费不平等变动的分解仅针对城镇样本展开。

（一）基本分解结果

根据式（8.16），对城镇居民 2005—2010 年消费不平等变动的分解如表 8 – 3 所示。

表 8 – 3　城镇居民消费不平等变动的分解（2005—2010 年）

	2005—2007 年	2007—2010 年	2005—2010 年
总变化	0.0362	0.0268	0.0630
老龄化效应	0.0022	0.0053	0.0134
出生组效应	0.0332	0.0143	0.0455
年龄组间效应	0.0008	0.0072	0.0041

由表 8 – 3 可以明显看到，首先，我国城镇居民消费不平等扩大的程度的确是在上升，从 2005 年到 2010 年，我国城镇居民消费不等的总变化达到正的 0.063。其次，出生组效应是总消费不平等变动的主要来源，分别看 2005—2007 年和 2007—2010 年两个时期，也是出生组效应在起主要作用，与出生组效应相比，年龄组间效应在两个时期都很小，这说明我国城镇居民消费不平等在 2005—2010 年的变化，主要表现为在同一出生组内部老年人和年轻人之间差距的扩大，这与前文图 7 – 2 的结论互相印证：在同一个出生组内部，消费不平等随年龄增加而扩大。最后，所有时期的老龄化效应分解结果都显示，相对出生组效应而言，老龄化因素对消费不平等变动的影响不是特别显著，这意味着老龄化对消费不平等的作用有限，这与 Cai 等（2010）对我国城市的分析结果基本一致，老龄化因素不显著的原因可能在于，受数据所限，本书研究的是 2005—2010 年，这段时期比较短，老龄化的作用并不能完全体现出来。但老龄化对总变动的贡献由 2005—2007 年的 6.1%（0.0022/0.0362）上升到 2007—2010 年的 19.8%（0.0053/0.0268），这显现出老龄化对消费不平等扩大的作用在增强。

（二）教育、养老保障的作用

上面基本分解的结果表明，在 2005—2010 年，我国城镇居民消费不平等的变化主要来源于出生组效应，接下来本书尝试用我国城镇居民的若干基本特征来分析上述消费不平等的影响因素。分别估计以下回归方程：

$$城镇居民消费 = 教育程度 + \varepsilon \qquad (8.17)$$

$$城镇居民消费 = 养老保障情况 + \varepsilon \qquad (8.18)$$

$$城镇居民消费 = 教育程度 + 养老保障情况 + \varepsilon \qquad (8.19)$$

其中，教育程度指被调查者受教育的最高学历，分为8类，分别为"未受过正式教育"、"小学"、"初中"、"高中"、"职高、技校、中专"、"大专"、"本科"、"研究生及以上"。养老保障情况包含有养老保险和无养老保险两种情况。根据回归方程得到城镇居民消费的预测值，减掉消费的实际值后得到残差，经过这种方法处理后得到的残差，可以看作剔除了回归方程中自变量影响之后的居民消费，对这个残差的对数方差进行分解，即可认为是控制了自变量（教育程度、养老保障情况）影响后消费不平等的变动。

表 8 - 4　　　　对城镇居民消费残差对数方差的分解

	2005—2007 年	2007—2010 年	2005—2010 年
	教育程度		
总变化	0.0352	0.0249	0.0602
老龄化效应	0.0025	0.0060	0.0091
出生组效应	0.0408	0.0167	0.0545
年龄组间效应	− 0.0081	0.0022	− 0.0034
	养老保障情况		
总变化	0.0382	0.0586	0.0967
老龄化效应	0.0056	0.0005	0.0120
出生组效应	0.0281	0.0469	0.0822
年龄组间效应	0.0045	0.0067	0.0025
	教育和养老保障		
总变化	0.0355	0.0348	0.0703
老龄化效应	0.0002	0.0025	0.0062
出生组效应	0.0366	0.0254	0.0646
年龄组间效应	− 0.0013	0.0069	− 0.0005

对残差的对数方差分解的结果表明，剔除掉教育程度这个因素后，与之前的结果相比，消费的对数方差变小了，这与曲兆鹏和赵忠（2008）的结论并不一致，他们对农村居民的研究表明，控制教育因素后，消费的方差反而变大了，其原因可能在于，本书此部分的研究对象是城镇居民，我国城镇居民的受教育程度存在着较大的差异①，很多研究都发现了教育的不平等加剧了收入不平等，我们剔除了教育程度这个因素，意味着排除了城镇居民教育不平等对消费不平等的影响作用，因此，剔除教育程度后的消费不平等变小了。在剔除教育程度因素后，老龄化效应增强了，但对消费不平等起主要作用的仍然是出生组效应。在剔除养老保障因素后，消费的对数方差变大了。本书对不同养老保障情况的城镇居民分析发现：养老保障的实现，不仅提高了城镇居民的消费水平，而且有助于缩小消费不平等。② 因此可认为养老保障水平提高是缩小居民消费不平等的一个重要保证，在剔除养老保障因素后，居民的消费不平等自然就扩大了。同样地，在剔除养老保障因素后，对消费不平等的影响起主导作用的仍旧是出生组效应，而老龄化效应仍然比较微弱。

（三）分地区消费不平等变动的分解

上述对城镇居民消费不平等变动的分解显示，人口老龄化对我国城镇居民消费不平等的影响从整体而言并不是非常明显，鉴于我国不同经济区域居民的收入、消费水平存在较大差异的现实情况，有必要分地区对城镇居民消费不平等变动进行研究。因此，接下来将按照东、中、西部地区的划分对城镇居民消费不平等变动进行分解③，以深入了解人口老龄化对我国城镇居民消费不平等的影响，并探究其规律。

---

① 利用 CSS 数据可计算出城镇居民受教育程度的标准差为 1.66，而农村居民为 1.08。

② 有养老保险的城镇居民消费对数均值为 9.48，对数标准差为 6.89；而没有养老保险的城镇居民消费对数均值为 9.04，对数标准差为 6.95。

③ CSS 调查的范围是除了海南和西藏的中国大陆的 29 个省、市、自治区。因此，本书划分的东部地区包括：北京、天津、河北、辽宁、上海、江苏、浙江、福建、山东、广东；中部地区包括：山西、吉林、黑龙江、安徽、江西、河南、湖北、湖南；西部地区包括：四川、重庆、贵州、云南、陕西、甘肃、青海、宁夏、新疆、广西、内蒙古。

表 8 - 5　　　　　　　　分地区城镇居民消费不平等变动的分解

	2005—2007 年	2007—2010 年	2005—2010 年
	东部地区		
总变化	0.0603	0.0530	0.1133
老龄化效应	0.0263	0.0315	0.0641
出生组效应	0.0290	0.0390	0.0835
年龄组间效应	0.0051	− 0.0173	− 0.0343
	中部地区		
总变化	0.0395	0.0109	0.0504
老龄化效应	0.0029	− 0.0201	0.0021
出生组效应	0.0260	− 0.0021	0.0208
年龄组间效应	0.0106	0.0331	0.0275
	西部地区		
总变化	0.0606	0.0192	0.0798
老龄化效应	0.0045	0.0028	0.0087
出生组效应	0.0480	0.0224	0.0597
年龄组间效应	0.0081	− 0.0061	0.0114

　　由表 8 - 5 可以明显看到的事实是，我国东、中、西部地区城镇居民消费不平等的变动趋势是一致的，即消费不平等均表现出不断扩大的特点，其中，东部地区消费不平等扩大的程度最为明显，2005—2010 年的总变化达到了 0.1133，这说明在东部经济发达地区，不仅居民消费水平在全国领先，消费不平等也居于高位。分地区进行研究后，我们发现老龄化效应在东部地区发生了显著的变化，人口老龄化对东部城镇居民消费不平等的影响作用明显地加强了，这意味着在东部地区，人口老龄化将会加深城镇居民消费不平等扩大的程度，老龄化是东部城镇居民消费不平等变动的一个主要影响因素。但在我国的中部和西部地区，老龄化对城镇居民消费不平等变动的影响还比较微弱，其中中部地区 2007—2010 年的老龄化效应居然为负值，对于中部和西部地区的城镇居民，对消费不平等变动起主导作用的仍旧为出生组效应。

本章小结

　　本章在构建的统计学框架内，检验人口年龄结构变动对居民消费不平等的影响作用，对消费不平等分解的结果显示，城镇居民消费不平等随着年龄的增长而增大，出生年代越晚的群体，其消费不平等越大。在对 Ohtake 和 Saito（1998）分解方法改进的基础上，我们对消费不平等变动的分解发现了人口老龄化对城镇居民消费不平等的扩大作用。而接下来基于宏观数据，利用空间面板模型进行的实证分析进一步验证了本章开头提出的假说：人口老龄化扩大了居民的消费不平等。老龄化扩大消费不平等的原因在于三个方面：城镇地区退休的双轨制、家庭的生产效应、健康和医疗保障的差异。本章的实证研究还发现教育不平等也会导致消费不平等的扩大，而养老保障的实现，是缩小城镇居民消费不平等的有效手段。

第九章　人口年龄结构变动下扩大居民消费的对策建议

根据本书的研究，中国的人口年龄结构转变正朝着"少子化"和"老龄化"方向发展，而这种人口年龄结构的转变对居民消费水平、消费行为以及消费不平等等方面产生了深刻的影响。因此，必须调整社会经济制度以适应人口年龄结构的变化、进行合理的政策安排来引导家庭重新分配资源、协调生命周期行为，从而提高家庭适应内部年龄结构变化的能力。

第一节　适时调整人口政策，优化消费主体结构

一　适时调整人口政策，优化年龄结构

在人口增长带来的粮食压力和就业压力之下，1980 年 9 月 25 日，《中共中央关于控制我国人口增长问题致全体共产党员、共青团员的公开信》正式发布，中国由此进入了严格控制人口增长的计划生育时代。中国这项世界上独一无二的人口政策，为经济发展带来了巨大的人口年龄结构优势，然而在实现了二十几年高速的经济增长后，中国的人口转变提前完成，人们的生育观念也发生了改变，接踵而至的是人口年龄结构优势的消逝，以及越来越严重的老龄化社会。过早过快地享用人口年龄结构优势是要付出代价的。

随着人口快速老龄化，中国经济发展的年龄结构优势开始减弱，2012 年、2013 年中国 15—59 岁劳动力总量分别下降了 345 万和 1773

万，考虑人口政策的持续影响，未来中国劳动力总量会持续下降，而整个中国经济增长率在 2012 年和 2013 年分别只增长了 7.8% 和 7.7%，2014 年只有 7.4%，这是改革开放以来首次出现连续低于 8% 的情况。劳动力比较优势逐渐丧失的人口形势将继续给中国经济社会进步带来严重而深刻的影响：一是劳动力供给减少导致潜在劳动成产率降低。当人口年龄结构发展到每年退休人口超过进入劳动年龄人口时，年轻劳动力占比减少，年龄偏高的劳动力是劳动力供给的主要构成，无论是在体力还是精力上年老劳动力都要弱于年轻劳动力，年轻人更容易接受新事物，对新技术的领会和应用能力要强于年老劳动力，特别是在当前新技术频繁更新换代的信息化时代，当劳动年龄人口中出现了过多的年老劳动力时，新技术的传播和升级会受到抑制，全社会技术创新能力的提升受阻，这是依靠技术进步来促进经济增长的发展道路上出现的一个新障碍。二是不利于内需的扩大。劳动年龄人口既是生产能力最强的人口，也是消费需求最旺盛、消费能力最强劲的人口，老年人口的增长固然扩大了老年消费市场，但其带来的需求增长难以弥补劳动年龄人口下降导致的需求下降，这是不利于社会的总消费需求的扩大的。三是家庭和社会都面临沉重的养老负担。老年人口的增多和劳动年龄人口的减少，使国家财政负担难以承受，政府不得不增加税收和社会保险缴费，居民的福利受损，家庭和个人消费需求受到抑制，不利于经济增长，人口越老，医疗和健康成本就越高，人口政策的后果之一是家庭规模的不断缩小，这将弱化家庭的养老能力。

人口政策的严格执行使得中国的出生性别比在 20 世纪 80 年代以后节节攀升，1982 年出生婴儿性别比为 107.2，1990 年为 111.3，2000 年进一步攀升到 116.9，而 2010 年则高达 118，这已经远远偏离了 103—107 的正常范围，中国的出生性别比失调已经长达三十年，成为世界上出生性别比失衡最为严重，而且持续时间最长的国家。为了控制人口总量而牺牲正常的人口结构，这就类似于医生治驼背的"只管人直不管人死"的做法，将带来极为严重的后果。出生性别比的严重失衡会对婚姻市场造成婚姻挤压，出生人口性别比的持续攀升会导致男性人口在婚育年龄堆积，造成配对困难，处于婚育年龄的男性找不到适龄配偶，就会搜寻比他低一个层次的女性，如此层层推移，婚姻挤压最终将压力加到了最贫困的未婚男性身上，引发大量男性"光棍"的出现，组成社会的家庭细胞出了问题，必然导致整个社会体的不健康。性别比偏高对我国的养老保障体系形成也将带来挑战，婚姻市场上不能顺利实现配对的男性，到了老年之后，没有家庭也不存在后代，无形之中社会的养老保障压力也会增大。出生性别比严重失衡还会加重就业性别挤压，女性在就业市场本来就处于劣势地位，由于男性工作年限长于女性，男性人口的不断增多，就相当于劳动力市场上的供给增加，当劳动力市场处于买方市场时，女性的就业机会受到更大的挤压，这与中国就业市场普遍存在的性别歧视夹杂在一起，导致女性在就业市场上面临更加严峻的压力。中国所有这些由出生性别比结构失衡导致的社会问题在不远的未来都会越来越棘手。

　　严格的人口政策下，生育水平快速下降，中国妇女的总和生育率自 20 世纪 90 年代初下降到 2.1 左右的更替水平后，一直保持下降的趋势，2000 年第五次人口普查的总和生育率为 1.22，2010 年第六次人口普查的总和生育率只有 1.18，虽然由于缺乏可靠数据，准确的生育率难以获取，但综合大多数学者对生育率的估计结果（穆光宗，2013；陈卫，2013；尹文耀，2013），中国目前实际总和生育率不超过 1.5。生育水平下降的直接后果是家庭规模的小型化，家庭被简约化到了极致，中国平均家庭规模从 1982 年第三次人口普查的 4.41 人缩小到 2010 年第六次人口普查的 3.1 人，家庭视角下的少子老龄化乃至独子老龄化甚至是空巢老龄化，使家庭养老功能严重弱化，使得中国本来就严峻的养老问题雪上加霜，而人口政策还催生了大量独生子女"高风险家庭"，失独家庭的养老等社会问题已经为社会经济的和谐发展提出了新的挑战。

　　人口政策不等同于发展政策，发展是永恒的，而人口政策应该服务于发展，无论是从中国人口年龄结构优势比较优势逐渐丧失的角度，还是从老龄化日益加重、现有的生育水平过低，人口形势越发严峻的角度来看，调整人口政策已经势在必行，党的十八届三中全会之后，迟迟未动的人口政策迈出了跨时代的一步，十八届三中全会通过的《中共中央关于全面深化改革若干重大问题的决定》提出："坚持计划生育的基本国策，启动实施一方是独生子女的夫妇可生育两个孩子的政策，逐步调整完善生育政策，促进人口长期均衡发展"①。这一政策（简称单独二孩政策）的实施显示出中央调整人口政策的坚定决心，但其执行效果却不尽如人意，根据国家卫生与计划委员会公布的数字，单独二孩政策实施时符合条件生育二胎的单独家庭有 1100 万对，卫计委发言人 2015 年 1 月 12 日称，截至 2014 年年底，全国约有 100 万对单独夫妇提出了二孩生育申请，按照国家卫生与计划委员会原先的预计，从单独二孩政策实施开始的五年内，平均每年增加出生的人口约有 200 万，而实际批准申请的不到预计的 1/2，即便考虑到后续的申请人数还将陆续增加，但显而易见的是，按照人口生育的时间跨度，要在短时间再多出 100 万人的扎堆申请，几乎不可能。"何况申请人数与实际多出生人数又属于不同概念，从正常角度而言，后者的实际数据还将低于前者，综合而言，'单独二孩'政策导致的新增人口数量将低于政策预期，应该不存在太大的争议"②。这反映出多年鼓励低生育的文化熏陶和宣传倡导已经深入中国居民内心，低生育已经成为大众的选择，在人口发展的"人口惯性"特点下，低生育率会出现长期的人口负增长惯性，当人口增长惯性由"内在"显现为"外在"，才为人们所发现，则为时晚矣。中国面临被"人口惯性"拖入"超低生育率陷阱"的风险，及早回归到城乡统一的人口政策、鼓励二胎是当下符合实际的人口政策选择，因为生育存在一个战略机遇期，留给中国人口发展的调整时间已经不多，如果我们尽快启动普遍允许二孩政策并逐步全面放开生育政策，适当新增婴儿正可以拉动内需，为经济增长添加动力，长远来看，新增加的出生人口进入劳动年龄时，可以大大减轻 2030 年左右开始的劳动力资源快速萎缩压力和缓解老龄化压力，是中国人口年龄结构优势消失下优化消费主体结

---

① 转引自新华网（http：//news. xinhuanet. com/mrdx/2013 – 11/16/c_ 132892941. htm）。

② 转引自南方周末（http：//news. ifeng. com/a/20150114/42928895_ 0. shtml）。

构的重要战略。

二　提高人口城镇化质量，挖掘城镇化的消费拉动作用

劳动力自由流通的实现，对于延续人口红利、扩大内需、改变农业生产方式等都起着重要的推动作用。中国地区间经济发展不平衡，在东部沿海地区显著提高的劳动力成本中，包括了劳动力的流动成本，如果发达地区的就业岗位能够转移到中西部地区，那么这部分劳动力的流动成本就可以得到节约，在劳动力自由流动的条件下，市场会使劳动力资源得到有效配置，推动劳动密集型产业有序向中西部转移，从而最大限度地延续人口红利。劳动力尤其是农村劳动力的自由流通，并不是单纯地指农民从乡村"走出去"来到城市，还包括了流入城市的农民工获得城市市民的身份，即"农民工市民化"，否则农民工的收入会面临极大的不确定性，消费充满了后顾之忧，消费能力受到制约。根据蔡昉（2013）的分析，农民工通常会把收入的1/4左右寄回农村作为个人的保障，如果把这种汇款看作是没有弹性的，并且寄回农村老家后就以农村居民的方式处置，那么农民工在维持基本生存所需后的额外消费就寥寥无几，在实现了真正意义的劳动力自由流通后，农民工把原来寄回家的工资留在手里，他们可支配的工资收入提高的幅度相当于从城镇居民收入按五等份分组的"较低收入户"提升到"中等偏下户"，而通常这个收入组的提升可以将消费支出提高29.6%。此外，根据中国2010年的投入产出表，在最终消费支出中，居民的消费支出大约占3/4、政府消费支出大约占1/4。劳动力的自由流通，一方面为农村转移劳动力提供了更稳定的就业岗位，以及更加均等的基本公共服务，可以大幅提高居民的消费水平；另一方面又强化了政府在提供公平、便利的基本公共服务上的责任，有助于扩大政府消费，这两方面都有利于刺激内需，促进经济和谐增长。

城镇化的人口聚集将对居民消费产生两种效应：聚集效应和扩散效应。在聚集效应下，人口的聚集使得消费具有规模效应，区域的消费中心由此在城镇中产生，当聚集效应刺激消费需求扩张到一定程度，即城镇的消费边际成本等于农村的消费边际成本时，消费活动就会逐步由城镇中心向城乡边缘转移，从而进一步扩散到农村地区，形成消费扩散效应，这样就带动了农村消费增长。然而，我国目前的城镇化进程对于扩大内需的作用却收效甚微，原因在于城镇化并没有真正打破城乡二元的户籍制度。2014 年 7 月 30 日，中共中央政治局审议通过《国务院关于进一步推进户籍制度改革的意见》，明确指出："要建立城乡统一的户口登记制度，全面实施居住证制度，稳步推进义务教育、就业服务、基本养老、基本医疗卫生、住房保障等城镇基本公共服务覆盖全部常住人口。"① 这为深化户籍制度改革进一步指明了方向。但在户籍改革的实践中，特大城市和大城市仍实行着严格的户籍控制，中小城镇的户籍政策已经全面放开，但因缺乏足够就业机会、公共服务不完善和发展空间有限而缺乏聚集力。

在北京、上海、广州等特大城市，人口承载能力有限，且承载得过多，地方政府对特大城市采取严格控制人口规模；对于一些大城市有选择性地进行户籍改革，采取一些有门槛的户籍准入政策，比如通过居住证等方式逐步将农村转移人口市民化；对中等城市有序放开落户限制，小城市和建制镇可以全面放开户籍。但无论是特大城市、大城市还是中小城市，其经济的发展都需要大量的低端人口参与城市经济活动，采取排斥外来人口的政策是不利于充分利用现有的人口资源，造成人口资源配置的低效率。因此，特大城市应改变排斥外来人口的政策，中小城市则在放开户籍限制的同时积极创造就业机会吸引外来人口聚集。

户籍制度改革要真正起到促进劳动力自由流动的作用，必须配套推进财税体制改革，缩小公共服务差距。而破解当前户籍改革的两难困境的关键，在于合理分割中央政府、地方政府、企业和个人在户籍制度配套改革过程中的外来人口公共服务投入的责任，形成合理的成本分担机制。目前对于中央政府与地方政府的事权与财权的匹配性问题，市民化所需要的配套公共服务投入资金的来源问题，仍然缺乏明确的解决方案。

---

① 《国务院关于进一步推进户籍制度改革的意见》，http://www.gov.cn/zhengce/content/2014-07/30/content_8944.htm。

为此，本书建议应针对东部地区外来人口规模巨大的特大城市和中西部地区财力有限的中小城市采取差异化的转移支付政策，中央政府在外来人口规模巨大的特大城市，应着眼于分担地方政府承担外来人口公共服务供给的资金压力，与地方政府、企业建立外来人口数据监控系统，并据此建立动态调整的投入机制，建立外来人口公共服务投入基金，明确投入比例，根据外来人口的申请公共服务的情况承担财政转移支付的适度责任；中央政府应积极推进事权和财权的改革，对中西部地区财力有限的中小城市，中央政府应着眼于缩小与大城市公共服务差距，建立公共服务投资基金。中央政府应加快建立公共服务供给绩效评估机制，并根据评价结果和需求顺序，合理确定中央、省级和市县财政在不同城市的不同类型公共服务的投入比例，明确各个城市公共服务投入重点，有差异地改善各城市的公共服务水平。在公共服务供给资金来源方面，应继续探索多元化的资金渠道，除财政资金投入、企业资金，还应加快推行国有企业利润上缴公共财政，成立专项公共服务发展基金的探索；加强对市政债的管理，规范其发行，加强投资绩效评估；加快推进房地产税的立法和推进实施，增强地方政府提高基本公共服务的能力。

只有通过户籍制度和财税体制的配套改革，提高人口城市化质量，提高其在子女教育、养老、医疗、居住方面的非货币福利待遇，才能降低其移居城市的生活压力，降低其预防性储蓄动机，提高其消费的能力和消费意愿，城镇化过程中的消费拉动作用才可能显现。

三　重视老年人力资源开发，为老年群体的就业与收入增长创造条件

随着经济发展和社会的进步，我国人口的平均预期寿命已经提高到了75岁左右，老年人越来越健康长寿，不仅在健康状况上，老年人的知识文化水平也有显著提升，老年人口的人力资本不容小觑，"老年人是社会的包袱"的论断已经过时。老年人不仅继承了丰富的知识和经验，还有能力把这些知识和经验传播给下一代，按照中国现行的退休年龄，"一刀切"地让老年人退出劳动力市场，其积累下来的人力资本无法继续有效利用，无疑是一种人才浪费。通过提高老年人尤其是具备一定技术含量的低龄老年人的市场参与率，大力开发老年人力资源，不仅是延续人口年龄结构优势的有效途径，还会为老年群体的就业与收入增长创造条件，从而提高老年人消费对总消费的贡献能力。

开发老年人力资源，要在三方面做出努力：

一是完善相关的法律法规和组织管理工作。首先，应当从法律上保障老年人再就业的权益。很多发达国家都制定了保护老年人就业的法律法规，如欧盟的《欧洲就业指南》、芬兰的《国家老龄工人计划》、日本的《老年人稳定就业相关法》等，中国可以以此为借鉴，制定如禁止以年龄为条件歧视或阻碍老年人进入劳动力市场、保护再就业老年人的劳动所得等的法律法规。其次，加强老年人力资源开发的组织管理工作。中国应当充分发挥政府的导向作用，设置专门的组织机构进行管理，并鼓励一些非官方的民间组织参与辅助，共同促进老年人力资源开发的工作，如建立老年人力资源的信息网络系统，做好退休人员的信息登记工作；组织协调各地区的老年人力资源开发，引导老年人力资源的合理流动和分布。最后，应当充分发挥市场及社会的作用。开发老年人力资源应遵循市场规律，一方面，为了拓宽老年人的再就业渠道，加强对人才市场的管理，适时地组建老年人才市场；另一方面，发挥老年协会的功能，增强老年人之间的凝聚力，既有助于信息互通，又有助于方便管理。

二是探索延迟退休和弹性退休制度。对不同行业和不同的工种，劳动者的技能、经验的积累和最佳的工作年龄段可能有所差异；就劳动者个体差异而言，不同劳动者的学历、职称、身体状况等情况也有所差异。因此，应该探索实施弹性退休制度，国家可以对退休年龄的区间做一个规定，对于达到规定年龄的老年劳动者，可根据其自身条件和意愿，延长退休年龄，延长老年劳动力服务社会的年限。为鼓励老年劳动者延长工作年份，可对超过法定退休年龄的老年劳动者进行个税全减免，以鼓励其延迟退休的积极性。为鼓励企业雇用老年劳动者，可对雇用老年劳动力的企业根据老年劳动者的工资对企业给予一定比例的补贴。

三是发展老年教育，构建终身教育体系。尽管中国的老年人力资源十分丰富，但其中很多老年人教育文化水平较低，这制约了老年人力资源的开发利用。提高老年人的教育水平，不仅可以提升老年人的就业能力，对于改善老年人口生活质量也有一定的帮助，发展老年教育，构建终身教育体系要注意两个关键的方面：其一，实现老年教育的普及化。为受教育程度较低的老年人提供免费的文化普及教育，把尽可能多的老年人吸收到接受教育的队伍中，使得老年人具备必要的教育文化水平，普遍地提高老年人的素质。其二，确保老年教育的平等化。要给老年人提供与年轻人相平等的受教育机会，在老年群体内部，老年人的教育不应该以性别、地区、职业、民族等因素作为划分界限，而是应该一视同仁。

第二节　调整经济结构，深化收入分配改革，提高消费能力

一　调整产业结构，确保就业和收入稳定增长

目前，中国正处于产业结构调整的关键时期，立足动态比较优势，形成合理的产业结构，促进产业结构升级，对形成合理的就业结构，为尚未充分利用的劳动力提供就业机会，确保城乡居民收入稳定增长。

在中国逐步进入"未富先老"的背景下，我国一些依托低劳动力成本发展起来的传统产业，将因劳动力成本上升而逐渐失去国际比较优势，劳动密集型产业正在向成本更低的国家和地区，如越南、印度等国家转移。目前，在政府的宏观引导下，劳动密集型产业从东部沿海发达地区向中西部地区转移，为劳动密集型产业的流出提供了一个缓冲带，但伴随着人口红利的整体消逝，这些产业不可避免地转移到其他国家。但中西部地区的城市，其土地资源、劳动力资源和自然资源对劳动密集型产业发展的约束尚不很突出，中西部地区的人口红利虽然也在衰减但在很长一段时期仍然存在，因此，我们不是放弃而是在今后一段时间内仍要继续发展劳动密集型产业，而东部地区则要兼顾推进

传统制造业的转型升级和选择适宜的战略性新兴产业进行培育。

在中西部地区，加大对中西部劳动密集型产业的政策优惠，中西部地区政府应摒弃过度依赖重工业发展的思路，充分利用其劳动力成本相对较低和丰富的农业资源优势，继续发展劳动密集型产业。首先，重视对中小城市特别是县域农产品加工业的扶持，充分利用当地农业资源相对丰富的优势，在中小城市引导民间资本向优势农产品加工环节聚集，提高中西部地区的农产品加工的地区专业化水平，为乡镇中老年剩余劳动力转移到劳动密集型产业，提高中老年劳动力群体的收入提供机会。其次，在资源富集的地区，应进一步结合劳动力优势，提高资源型产品的深加工程度，延长产业价值链。再次，中西部地区，在传统产业领域继续发挥劳动力成本优势，而不应当盲目追求发展先进的制造业，应进一步完善纺织、服装、制鞋、玩具、电子等传统劳动密集型产业的发展环境，特别是产业园区的生产和生活基础设施的优化，引导东部地区产业向中西部地区产业园区聚集。最后，在服务业领域，既要重视传统服务业，如旅游、餐饮等行业吸纳劳动力的作用，又要积极培育现代服务业。中西部地区具有丰富的旅游资源，随着我国收入水平的不断提高，居民对休闲、养老、文化等旅游产品的需求将进一步加大，中西部地区应充分利用其山水资源、特色农业、人文景观、民族民俗文化等资源优势，有序开发生态旅游、生态农业观光与体验、养生、养老、疗养和民族文化体验等多元化的旅游产品，以特色旅游带动当地交通、餐饮、旅馆等传统服务业的发展。在生产性服务业领域，紧密结合西部地区优势工业和承接产业转移的需要，发展物流、咨询、培训、金融等现代生产性服务业，为提高传统劳动密集型工业的竞争力提供环境。中西部地区通过承接东部地区劳动密集型产业，立足地方特色产业延长产业价值链，尽可能多地利用现有的低成本劳动力，在确保就业稳定的同时促进城乡居民收入的增长，为消费的稳定增长提供收入保障。

在已经逐渐丧失劳动力成本优势的东部沿海地区，应转变发展观念，应加强政策引导，鼓励企业开发自己的品牌、技术和产品，培育自己的品牌，向国际产业价值链的中高端进军，培育自己的国际竞争优势。目前，中国的产业升级面临内部的阻力，如对产业结构的路径依赖，由于中国企业总体上处于产业价值链的低端，中国制造业产能又普遍过剩，缺乏自主创新能力，中国企业对为跨国公司"代工"的角色形成较强的依赖；在现行财政体制和政绩考核机制下，地方政府热衷于招商引资，上项目，地方政府成为产业粗放型增长的推手之一，产业发展转型难以取得成效。"中国工业转型升级的意义不在于'放弃'，而在于'强化工业'。向更加发达的工业体系发展，使各工业部门（包括传统产业和高技术产业）都进入世界先进水平。"① 首先，东部地区应发挥现有的产业竞争优势，重点围绕现有的优势传统产业，通过提高技术创新来做强其优势制造业，逐渐放弃代工发展模式，形成自主品牌；着力提升第二产业附加值，提高工业竞争能力，优先发展新材料、新能源、电子信息等高端产业，促进第二产业的高级化，依托信息化推动工业化，提升传统产品质量和生产效率，弥补由于劳动力成本增加所削弱的成本优势。其次，东部地区具有较中西部地区更为丰富的人力资本，可选择性地发展战略性新兴产业，正确处理先进制造业、战略性新兴产业和传统产业之间的关系。最后，在发展先进制造业，深化工业分工的基础上，推动第三产业特别是现代服务业的发展，发展金融保险、旅游、教育培训、现代物流、文化、体育等需求市场大、就业容量多的行业。

立足比较优势继续在中西部地区发展劳动密集型产业，以技术和管理创新在东部地区发展先进制造业，依赖产业支持在城市创造就业机会，带动农民市民化，以收入增长带动传统的农村消费方式逐步向城市居民的消费方式转变，逐步释放强大的内需潜力。

二　完善政府对劳动报酬的宏观调控手段，提高中低收入群体的购买力

近年来，劳动报酬在国民收入初次分配中的比重下降问题备受关注。劳动报酬在初次分配中的比重不断下降对内需增长乏力有一定的影响，因此，深化分配制度改革、提高普通劳动者工资、提高劳动报

---

① 金碚：《中国工业的转型升级》，《中国工业经济》2011 年第 7 期。

酬占比，是当前扩大内需消费和转变经济发展方式的必然要求，是缩小收入差距、转变收入分配格局，提高中等收入者比重的内在要求。

从企业收入初次分配的构成看，其收入主要分成工资、利润与税金三块。若要提高劳动报酬比重，利润和税金的比重就会下降。在当前普遍预期我国经济增长放缓的背景下，确保企业的持续经营能力，就要确保企业有一定的利润。因此，政府理性的选择，应该是降低税收比重，收入分配适度向企业和劳动者倾斜。政府减税，并不会造成政府财政支付能力不足问题。中央政府和地方各级政府应转变观念，以财政预算绩效管理和"三公"经费公开方面的制度创新为突破口，建立财政支出管理改革的倒逼机制，使财政资金管理改变普遍存在的"重收入、轻支出，重分配、轻管理，重使用、轻绩效"的现象，通过改革现行的预算管理制度，加强"三公"经费管理，优化财政支出结构和加强财政支出绩效监测与评估来提高财政资金的使用绩效，从而应对因减税可能引发的财政支付能力的潜在风险。

政府、税收管理部门和学术界，应加快推进老龄化社会个人所得税征收制度的研究和改革实践。为应对老龄化社会中人口年龄结构变化、家庭结构变化和生活方式多样化的特征，我国应立足于社会养老体系尚不健全、"少子化"加剧了家庭养老的经济负担的现实背景，加快设计新的课税制度。老龄化社会的个人所得税制，应考虑家庭婚姻、抚养的老人和儿童数量、老龄人口身体状况等各种情况，采取以家庭收入为单位对各类抚养人员支出费用的扣除措施。

无论是政府公务员、事业单位还是企业，都应加快建立正常的和劳动生产率提高相适应的增长机制，确保劳动者收入稳定增长。同时，应进一步加强对劳动者工资最低标准和支付保障制度的建设。应鼓励发展非公企业工会组织和工资集体协商制度，维护企业职工提高工资的合理权益。加快工资支付立法、加强企业工资支付保障制度建设，建立企业诚信支付工资的信息记录与信息通报平台，建立对拖欠员工工资的企业的惩罚机制，使劳动者的应得收入得到保障。

三　创造条件增加居民的财产性收入，提高家庭收入水平

让普通群众获取财产性收益，是缩小贫富差距的重要手段，是提高居民消费能力的重要路径。就当前中国的现实情况来看，政府及相关职能部门应在提高居民土地收入、实业投资和金融资产收入方面进行制度创新，让"更多群众"有条件、有能力创造并拥有财产性收入，从而提高家庭收入水平和消费能力。

当前，由于现阶段城乡土地的二元分割、政府垄断和非市场化配置的制度因素，农村人口老龄化和城镇化背景下村庄现代治理体系建设的滞后，农民在土地方面的财产权益，如土地承包经营权、宅基地使用权和集体收益分配权等权益不能充分发挥增加其财产性收入的作用。在老龄化和农村空心化趋势进一步凸显的背景下，中央政府应加快农地入市改革的步伐，政府和学术界应加快研究建立农村集体经营性建设用地流转制度、农地经营权的流转制度和征地制度的改革，中共十八届三中全会就提出了："保障农户宅基地用益物权，改革完善农村宅基地制度，选择若干试点，慎重稳妥推进农民住房财产权抵押、担保、转让，探索农民增加财产性收入渠道。"特别是在城镇化过程中，应进一步深化土地的市场化改革，逐步降低征地环节的垄断性，允许在集体土地流转过程中，在非公益性项目上，允许以租代征，允许农民以农地经营承包权参股非农业项目经营。中国社会科学院学部委员张晓山的建议是："转变土地增值收益的分配方式，将以往的土地收入的一次性透支，改为逐年提取，允许集体建设用地进入土地市场后，可以考虑对国家征收的集体土地以及农村集体建设用地在实现财产权利时按年度征收地产税、物业税或土地使用费，使地方政府和农民集体可逐年获取稳定的收益；同时，还应让享受土地增值收益的农民获得社会保障和就业培训，同时要鼓励农民通过股份的形式或资产管理公司委托代管的形式，让其收益保值增值。"① 只有建立公平、长效的土地增值收益分配机制，才能确保被征地农民、失地农民，特别是失地的中老年群体，在失去土地养老保障的情况下，其可持续性生计得到维持，其消费能力得到保障。

---

① 转引自《中国证券报》（http://www.cs.com.cn/xwzx/jr/201404/t20140418_4366889.html）。

在实体投资领域，应进一步精减审批手续；对非国民经济命脉领域降低准入限制，维护市场公开、公平、公正；加强对小微企业的金融扶持、税收优惠，鼓励民间资本进行投资创业；加强对创业企业的信息服务与人才培训。为更多的民间资本参与实业投资，更多人拥有合法的私人财产，并切实保护好他们的私人财产权和收益权。以健康稳步发展的实业投资支撑经济增长，让居民获得稳定的财富积累。

在资本市场，应"创造条件"包括构建多层次资本市场，适应居民多元化投资需求。比如说，开辟多种渠道，提供多元化的投资工具和理财产品，不断拓展人们增加财产性收入的视野，有效激发人们追求财产性收入的热情（初晓，2007）。[1] 同时，金融监管部门应加强监管和信息披露，维护普通投资者的合法权益。

第三节 创新社会治理，稳定消费预期

由于中国人口老龄化进程超前于现代化进程，全社会在应对老龄化方面尚缺乏充分的思想准备，应对人口年龄结构转变的公共服务供给、社会保障方面的人力、财力、物力方面的准备还很不充分，在组织体系、体制机制等制度建设方面都缺乏顶层设计。政府应继续增加用于改善民生的支出，主要包括加大保障性住房的投入力度、加大教育投入力度，加大医疗改革体系完善、符合国情、覆盖城乡、可持续的基本公共服务体系和社会保障体系，通过社会保障体系的完善和保障水平的提高，稳定甚至增强居民的消费预期。

一 协同政府、市场、社会等多元力量，完善老龄化社会管理体制机制

应对我国人口年龄结构变化引发的老龄化以及由此可能引发的各种经济、社会问题，需要发挥政府、市场和社会各自的优势，应形成

---

① 中国社会科学院经济研究所《经济走势跟踪》课题组：《如何"创造条件让更多群众拥有财产性收入"》，《经济走势跟踪》2007 年第 88 期（总第 815 期）。

良好的互动和互补机制，最大限度地发挥各自的作用。但目前这种机制尚未建立，三方力量各自的角色分工不清、边界模糊，缺位、越位和错位问题比较突出，政府在市场失灵领域，如养老公共服务和养老保障领域公共财政投入严重不足，老龄事业城乡投入、区域投入和群体投入失衡；为老服务产业发展滞后，老龄产业缺乏相应的政策环境；社会力量参与老龄化治理的激励不足。

要解决这些问题，亟须整合政府、市场和社会力量，就养老公共服务、养老保障等投入机制和实施机制、为老服务产业的发展规划与配套扶持政策等问题加快研究并做好顶层设计，出台配套的政策加以扶持。

二 完善养老保障体系，增强消费信心

本书第六章和第七章的分析也表明，社会养老保障的实现，既有利于提高居民消费水平，也有利于缩小居民消费差距，因此，社会保障体系的建立健全，不但有利于把年轻劳动力从沉重的养老负担中解放出来，释放其生产能力，促进经济增长，还有利于改善居民的消费状况。

为此，应重点关注以下三个方面：

第一，扩大养老保险的社会覆盖面。"十二五"规划明确提出，"要坚持广覆盖、保基本、多层次、可持续方针，加快推进覆盖城乡居民的社会保障体系建设。"① 当前，中国有1亿农民工没有参加到职工保险里来，带来两大问题：一是影响当期总收入，加剧养老资金平衡困难；二是这些人将变成"半截子"保障，等他们老了再进来，年限又短水平又低，形成恶性循环。扩大养老保险的社会覆盖面，应该是一个战略考虑，统筹面越广，赡养比越合理，资金压力越小。改革推出越晚，社会负担越重。中国农村劳动力大军的迁移给社会带来了大量流动人口，也给养老保险制度改革提出了难题，而解决流动的农村人口养老问题的关键还在于打通城乡社会养老保险间的衔接壁垒，城乡社会养老保险的畅通对接，也是建立广覆盖、可持续的养老保险

---

① 中央政府门户网站（http://www.gov.cn/2011lh/content_ 1825838. htm）。

制度的现实保障。一方面，建立符合农村人口流动特点的可携带的社会养老保险制度，使社会统筹账户成为一个便携式账户，人流动到哪里，账户就流动到哪里。同时，加强社会养老保险信息平台的建设，及时录入参保人的相关信息，实现参保信息的跨地区共享，在一个统一的信息平台内社会养老保险的转移接续才能成为可能。另一方面，必须要求城乡的制度设计模式保持一致，以实现城乡养老保险制度的统筹，这样，城镇基本养老保险账户与新型农村社会养老保险账户就可以很好地衔接和兼容，农村居民可以享有与城镇居民对等的养老保障权益。

第二，构建由政府、企业、家庭和社会组织共同承担的多层次的养老保障体系，厘清它们各自在养老上应尽的义务和承担的责任。第一层次是政府负责的基本养老保险，由政府直接管理，采用传统的现收现付制以税收的方式筹集资金，通过转移支付等收入再分配方式为老年人提供最基本的养老保障，不同地区财政能力及对老年人关怀力度不同，其基础养老金发放标准也可以根据自身实际情况设置不同的水平。以前有句口号叫"计划生育好，政府帮养老"，实际上，即便没有实行计划生育政策，政府对居民养老也始终要承担基本保障责任。这种责任既包括以充分的财政投入夯实居民养老保险堤坝，也包括为居民养老提供基本公共服务，为企业、社会组织从事养老服务提供政策支持和财政补贴。只有把这些工作做到做好，"政府帮养老"才不只是一句口号，而能成为切实保障和改善民生的真实写照。第二层次是补充性的养老保险，由单位和职工共同缴费，没有单位的劳动者自行缴费。单靠政府的投入，无法抵御迫在眉睫的老龄化社会养老压力，单位和个人必须承担起重要的责任。补充性的养老保险必须在国家的监管下实施，采取税收激励，以及法律手段，强制个人和企业将年轻时的财富积累一部分，确保老有所养，补充性的养老保险具有半强制性，因为就缴费标准而言，个人和企业可以协商确定。第三层次是个人账户基金由独立的私营投资公司管理，是完全市场化的养老保险模式，个人和企业可以根据投资公司的市场表现自主选择其个人账户基金的投向。这一层次的养老保险是非强制性的，实行多缴纳多发放的政策，不仅有利于劳动力积累更多的收入以供退休之后使用，还可以促进商业养老保险的发展，是对养老保险计划的有益补充。

第三，建立更加公平可持续的社会保障制度也是必须努力的方向。本书第七章的分析发现，养老金的双轨制是造成城镇居民消费差距扩大的重要原因，因此，对机关事业单位工作人员与企业员工实施一视同仁的养老金制度是缩小城镇居民消费差距，改善居民福利不平等的必由之路。2015 年 1 月 14 日，国务院发布《国务院关于机关事业单位工作人员养老保险制度改革的决定》，自 2014 年 10 月 1 日起，机关事业单位工作人员基本养老保险费由单位和个人共同负担。这意味着养老金双轨制正式废除，我国在养老水平的公平性上迈出了重要的一步，但在老龄化加速前进的中国，构建既体现公平又兼顾效率的养老保险制度仍面临着巨大的挑战。机关事业单位和企业养老保险并轨，统一为社会化的养老保险制度，最终都需要财政资金大幅提高拨付养老金的比例，填补养老金的"缺口"，偿还养老金历史欠账。这是我国统筹推进城乡社会保险体系建设的一个核心工作，是财政支出大幅用于社会保障的题中之义。建立机关事业单位与城镇职工统一的养老保险制度改革，是对政府顶层设计社保养老，保障和改善民生能力的严峻考验。

三　加大人力资本投资的财政支出，增强低收入群体的增收能力

为了尽快建立新的比较优势和竞争优势，人力资本的提升，以"人力资本优势"替代"人口年龄结构优势"成为首选之举。人力资本的投资和发展，不仅可以弥补人口年龄结构优势的消失，也是增强低收入群体的增收能力、提高居民消费水平、优化消费结构和缩小消费差距的重要途径。提高人力资本水平，从而提高劳动力（尤其是低收入者）的工作能力，他们创造的财富和赡养能力随之增加，或者说，在既定的甚至是稍微削减的劳动年龄人口下，如果劳动者的人力资本水平得到提高，那么全社会的经济积累将显著扩张。如何在人口年龄结构优势消失前，提高劳动者质量，有赖于两大支撑：教育和健康。

在提高人口受教育水平方面，要吸取低收入国家因劳动力素质低下而落入"贫困陷阱"的教训，通过教育投入，提高人力资本积累水平。第一，增加政府教育经费的投入。1993 年，《中国教育改革和发展纲要》就提出国家财政性教育经费支出占 GDP 比重在 20 世纪末要达到 4% 的水平，然而，推迟了十几年后，这一任务到了 2012 年才完成。根据《国际统计年鉴（2013）》和《中国教育经费统计年鉴（2012）》的数据，公共教育经费支出占 GDP 比重这一指标，2005 年世界平均水平为 4.43%，高收入国家为 5.35%，中等收入国家为 4.1%，而中国仅为 2.5%，而同为世界人口大国的印度也达到了 3.13%，这反映出中国教育经费的投入严重不足，应该予以充分重视。除了增加教育经费的投入总量，还应关注投入效率，根据钟水映和李魁（2009）的研究，中国的人口素质财政投入具有"东部投入多，规模效率高；中西部投入少，规模效率低"的特点，这影响了区域人口素质的发展，因此除了加大公共教育经费的投入力度，还应加强监督，提高投入的效率。第二，提高对基础教育阶段教育质量的重视。从韩国、日本、新加坡等亚洲国家由中低收入国家跃升至高收入国家的经验可以发现，其经济增长从高质量的教育中获利颇丰；而许多拉丁美洲国家陷入"中等收入陷阱"也部分归因于其对基础教育阶段教育质量的忽视。中国九年义务教育长期以来普及情况良好，随着社会的进步和人们教育理念的改变，高等教育的重要性已经被越来越多的人所意识到，但中国提高教育质量的道路还很漫长，应该更多地重视基础教育的质量问题。中国无论是东部地区还是中西部地区，都普遍存在城乡教育差距的问题，从小学生和初中生的人均教育经费来看，农村要低于城市，在相对偏远、贫穷的农村地区，教育水平和质量与城镇不可同日而语，这会引起教育不平等，本书第七章的研究表明，教育不平等会扩大消费差距，不利于居民福利的改善，必须对这一问题充分重视并进行解决才能有效缩小基础教育的城乡差距。第三，优化教育结构。近几年来，劳动力市场"民工荒"和"大学生就业难"的现象并存，反映出中国教育结构与市场需求脱节的问题，这就要求我们在重视培养高层次、创新型人才的同时，根据经济发展的需求，注重产学研相结合的教育政策，一方面继续保持高等教育的现有地位；另一方面适当向职业教育倾斜，改变长期以来"重高教、轻职教"、"重学历、轻技能"的观念，中国产业结构的不断升级对高技能劳动力将会产生巨大的需求，未来应该加大职业教育的投入力度以合理配置教育资源并适应劳动力市场的变化。

在提高人力资本健康水平方面，树立健康是人力资本重要组成部分的观念，在经济发展中要加强对健康人力资本积累的重视，相应地加大对其的相关投入。第一，加大公共卫生投入。近年来，"病不起"是很多居民的直观感受，中国医疗卫生公共支出的比重始终在低位徘徊，自 1996 年以来，公共卫生支出占 GDP 的比重一直在 3% 以下，以 2012 年为例，世界公共卫生支出占 GDP 比重的平均值为 6.12%，而我国同期的比重仅为 3.02%，不仅落后于世界的平均水平，更是落后于发达国家 7.45% 的平均水平，这说明公共医疗支出功能有待提升。第二，加大农村医疗卫生保障力度。农村地区的公共卫生资源与城镇地区相比，显得尤为匮乏，以 2012 年为例，每 1000 个农村居民仅有 3.41 个医疗卫生人员，而城镇为 8.54 人。2004 年以来实施的医疗保障改革，使农村参加"新农合"的人数从 0.8 亿人上升到 2008 年的 8.15 亿人，"广覆盖"基本上得以实现，但"新农合"仍存在不能跨地区就医、保障水平低下等不少问题。为了有效提高农村劳动力的身体素质，必须加大对农村医疗卫生保障的投入力度。此外，健康水平的提高是一项复杂的系统工程，除了加大政府公共投入外，还必须从提高医疗技术水平、重大疾病防控水平、医药质量、食品安全等全方位着手。

第四节　加强供给创新，增强消费意愿

一　顺应消费结构变化，提升产品质量

目前，我国在工业领域，存在着低水平的产出过剩，而高质量的产品尚不能满足居民日益提高的需求。随着收入水平的提高，居民对三次产业的产品质量和品牌的要求不断提高。居民将更加重视农产品

的安全，希望获得绿色、安全的农产品。在第二产业领域，居民对工业品从消费数量的扩张逐步转变为对产品质量的重视，注重食品、服装和耐用消费品的质量和品牌。我国虽然已成为制造业大国，但是一些食品、服装和耐用消费品质量尚不能满足居民对产品质量的要求，因而出现了国内工业品供给过剩，同时高收入群体去海外抢购国外优质奶粉、电饭锅、马桶盖，中高收入群体通过国内外电子商务平台网购海外各类产品的现象日趋普遍。在服务业领域，居民在文化消费、旅游、保健、医疗、护理、家政、疗养、养老等服务的需求将会增加，而现有的服务业，特别是针对老年人的服务，供给明显不足；一些服务如医疗、养老服务多为政府主导；市场化为老服务产品的供给，企业的人文关怀尚很欠缺。

这些不足，要求我国企业应加快调整产品供给结构，提高产品和服务质量。首先，在食品行业，政府应适时调整食品安全标准，加强食品安全的监管和追责机制，切实提高农产品和食品加工业的产品质量。其次，在少子化社会，我国婴儿用品生产企业，也应加强产品质量安全管理，满足新生代父母对婴幼儿用品质量要求日益提高的需求，提高与海外婴幼儿产品的竞争力。再次，政府应加大扶持，引导企业和研究机构加大研发投入，提高自主创新能力，改进耐用消费品制造水平，提高产品品质。最后，政府应尽快制定为老产业发展规划，制定为老服务产业的行业标准和支持其发展的优惠政策，培养专业人才，提高服务质量。

二 发展老龄产业，促进老年消费

人口老龄化固然削减了人口年龄结构优势，但庞大的老年人群体，也为经济增长带来了新的机遇。人口年龄结构的变动尤其是老年人口的增加，对消费结构提出了新的要求，若能以此为突破点，大力发展老年产业，就能培育出新兴消费市场，拉动内需促进经济增长。由于人口老龄化不仅影响了整体的消费水平，还通过老年人的消费偏好来影响消费结构，从而要求对现有的消费市场结构进行调整，这种调整不仅仅局限于国内范围的调整，随着产业分工和国际贸易的发展，生产商品和服务早已跨越了国界，成为世界化大生产。世界上大多数发达国家都已经步入老龄化社会，这种老年产业的调整给扩大内需带来了新的机遇。

表 9 – 1　　　　　　　　　　　　老年市场细分

老年市场细分	主要产品和服务
老年日用品市场	食品、服装、家庭用品、药品、保健品、辅助医疗设备等
老年服务市场	家政服务、上门服务、卫生保健服务、医疗护理服务等
老年房地产市场	老年公寓、托老所、护理医院等
老年文娱市场	老年玩具、文化用品、旅游等
老年金融保险市场	理财服务（储蓄、投资）、人身保险、健康保险、医疗保险等
老年就业市场	协助老年人再就业
老年教育市场	老年大学、老年兴趣爱好学校、老年职业培训等
其他特殊市场	心理咨询、陪伴服务、婚姻介绍等

由表 9 – 1 可以看出，老年产业涉及的领域十分广泛，有着巨大的发展空间，由于未来老年人口数量逐渐上升，将会形成一个广阔而十分具有潜力的消费市场。老年服务也是老年产业中的一个主要部分，这给中国的第三产业提供了新的增长动力。发展老年产业需要根据我国的具体国情和老年人的实际需要，层层递进地把老年市场铺开到各个领域，首先要优先发展老年人有迫切需求的老年照料与护理产业（如家政服务、卫生保健服务、医疗护理服务等）、老年日常用品产业（食品、服装、家庭设备及用品等）、老年旅游产业等相对成熟和发展较快的产业，等到这些产业有了较大发展，老年市场逐步稳定后再进一步开发其他老年产业，以此带动整个老年产业的发展。中国幅员辽阔，各地区老龄化程度不同，老年人的消费水平也存在差异，各地区应该结合其实际情况来选择符合本地区的老年产业。

此外，老年产业的发展需要政府宏观政策的支持和其他各方面的共同努力。政府应该给老年产业的发展提供优惠的税收、信贷政策，加大对老年产业的投资力度。老年消费市场的发展还需要媒体的宣传引导，需要培养全民发展老年产业的意识，在进行积极探索的同时，要善于借鉴世界其他国家成功的发展经验，如日本发展老年产业的经验，结合中国的实际情况，培育出适合中国国情的有利于扩大内需的老年消费市场。

三　改善硬件设施，提高消费便利性，优化刺激消费的软环境

顺应人口年龄结构转变引致消费需求结构转变的趋势，政府和产业界应积极改善交通基础设施、医疗基础设施和旅游服务设施。目前，我国生态、休闲旅游目的地及疗养和养老目的地的配套设施不完善，不利于吸引老年游客前往消费。政府应从增加消费便利性和保障消费安全性出发，不断增加对基础设施等硬环境建设的投入，如积极改善旅游目的地、疗养养老目的地的公共交通和公路设施，完善交通网络，提高配套的卫生设施和医疗机构的设备和专业人员技术水平；企业应在住宿、餐饮配套产业提高服务质量，为老年人提供舒适、便利、人性化设计的生活设施。

在消费软环境方面，政府和税收部门应进一步研究和制定消费激励政策，对健康、绿色、疗养、老年医疗和器械、老年护理、家政服务等行业给予税收优惠，鼓励其发展，对老年消费群体进行适当补贴；金融机构应针对老年群体的消费特征和消费心理，制定金融产品创新；政府应进一步规范消费市场法治环境，加强市场行为的规范和监管，加强产品质量监管责任，严厉打击损害消费者权益的行为，加大信息公开力度；加强网络消费诚信监管，严厉打击制售假冒伪劣商品行为，保护消费者权益，规范电子商务市场的秩序。

参考文献

［1］包玉香、李子君：《人口老龄化对山东省消费的影响研究》，《消费经济》2012 年第 1 期。

［2］蔡昉：《人口红利与中国经济可持续增长》，《甘肃社会科学》2013 年第 1 期。

［3］查奇芬、周星星：《人口老龄化对消费结构的影响——基于江苏省数据的实证分析》，《中国统计》2012 年第 12 期。

［4］陈晓毅：《人口年龄结构与中国城镇居民消费变动——基于组群方法的实证研究》，《贵州财经大学学报》2014 年第 5 期。

［5］陈晓毅、张波：《老龄化，养老保障与我国农村家庭消费——基于微观调查数据的分析》，《云南财经大学学报》2014 年第 4 期。

［6］陈晓毅：《内生人口结构视角下的人口年龄结构与居民消费率——基于 PVAR 模型的动态分析》，《中国流通经济》2014 年第 8 期。

［7］陈卫、高爽：《中国生育率转变中的数量和进度效应》，《人口研究》2013 年第 3 期。

［8］陈钊、万广华、陆铭：《行业间不平等日益重要的城镇收入差距成因》，《中国社会科学》2010 年第 3 期。

［9］程令国、张晔：《早年的饥荒经历影响了人们的储蓄行为吗？——对我国居民高储蓄率的一个新解释》，《经济研究》2011 年第 8 期。

［10］董志强、魏下海、汤灿晴：《人口老龄化是否加剧收入不平等？——基于中国（1996—2009）的实证研究》，《人口研究》2012 年第 5 期。

［11］ 樊茂清、任若恩：《基于异质性偏好的中国城镇居民消费结构研究》，《中国软科学》2007 年第 10 期。

［12］ 范叙春、朱保华：《预期寿命增长，年龄结构改变与我国国民储蓄率》，《人口研究》2012 年第 4 期。

［13］ 方福前：《中国居民消费需求不足原因研究》，《中国社会科学》2009 年第 2 期。

［14］ 郭继强、陆利丽、姜俪：《老龄化对城镇居民收入不平等的影响》，《世界经济》2014 年第 3 期。

［15］ 郭望庆：《人口老龄化对我国居民家庭收入不平等的影响研究》，硕士学位论文，浙江大学，2011 年。

［16］ 郝东阳：《中国城镇居民消费行为的经验研究》，博士学位论文，吉林大学，2011 年。

［17］ 黑田俊夫、安曇春：《亚洲人口年龄结构变化与社会经济发展的关系》，《人口学刊》1993 年第 4 期。

［18］ 李承政、邱俊杰：《中国农村人口结构与居民消费研究》，《人口与经济》2012 年第 1 期。

［19］ 李春琦、张杰平：《中国人口结构变动对农村居民消费的影响研究》，《中国人口科学》2009 年第 4 期。

［20］ 李洪心、高威：《中国人口老龄化对消费结构影响的灰色关联度分析》，《人口与发展》2008 年第 6 期。

［21］ 李实、宋锦：《中国城镇就业收入差距的扩大及其原因》，《经济学动态》2010 年第 10 期。

［22］ 李实、赵人伟：《中国居民收入分配再研究》，《经济研究》1999 年第 4 期。

［23］ 李文星、徐长生、艾春荣：《中国人口年龄结构和居民消费：1989—2004》，《经济研究》2008 年第 7 期。

［24］ 李响、王凯、吕美晔：《人口年龄结构与农村居民消费：理论机理与实证检验》，《江海学刊》2010 年第 2 期。

［25］ 梁悦颖：《中国四川省人口老龄化与消费结构的关系研究》，硕士学位论文，西南财经大学，2013 年。

［26］林志鹏、龙志和、吴梅：《中国人口年龄结构对地区居民消费的差异影响——基于空间面板数据的地理加权回归方法》，《广东商学院学报》2012 年第 2 期。

［27］凌玲：《江苏省人口老龄化对消费结构的影响研究》，硕士学位论文，安徽财经大学，2014 年。

［28］刘华：《农村人口老龄化对收入不平等影响的实证研究》，《数量经济技术经济研究》2014 年第 4 期。

［29］刘士杰、张士斌：《收入，人口年龄结构和中国城乡居民储蓄》，《人口与经济》2009 年第 5 期。

［30］陆熠：《上海市人口老龄化对消费结构的影响研究》，硕士学位论文，四川省社会科学院，2013 年。

［31］穆光宗、茆长宝、王朋岗：《公共政策——生育政策再检讨》，《中国经济报告》2013 年第 4 期。

［32］曲兆鹏、赵忠：《老龄化对我国农村消费和收入不平等的影响》，《经济研究》2008 年第 12 期。

［33］苏春红、刘小勇：《老龄化的储蓄效应分析》，《山东大学学报》（哲学社会科学版）2009 年第 3 期。

［34］唐东波：《人口老龄化与居民高储蓄——理论及中国的经验研究》，《金融论坛》2007 年第 9 期。

［35］王德文、蔡昉、张学辉：《人口转变的储蓄效应和增长效应》，《人口研究》2004 年第 5 期。

［36］王麒麟、赖小琼：《城乡差异视角下人口年龄结构的储蓄效应》，《中南财经政法大学学报》2012 年第 1 期。

［37］王宇鹏：《人口老龄化对中国城镇居民消费行为的影响研究》，《中国人口科学》2011 年第 1 期。

［38］魏下海、董志强、张建武：《人口年龄分布与中国居民劳动收入变动研究》，《中国人口科学》2012 年第 3 期。

［39］向晶：《人口结构调整对我国城镇居民消费的影响》，《经济理论与经济管理》2013 年第 12 期。

［40］徐妍：《辽宁省人口老龄化对消费水平和结构的影响》，硕士学

位论文，辽宁大学，2013 年。

[41] 杨继军、任志成、程瑶：《人口年龄结构如何影响经济失衡——理论与中国的经验分析》，《财经科学》2013 年第 1 期。

[42] 尹文耀、姚引妹、李芬：《生育水平评估与生育政策调整——基于中国大陆分省生育水平现状的分析》，《中国社会科学》2013 年第 6 期。

[43] 张杨：《人口老龄化对消费结构的影响研究——基于四川省第六次人口普查数据》，硕士学位论文，西南财经大学，2013 年。

[44] 郑长德：《中国各地区人口结构与储蓄率关系的实证研究》，《人口与经济》2007 年第 6 期。

[45] 钟水映、李魁：《人口红利与经济增长关系研究综述》，《人口与经济》2009 年第 2 期。

[46] 周绍杰、张俊森、李宏彬：《中国城市居民的家庭收入，消费和储蓄行为：一个基于组群的实证研究》，《经济学》（季刊）2009 年第 4 期。

[47] 朱宁振：《中国人口结构转变对消费结构的影响》，硕士学位论文，西南财经大学，2013 年。

[48] 邹红、李奥蕾、喻开志：《消费不平等的度量，出生组分解和形成机制——兼与收入不平等比较》，《经济学》（季刊）2013 年第 3 期。

[49] Adams N. A., "Dependency rates and savings rates: Comment", *The American Economic Review*, 1971: 472 – 475.

[50] AFM Hassan, Ruhul Salim and Harry Bloch, "Population Age Structure, Saving, Capital Flows and the Real Exchange Rate: A Survey of the Literature", *Journal of Economics Surveys*, 2011, 25 (4): 708 – 736.

[51] Aguiar, M. and Hurst, E., Deconstructing lifecycle Expenditure, NBER Working Paper, No. 13893, 2008.

[52] Aguila E., Attanasio O., Meghir C., "Changes in consumption at retirement: evidence from panel data", *Review of Economics and*

Statistics, 2011, 93 (3): 1094 – 1099.

[53] Almas I. and Mogstady M. , Older or Wealthier? The Impact of Age Adjustments on the Wealth Inequality Ranking of Countries. ECINEQ Working Paper, 2009 – 113, 2009.

[54] An C. B. , Jeon S. H. , "Demographic change and economic growth: An inverted – U shape relationship", *Economics Letters*, 2006, 92 (3): 447 – 454.

[55] Ashraf Q. H. et al. , When Does Improving Health Raise GDP? NBER Working Paper, No. 14449, 2008.

[56] Attanasio O. P. , Banks J. , Meghir C. , et al. , "Humps and bumps in lifetime consumption", *Journal of Business & Economic Statistics*, 1999, 17 (1): 22 – 35.

[57] Attanasio O. P. , Browning M. , "Consumption over the Life Cycle and over the Business Cycle", *The American Economic Review*, 1995: 1118 – 1137.

[58] Attanasio O. P. , Weber G. , "Consumption and saving: models of intertemporal allocation and their implications for public policy", National Bureau of Economic Research, 2010.

[59] Attfield C. L. F. , Cannon E. , *The impact of age distribution variables on the long run consumption function*, University of Bristol, Department of Economics, 2003.

[60] Aziz, J. and Cui, L. , Explaining China's Low Consumption: The Neglected Role of Household Income, IMF Working Paper, No. 181, 2007.

[61] Bailliu J. N. , Reisen H. , "Do funded pensions contribute to higher aggregate savings? A cross – country analysis", *Weltwirtschaftliches Archiv*, 1998, 134 (4): 692 – 711.

[62] Banks J. , Blundell R. , Tanner S. , "Is there a retirement – savings puzzle?" *American Economic Review*, 1998: 769 – 788.

[63] Barrett G. F. , Crossley T. F. , Worswick C. , "Consumption and

income inequality in Australia", *Economic Record*, 2000, 76 (233): 116 – 138.

[64] Battistin E., Brugiavini A., Rettore E., et al., "The retirement consumption puzzle: evidence from a regression discontinuity approach", *The American Economic Review*, 2009, 99 (5): 2209 – 2226.

[65] Bayoumi, T. et al., The Chinese Corporate Savings Puzzle: A Firm – level Cross – country Perspective, NBER Working Paper, No. 16432, 2010.

[66] Becker G. S., "An economic analysis of fertility", in *Demographic and economic change in developed countries*, Columbia University Press, 1960: 209 – 240.

[67] Becker G S., "Habits, addictions, and traditions", *Kyklos*, 1992, 45 (3): 327 – 345.

[68] Bernheim B. D., Skinner J., Weinberg S., "What accounts for the variation in retirement wealth among US households?" *American Economic Review*, 2001: 832 – 857.

[69] Bernini C., Cracolici M. F., "Demographic change, tourism expenditure and life cycle behaviour", *Tourism Management*, 2015, 47: 191 – 205.

[70] Bilsborrow R. E., "Age distribution and savings rates in less developed countries", *Economic Development and Cultural Change*, 1979: 23 – 45.

[71] Bilsborrow R. E., Dependency rates and aggregate savings rates revisited: corrections further analyses and recommendations for the future [J]. 1980.

[72] Birdsall N., Kelley A. C., Sinding S. W., *Population matters: demographic change, economic growth, and poverty in the developing world*, Oxford University Press, 2001.

[73] Blacker C. P., "Stages in population growth", *The Eugenics*

Review, 1947, 39 (3): 88.

[74] Bloom D. E, Canning D. , Graham B. , "Longevity and Life – cycle Savings", *The Scandinavian Journal of Economics*, 2003, 105 (3): 319 – 338.

[75] Bloom D. E. , Canning D. , Mansfield R. K. , et al. , "Demographic Change, Social Security Systems, and Savings", *Journal of Monetary Economics*, 2007, 54 (1): 92 – 114.

[76] Bloom D. E. , Canning D. , Sevilla J. , "The effect of health on economic growth: a production function approach", *World development*, 2004, 32 (1): 1 – 13.

[77] Bloom D. E. , Williamson J. G. , "Demographic Transitions and economic Miracles in Emerging Asia", *The World Bank Economic Review*, 1998, 12 (3): 419 – 455.

[78] Bloom, D. E. et al. , Implications of Population Aging for Economic Growth, NBER Working Paper, No. 16705, 2011.

[79] Blundell R. , Etheridge B. , "Consumption, Income and Earnings Inequality in Britain", *Review of Economic Dynamics*, 2010, 13 (1): 76 – 102.

[80] Bonham, C. , Wiemer, C. , "Chinese Saving Dynamics: The Impact of GDP Growth and The Dependent Share", *Oxford Economic Papers*, 2013, 65: 173 – 196.

[81] Bozio A. , Laroque G, O' Dea C. , Heterogeneity in time Preference in Older Households, IFS Working Papers, 2013.

[82] Browning M. , Crossley T. F. , Lührmann M. , Durable Purchases over the Later Life Cycle, Oxford Bulletin of Economics and Statistics, 2014.

[83] Bullard J. , Feigenbaum J. , "A Leisurely Reading of the life – cycle Consumption Data", *Journal of Monetary Economics*, 2007, 54 (8): 2305 – 2320.

[84] Cai H. , Chen Y. , Zhou L. A. , "Income and consumption inequal-

ity in urban China: 1992 – 2003", *Economic Development and Cultural Change*, 2010, 58 (3): 385 –413.

[85] Carroll C. D. , Summers L. H. , "Consumption Growth Parallels Income growth: Some new Evidence", in *National Saving and Economic Performance*, University of Chicago Press, 1991: 305 – 348.

[86] Carroll, C. D. , The Buffer – stork Theory of Saving: Some Macroeconomic Evidence, Brookings Papers on Economic Activity, 1992, (2): 61 – 156.

[87] Chai J. J. , et al. , Lifecycle Impacts of The Financial and Economic Crisis on Household Optimal Consumption, Portfolio Choice, and Labor Supply, NBER Working Paper, No. 17134, 2011.

[88] Chamon M. D. , Prasad E. S. , "Why are saving rates of urban households in China rising?" *American Economic Journal: Macroeconomics*, 2010: 93 – 130.

[89] Coale A. J. , "The demographic transition", *The Pakistan Development Review*, 1984: 531 – 552.

[90] Collins S. M. , "Saving behavior in ten developing countries", in *National Saving and Economic Performance*, University of Chicago Press, 1991: 349 – 376.

[91] Creedy J. , Guest R. , "Population ageing and intertemporal consumption: Representative agent versus social planner", Economic Modelling, 2008, 25 (3): 485 – 498.

[92] Curtis, C. C. et al. , Demographic Patterns and Household Saving in China, NBER Working Paper, No. 16828, 2011.

[93] Cutler D. M. , Katz L. F. , Rising Inequality? Changes in the Distribution of Income and Consumption in the 1980s, National Bureau of Economic Research, 1992.

[94] Cutler D. M. , Poterba J. M. , Sheiner L. M. , et al. , "An aging society: opportunity or challenge?" *Brookings Papers on Economic Activity*, 1990 (1): 1 – 73.

[95] Davis K. , "The theory of change and response in modern demographic history", *Population Index*, 1963, 29 (4): 345.

[96] De Serres A. , Pelgrin F. , The Decline in Private Saving Rates in the 1990s in OECD Countries: How Much Can be Explained by Non – Wealth Determinants? OECD Publishing, 2002.

[97] Deaton A. S. , Paxson C. H. , "Saving, Inequality and Aging: an east Asian Perspective", *Age*, 1995, 1: 1 – 19.

[98] Deaton A, Paxson C. , "Growth, demographic structure, and national saving in Taiwan", *Population and Development Review*, 2000: 141 – 173.

[99] Deaton A, Paxson C. , "Intertemporal Choice and Inequality", *The Journal of Political Economy*, 1994, 102 (3): 437 – 467.

[100] Deaton A. , "Panel data from time series of cross – sections", *Journal of Econometrics*, 1985, 30 (1): 109 – 126.

[101] Deaton A. , *The Analysis of Household Surveys: a Microeconometric Approach to Development Policy*, World Bank Publications, 1997.

[102] Deaton A. , "Saving and Liquidity Constraints", *Econometrica*, 1991, 59 (5): 1121 – 1142.

[103] Diamond, P. , "National Debt in A Neoclassical Growth Model", *American Economic Review*, 1965, 55 (5): 1126 – 1150.

[104] Dotsey M. , Li W. , Yang F. , "Consumption and Time Use over the Life Cycle", *International Economic Review*, 2014, 55 (3): 665 – 692.

[105] Elmendorf and Sheiner, "Should America Save for its Old Age?" *Journal of Economic Perspectives*, 2000, 14 (3): 57 – 74.

[106] Erlandsen and Nymoen, "Consumption and Population Age Structure", *Journal of Population Economics*, 2008, 21 (3): 505 – 520.

[107] Feldstein M. , "Social Security, Induced Retirement, and Aggregate Capital Accumulation", *The Journal of Political Economy*,

1974: 905 – 926.

[108] Fernández – Villaverde, J. , Krueger, D. , "Consumption and Saving over the Life Cycle: How Important are Consumer Durables?" *Macroeconomic Dynamics*, 2011, 15 (5): 725 – 770.

[109] Fisher J. , Johnson D. S. , Smeeding T. M. , "Inequality of income and consumption in the US: measuring the trends in inequality from 1984 to 2011 for the same individuals", *Review of Income and Wealth*, 2014.

[110] Flavin, M. , "The Adjustment of Consumption to Changing Expectations about Future Income", *The Journal of Political Economy*, 1981, 89 (5): 974 – 1009.

[111] Fry M. J. , Mason A. , "The Variable Rate – of – Growth Effect in the Life – Cycle Saving Model: Children, Capital Inflows, Interest and Growth in a New Specification of the Life – Cycle Model Applied to Seven Asian Developing Countries", *Economic Inquiry*, 1982, 20 (3): 426 – 42.

[112] Gallman R. E. , The pace and pattern of American economic growth, Davis AND Associates, 1972.

[113] Galor, O. , The Demographic Transition: Causes and Consequences, NBER Working Paper, No. 17057, 2011.

[114] Goldberger A. , "Dependency rates and savings rates: Further comment", *American Economic Review*, 1973, 63 (1): 232 – 233.

[115] Golley J. , Tyers R. , "China's Growth to 2030: Demographic Change and the Labour Supply Constraint", in *The Turning Point in China's Economic Development*, Asia Pacific Press, Canberra, 2006.

[116] Golley J. , Tyers R. , "Demographic Dividends, Dependencies, and Economic Growth in China and India", *Asian Economic Papers*, 2012, 11 (3): 1 – 26.

[117] Gourinchas P. O. , Parker J. A. , "Consumption over the life cycle", *Econometrica*, 2002, 70 (1): 47 - 89.

[118] Greedy and Guest. , "Population Aging and Intertemporal Consumption", *Economic Modelling*, 2008, 25: 485 - 498.

[119] Guest R. S. , "Population ageing, capital mobility and optimal saving", *Journal of Policy Modeling*, 2006, 28 (1): 89 - 102.

[120] Guest, R. S. , "Innovation in Macroeconomic Modeling of Population Ageing", *Economic Modelling*, 2007, 24: 101 - 119.

[121] Gupta K. L. , "Dependency rates and savings rates: comment", *The American Economic Review*, 1971: 469 - 471.

[122] Halket J. , Vasudev S. , "Saving up or settling down: Home ownership over the life cycle", *Review of Economic Dynamics*, 2014, 17 (2): 345 - 366.

[123] Hall, R. E. , "Stochastic Implication of The Life Cycle - Permanent Income Hypothesis: Theory and Evidence", *Journal of Political Economy*, 1978, 86 (6): 971 - 987.

[124] Heshmati A. , Rudolf R. , "Income versus Consumption Inequality in Korea: Evaluating Stochastic Dominance Rankings by Various Household Attributes", *Asian Economic Journal*, 2014, 28 (4): 413 - 436.

[125] Higgins M. , Williamson J. G. , Asian demography and foreign capital dependence, National Bureau of Economic Research, 1996.

[126] Higgins M. , "Demography, national savings, and international capital flows", *International Economic Review*, 1998: 343 - 369.

[127] Hondroyiannis G. , "Private saving determinants in European countries: A panel cointegration approach", *The Social Science Journal*, 2006, 43 (4): 553 - 569.

[128] Horioka C. Y. , Terada - Hagiwara A. , "The determinants and long - term projections of saving rates in Developing Asia", *Japan and the World Economy*, 2012, 24 (2): 128 - 137.

[129] Horioka C. Y. , Watanabe W. , "Why Do People Save? A Micro – Analysis of Motives For Household Saving in Japan" , *The Economic Journal*, 1997, 107 (442): 537 –552.

[130] Horioka C. Y. , "A cointegration analysis of the impact of the age structure of the population on the household saving rate in Japan" , *Review of Economics and Statistics*, 1997, 79 (3): 511 –516.

[131] Horioka, C. Y. , J. W. , "The Determinants of Household saving in China: A Dynamic panel Analysis of Provincial Data" , *Journal of Money, Credit and Banking*, 2007, 39 (8): 2077 –2096.

[132] Horioka, C. Y. , Terada – Hagiwara A. , The Determinants and Long – term Projections of Saving Rates in Developing Asia, NBER Working Paper, No. 17581, 2011.

[133] Hryshko, D. , Excess Smoothness of Consumption in An Estimated Life Cycle Model, University of Alberta, 2011.

[134] Jaimovich, N. and Siu, H. E. , The Young, The Old, and The Restless: Demographics and Business Cycle Volatility, SIEPR Discussion Paper, No. 07 – 10, 2007.

[135] Jappelli T. , "The age – wealth profile and the life – cycle hypothesis: a cohort analysis with a time series of cross – sections of Italian households" , *Review of Income and Wealth*, 1999, 45 (1): 57 –75.

[136] Jianakoplos N. , Menchik P. , Irvine O. , "Using panel data to assess the bias in cross – sectional inferences of life – cycle changes in the level and composition of household wealth" , in *The measurement of saving, investment, and wealth*, University of Chicago Press, 1989: 553 –644.

[137] Coale, Ansley A. , *Population growth and economic development in low – income countries*, Princeton: Princeton University Press, N. J. , 1958.

[138] John Y. and Campbell, "Permanent income, current income and consumption" , *Journal of Business & Economic Statistics*, 1990, 8

(3): 265 –279.

[139] Jørgensen T. H. , Life – Cycle Consumption and Children, University of Copenhagen. Department of Economics. Centre for Applied Microeconometrics, 2014.

[140] Kalemli – Ozcan S. and Weil D. N. , Mortality Change, the Uncertainty Effect, and Retirement, NBER Working Paper, No. 8742, 2002.

[141] Kang S. J. , "Aging and Inequality of Income and Consumption in Korea", *Journal of International Economic Studies*, 2009, 23: 59 –72.

[142] Kaplan, G. et al. , A Model of the Consumption Response to Fiscal Stimulus Payments, NBER Working Paper, No. 17338, 2011.

[143] Kaufmann, K. and Pistaferri, L. , "Disentangling Insurance and Information in Intertemporal Consumption Choices", *The American Economic Review*, 2009, 99 (2): 387 –392.

[144] Kelley A. C. , Schmidt R. M. , "Saving, dependency and development", *Journal of Population Economics*, 1996, 9 (4): 365 –386.

[145] Kim, S. and Lee, J. W. , "Demographic Changes, Saving, and Current Account An Analysis Based on a Panel VAR Model", *Japan and the World Economy*, 2008, (20): 236 –256.

[146] King M. A. , Dicks – Mireaux L. D. , "Asset Holdings and the Life – Cycle", *Economic Journal*, 1982, 92 (366): 247 –67.

[147] Kolasa A. , Liberda B. , Determinants of saving in Poland: Are they different than in other OECD countries? Faculty of Economic Sciences, University of Warsaw, 2014.

[148] Kraay, A. , "Household Saving in China", *World Bank Economic Review*, 2000, 14 (3): 545 –570.

[149] Kraft H. , Munk C. , Seifried F. T. , et al. , Consumption and wage humps in a life – cycle model with education, Research Cen-

ter SAFE – Sustainable Architecture for Finance in Europe, Goethe University Frankfurt, 2014.

[150] Krueger D. , Fernandez – Villaverde J. , Consumption over the Life Cycle: Some Facts from Consumer Expenditure Survey Data, Society for Economic Dynamics, 2004.

[151] Krueger D. , Perri F. , "Does income inequality lead to consumption inequality? Evidence and theory", *The Review of Economic Studies*, 2006, 73 (1): 163 – 193.

[152] Kuhn M. , Prettner K. , Population structure and consumption growth: Evidence from National Transfer Accounts, ECON WPS – Vienna University of Technology Working Papers in Economic Theory and Policy, 2015.

[153] Landry A. , La révolution démographique: études et essais sur les problèmes de la population, Ined, 1934.

[154] Leff N. H. , "Dependency rates and savings rates", *The American Economic Review*, 1969: 886 – 896.

[155] Leibenstein H. , "An interpretation of the economic theory of fertility: Promising path or blind alley?" *Journal of Economic Literature*, 1974, 12 (2): 457 – 479.

[156] Leland, H. E. , "Saving and Uncertainty: The Precautionary Demand for Saving", *Quarterly Journal of Economics*, 1968, 82: 465 – 473.

[157] Lewis F. D. , "Fertility and savings in the united states: 1830 – 1900", *The Journal of Political Economy*, 1983: 825 – 840.

[158] Li H. , Zhang J. , "Do high birth rates hamper economic growth?" *The Review of Economics and Statistics*, 2007, 89 (1): 110 – 117.

[159] Lise J. , Sudo N. , Suzuki M. , et al. , "Wage, income and consumption inequality in Japan, 1981 – 2008: From boom to lost decades", *Review of Economic Dynamics*, 2014, 17 (4): 582 – 612.

[160] Loayza N. , Schmidt – Hebbel K, Servén L. , "What drives private saving across the world?" *Review of Economics and Statistics*, 2000, 82 (2): 165 – 181.

[161] Ma, G. , Yi, W. , "China's High Saving Rate: Myth and Reality", *International Economics*, 2010, 122: 5 – 40.

[162] Mason A. , "Saving, economic growth, and demographic change", *Population and Development Review*, 1988: 113 – 144.

[163] Mason, Andrew, ed. , *Population change and economic development in East Asia: challenges met, opportunities seized*, Stanford University Press, 2002.

[164] Masson P. R. , Bayoumi T. , Samiei H. , "International evidence on the determinants of private saving", The World Bank Economic Review, 1998, 12 (3): 483 – 501.

[165] Mastrogiacomo M. , Alessie R. , "The precautionary savings motive and household savings", *Oxford Economic Papers*, 2014, 66 (1): 164 – 187.

[166] McLean I. W. , "Saving in settler economies: Australian and North American comparisons", *Explorations in Economic History*, 1994, 31 (4): 432 – 452.

[167] Meghir, C. and Pistaferri L. , Earnings, Consumption and Lifecycle Choices, NBER Working Paper, No. 15914, 2010.

[168] Meyer, B. D. and Mok, W. K. C. , Disability, Earnings, Income and Consumption, NBER Working Paper, No. 18869, 2013.

[169] Meyer, B. D. and Sullivan, J. X. , Five Decades of Consumption and Income Poverty, NBER Working Paper, No. 14827, 2009.

[170] Mishra A. , Ray R. , "Spatial variation in prices and expenditure inequalities in Australia", *Economic Record*, 2014, 90 (289): 137 – 159.

[171] Modigliani F. , Brumberg R. , "Utility analysis and the consumption function: An interpretation of cross – section data", *Franco Modigliani*,

1954, 1.

[172] Modigliani F. , "The life cycle hypothesis of saving, the demand for wealth and the supply of capital", *Social Research*, 1966: 160 – 217.

[173] Modigliani Franco and Cao Shi Larry, "The Chinese Saving Puzzle and the Life – Cycle Hypothesis", *Journal of Economic Literature*, 2004, 42 (1): 68 – 80.

[174] Natalia K. , Wayne Roy G. , Heterogenous intertemporal elasticity of substitution and relative risk aversion: estimation of optimal consumption choice with habit formation and measurement errors, University Library of Munich, Germany, 2011.

[175] Notestein F. W. , "Population – The Long View", in *Food for the World*, edited by T. W. Schultz. Chicago: University of Chicago Press, 1945.

[176] Notestein F. W. , *Economic problems of population change*, London: Oxford University Press, 1953.

[177] Ohtake F. , Saito M. , "Population aging and consumption inequality in Japan", *Review of Income and Wealth*, 1998, 44 (3): 361 – 381.

[178] Park J. Y. , Shin K. , Whang Y. J. , "A semiparametric cointegrating regression: Investigating the effects of age distributions on consumption and saving", *Journal of Econometrics*, 2010, 157 (1): 165 – 178.

[179] Paweenawat S. W. , McNown R. , "The determinants of income inequality in Thailand: A synthetic cohort analysis", *Journal of Asian Economics*, 2014, 31: 10 – 21.

[180] Primiceri G. E. , Van Rens T. , "Heterogeneous life – cycle profiles, income risk and consumption inequality", *Journal of Monetary Economics*, 2009, 56 (1): 20 – 39.

[181] Ram R. , "Dependency rates and aggregate savings: a new inter-

national cross – section study", *The American Economic Review*, 1982: 537 – 544.

[182] Ram R., "Dependency rates and savings: reply", *The American Economic Review*, 1984: 234 – 237.

[183] Ramajo J., García A., Ferré M., "Explaining aggregate private saving behaviour: new evidence from a panel of OECD countries", *Applied Financial Economics Letters*, 2006, 2 (5): 311 – 315.

[184] Samuelson, P. A., "An Exact Consumption – Loan Model of Interest with or without The Social Contrivance of Money", *Journal of Political Economy*, 1958, 66 (6): 467 – 482.

[185] Sarantis N., Stewart C., "Saving behaviour in OECD countries: evidence from panel cointegration tests", *The Manchester School*, 2001, 69 (s1): 22 – 41.

[186] Senesi P., "Population dynamics and life – cycle consumption", *Journal of Population Economics*, 2003, 16 (2): 389 – 394.

[187] SJ Wei and XB Zhang., "The Competitive Saving Motives: Evidence from Rising Sex Ratios and Savings Rates in China", *Journal of Political Economy*, 2011, 119 (3): 511 – 564.

[188] Slesnick D. T., "The standard of living in the United States", *Review of Income and Wealth*, 1991, 37 (4): 363 – 386.

[189] Smith S., "The Retirement – consumption Puzzle and Involuntary Early Retirement: Evidence from the British Household Panel Survey", *The Economic Journal*, 2006, 116 (510): C130 – C148.

[190] Storesletten, K., Consumption and Risk Sharing Over the Life Cycle, NBER Working Paper, No. 7995, 2000.

[191] Taylor A. M., Williamson J. G., "Capital Flows to the New World as an Intergenerational Transfer", *Journal of Political Economy*, 1994: 348 – 371.

[192] Thompson W. S., *Danger spots in world population*, AA Knopf, 1929.

[193] Thornton J. , "Age structure and the personal savings rate in the U-nited States, 1956 – 1995", *Southern Economic Journal*, 2001: 166 – 170.

[194] Vogel, E. et al. , Aging and Pension Reform: Extending the Retirement Age and Human Capital Formation, NBER Working Paper, No. 18856, 2013.

[195] Wang F. , Mason A. , Demographic dividend and prospects for economic development in China, United Nations Expert Group Meeting on Social and Economic Implications of Changing Population Age Structures, 2007: 141.

[196] Williamson J. G. , *Coping with City Growth During the British Industrial Revolution*, Cambridge: Cambridge University Press, 1990.

[197] Yamada T. , "Income risk, macroeconomic and demographic change, and economic inequality in Japan", *Journal of Economic Dynamics and Control*, 2012, 36 (1): 63 – 84.

[198] Yang D. T. , Zhang J. , Zhou S. , "Why are saving rates so high in China?" in *Capitalizing China*, University of Chicago Press, 2012: 249 – 278.

[199] Zeldes, S. P. , "Consumption and Liquidity Constraints: An Empirical Investigation", *Journal of Political Economy*, 1989, 97 (2): 305 – 346.

[200] Zhang J. , Xiang J. , "How Aging and Intergeneration Disparity Influence Consumption Inequality in China", *China & World Economy*, 2014, 22 (3): 79 – 100.

[201] Zhang, Zhang and lee. , "Mortality Decline and Long – run Economic Growth", *Journal of Public Economics*, 2001, 80 (3): 485 – 507.

[202] Zhong H. , "The impact of population aging on income inequality in developing countries: Evidence from rural China", *China Economic Review*, 2011, 22 (1): 98 – 107.